特色小镇
Towns with Distinctive Features
设计开发理论与实践
Theory and Practice of Design and Development

夏南凯　王　骏　编著

江苏凤凰科学技术出版社

图书在版编目（CIP）数据

特色小镇设计开发理论与实践 / 夏南凯，王骏编著
. -- 南京 ：江苏凤凰科学技术出版社，2019.2
ISBN 978-7-5537-9914-8

Ⅰ. ①特… Ⅱ. ①夏… ②王… Ⅲ. ①小城镇-城市建设-中国-手册 Ⅳ. ①F299.21-62

中国版本图书馆CIP数据核字(2018)第278489号

特色小镇 设计开发理论与实践

编　　著　夏南凯　王　骏
项目策划　凤凰空间 / 杨　琦　靳　秾
责任编辑　刘屹立　赵　研
特约编辑　靳　秾

出版发行　江苏凤凰科学技术出版社
出版社地址　南京市湖南路1号A楼，邮编：210009
出版社网址　http：//www.pspress.cn
总 经 销　天津凤凰空间文化传媒有限公司
总经销网址　http：//www.ifengspace.cn
印　　刷　北京博海升彩色印刷有限公司

开　　本　710 mm×1 000 mm　1 / 16
印　　张　16.5
版　　次　2019年2月第1版
印　　次　2019年2月第1次印刷

标准书号　ISBN 978-7-5537-9914-8
定　　价　188.00元（精）

本书编委会

编著

夏南凯　王骏

参编

夏慧怡　刘晓　陈红军　刘宇楠

钱仁赞　张昕　徐豪

前言

特色小镇是相对独立于市区，区别于行政区划单元和产业园区，具有明确产业定位、文化内涵、旅游和一定社区功能的发展空间平台。特色小镇最早在2014年出现于浙江省，经过两年发展后迅速风靡全国。住建部在国家层面已经先后两批认定和公示了403个全国特色小镇（第一批127个，第二批276个）。

从发展类型来看，特色小镇包含生态旅游型、特色产业型、资源禀赋型、新兴产业型、高端制造型、历史文化型、城郊休闲型、交通区域型、金融创新型、时尚创意型等各种类型。从商业模式来看，旅游小镇是一种“板块旅游”体系，充分带动地区旅游产业的协调发展；产业小镇在产业培育的基础上，具有多元的功能、完善的服务以及社区认同，避免了传统产业园的单一、粗放式发展。从开发模式来看，特色小镇遵循“政府主导、企业市场化运作”的原则，政府推动成为主要动力。开发运营方面，PPP模式为小镇融资提供了更大的支持，产业型企业凭借优秀的资源整合能力、园区运营经验等优势，在特色小镇的开发运营方面大有可为。从全国范围来看，特色小镇的建设将产生12万亿～15万亿元的投资额。建成后的特色小镇如果能够形成利润产生中心，带动片区的经济发展，所带来的经济效益不可估量。

本书的编撰正是在特色小镇建设开发工作如火如荼的时期，作者阵容既包括特色小镇开发前期的策划、投资和规划设计人员，又包括建设运营期的管理和参与人员。内容涵盖特色小镇的前期策划、规划，中期运营和后期管理全过程。其中，规划设计篇重点分析了上海同济城市规划设计研究院参与规划设计的多个特色小镇案例；管理篇特别介绍了当前智慧城市理念下的特色小镇的运营管理方式。

本书既是规划设计师方便查阅的特色小镇策划与规划设计的工具书，又是政府机关、企业工作人员便于参考的特色小镇运营和管理的实践资料。希望本书的出版能够起到抛砖引玉的作用，成为全国各地特色小镇设计、建设和管理工作者的有用参考。

夏南凯、王骏

2017年9月　于同济大学

目录

1　策划篇

2　规划设计篇

3 运营篇

4 管理篇

5 专题案例篇

1

策划篇

1.1 浅谈特色小镇的“顶层设计”

1.1.1 “顶层设计”的基本概念与特征

顶层设计是运用系统论的方法，从全局的角度，对某项任务或者某个项目的各方面、各层次、各要素统筹规划，以集中有效资源，高效快捷地实现目标。在中国，“顶层设计”现已成为一个被各行各业广泛使用的名词，近年来在政府行文中屡见不鲜，首见于“十二五”规划，同时进入中央经济工作会议的内容。

其特征主要体现在三个方面：一是顶层决定性，顶层设计是自高端向低端展开的设计方法，核心理念与目标都源自顶层，因此顶层决定底层，高端决定低端；二是全局关联性，顶层设计强调设计对象内部要素之间围绕核心理念和顶层目标所形成的关联、匹配与有机衔接；三是设计实操性，设计的基本要求是表述简洁明确，设计成果具备实践可行性，因此顶层设计成果应是可实施、可操作的。

1.1.2 如何理解特色小镇发展中进行“顶层设计”的必要性?

并非所有的行业，都需要“顶层设计”，这主要取决于行业发展趋势、政策导向以及产业的关联性。客观来说，特色小镇席卷全国，其中不仅有国家层面、省域层面推动经济发展的动力因素，同时也是我国多年来城市化、新型城镇化转型升级的产物。因此，对于特色小镇的发展来说，从最初的规划设计到落地建设运营，“顶层设计”都是必不可少的。

1）战略意义一：国家层面的价值使命

2016 年，中华人民共和国住房和城乡建设部、国家发展和改革委员会、财政部联合发布《关于开展特色小镇培育工作的通知》，明确提出“到 2020 年，全国将培育 1000 个左右各具特色、富有活力的休闲旅游、商贸物流、现代制造、教育科技、传统文化、美丽宜居等特色小镇”。

《通知》发布以来，全国各省市政府积极响应，一时之间打造各类特色小镇的规划如雨后春笋般涌现。但在规划与设计前，正确认识“特色”二字，避免特色小镇同质化，是摆在规划建设者面前的新课题。可以说，特色小镇能够受到国家和地方的高度重视，是因为它的建设具有重要意义，明确它的建设意义对于政府、企业、就业人员以及原住民都十分重要。

2）战略意义二：新型城镇化发展的必然选择

2013 年 12 月召开的中央城镇化工作会议提出了“走中国特色、科学发展的新型城镇化道路”“坚持因地制宜，探索各具特色的城镇化发展模式”。2014 年 3 月在《国家新型城镇化规划（2014-2020 年）》中提到“发展有历史记忆、文化脉络、地域风貌、民族特点的美丽城镇”“具有特色资源、区位优势的小城镇，要通过规划引导、市场运作，培育成为文化旅游、商贸物流、资源加工、交通枢纽等专业特色镇”。特色小镇在国家新型城镇化战略背景下提出，成为推进新型城镇化的一个重要抓手，政府通过发展特色小镇可以促进、带动农村地区经济发展，实现农民当地就业，从而推动新型城镇化的发展。

城市集中了人口、经济、信息、科技等元素，是现代、先进、方便、快捷、高效、卫生等的代名词；乡镇、农村与城市相比，发展速度慢，发展水平落后，农村居民享受的基础设施和公共服务也远落后于城市居民。特色小镇的建设是我国城市化进程中的历史阶段，不仅可以带动一大批村镇的经济发展和设施建设，提高农村居民的生活水平和质量，同时还可为许多农民提供就业岗位，增加非农收入，有利于缩小城乡差距，促进社会发展。

3）战略意义三：产业结构的转型升级

特色小镇的建设要求以特色产业为核心，借助特色小镇建设的契机，原有特色产业的小镇就可以实现产业转型和升级，提高竞争力，同时原来没有形成特色产业的小镇通过打造特色产业则可以实现产业结构升级，提高产业发展水平。

特色小镇的建设也助推了旅游业的发展，为旅游业开拓出一片新天地。通过建设类型多样、特色鲜明的特色小镇使游客在出游时有了更多的选择，满足游客多样需求，也促使旅游项目开发者与时俱进，不断开拓创新。

4）战略意义四：“生态、历史、人文”可持续发展的有效手段

住建部公布的全国第一批和第二批特色小镇都是建制镇，是传统意义上我国经济形态下最基本的组成单元。创建特色小镇，对于带动这些区域的农村和农业发展具有重要

意义。比如发展农旅结合的特色小镇，既能促进镇域基础设施和本地居民生活条件的改善，又能促进农业产业化、现代化、休闲化的发展。

我国有大批优秀的历史文化、民俗文化、古代建筑遗迹，是民族的宝贵财富，但这些资源多位于农村地区，有些地方位置比较偏远，经济欠发达，交通不便。通过特色小镇的建设就可以加强对这些地区文物古迹的保护、修复、开发和宣传，弘扬优秀文化。

发展特色小镇，是国民综合素质和主人翁意识提升的有效方法。无论是小镇特色产业的发展，还是旅游业的发展，特色小镇的建设必定使生活在其中的居民受到经济快速发展带来的冲击，随着接收越来越多的新鲜事物，其思想观念、行为方式、社会责任感都会发生比较显著的变化，这个过程本身就有很强的示范意义，有利于居民素质的提高。

特色小镇符合生态可持续发展理念，不仅强调资源的有效利用，而且重视生态环境的修复与保护，彰显优美的山水格局和高低错落的天际线，对实现宜居、宜业、宜游的理想发展空间，有着积极的推动作用。可以说，特色小镇对于推动生态环境保护与可持续发展，具有重要的历史意义。

1.2 特色小镇，赢在“特色”

“特色小镇”不是一个普通意义上的小镇概念。一般提到的“小镇”，更多的是一种行政区域上的概念，这种小镇可以有产业，也可以没有产业；可以有很深的文化底蕴，也可以仅是一个小规模的普通人群聚居地。但“特色小镇”却是一个集合产业、文化、旅游和社区功能于一体的一个新型聚落单位，是以产业为核心，以项目为载体，生产、生活、生态互相融合的一个特定区域。

真正的特色小镇具有区域性产业特色，只有挖掘产业的内容及活力，制定产业的扶持及优惠政策，用产业的活力带动整个产业链的发展，形成良好的供需关系，才是特色小镇的发展动力和可持续的基础。

1.2.1 产业特色如何遴选?

加快中国特色小镇建设，首先要立足自身资源和环境禀赋，把握区域分工和社会分工带来的发展机遇，充分发挥区位优势、资源优势和产业优势，坚持和把握小城镇发展的特色并且要突出特色。

产业优势方面，依托独特的区位条件和资源环境优势，小城镇选择适宜的特色产业，促进一、二、三产业协调发展。有的小城镇毗邻城市，加快发展资源节约、环境友好和劳动密集型的特色工业。有的小城镇农业资源丰富，加快建设粮食主产区，提高粮食综合生产能力，形成有特色有优势的“一乡（镇）一业”和“一村一品”。有的小城镇环境优美，主要发展特色种养业、休闲旅游农业。

遴选产业特色，第一，要客观认知自身产业发展条件即产业基础。无中生有的产业导入鲜有实例，绝大多数特色小镇的产业特色都源于其产业基础。对于产业基础条件的客观理性认知，是确定产业特色的第一步。例如要明确产业基础中，哪些是动力因素，哪些是淘汰产能；产业链延展过程中，缺少哪些产业环节等。即便是引入新的产业门类，也要判断其与原有产业基础的适配性和关联性。第二，要结合市场发展趋势，判定产业特色的前瞻性。很多地区的产业基础好，但是并不一定符合市场发展趋势，优势不与趋势结合，最终也会被淘汰掉。因此，外部条件的影响中，产业趋势尤为重要。第三，不仅要作为动力产业驱动经济发展，还要有丰富的关联性，能够与众多其他产业要素相关联，形成群聚效应和带动效应。以这三点作为产业特色遴选的依据，把握特色小镇的产业特色，做到客观、有远见且务实。

1.2.2 资源与文化特色如何提炼？

资源与文化也是特色小镇体现特色的重要因素。尤其是旅游特色小镇，资源禀赋的独特性和文化底蕴直接决定了特色小镇的“基因”。然而，对于大多数特色小镇而言，资源环境趋同也是一个不可回避的现实。一个区域内涌现出多个特色小镇，已经成为一个共通的问题。因此，资源与文化的特色，必须经过有效提炼，才能真正服务于特色小镇的发展。

相对于城市发展，特色小镇本身的环境风貌，就是一种特色体现。当前，资源环境对经济快速发展的约束形势越来越紧迫，小城镇独特的资源环境，正在转变为发展的竞争优势。自然资源丰富、生态环境优美，适宜开发的土地、淡水等后备资源充裕，农村具备剩余劳动力，农副产品和工业原料供给充足、价格低廉……这些特征与城市化“拥挤、忙碌、污染”等问题形成鲜明对比，一些经济发达地区逐渐形成人群“不彻底逃离城市”的消费返流。

然而，生态资源特色并不能直接作为特色小镇的特色，有关部门还必须通过一定的环境改造和生态修复，实现生态优化与景观再造。具体形式包括：村镇街区建筑风貌改造、村镇房前屋后院落景观改造、乡村道路生态硬化与景观道建设、景观农业种植区风貌改造、生态水系景观修复、村镇垃圾清理与环境维护等。

与工业化、城市化形成鲜明对比的，是特色小镇能够很好地传承和弘扬我国积淀千年的历史民俗文化，一些乡村集中了中国古风民俗、历史遗迹和生活方式，为特色小镇的发展提供了内涵支撑。从文化角度寻求突破，是凸显特色小镇个性化发展的根本因素。

然而，文化本身的独特性也不能直接作为特色小镇的文化特色，需要通过一些文化创新与演绎，将原有的文化升级。具体形式包括：非物质文化遗产的保护与传承、乡村农俗文化节庆活动、历史文化遗迹保护、村落家风文化的传承与宣扬等。

1.2.3 体验特色如何打造?

特色小镇不仅服务于产业发展和新型城镇化建设，更重要的是服务于人本身，让本地人、外地人都能够通过特色小镇获益，实现“主客共享”的局面。因此，特色小镇的体验特色的打造尤为重要。

体验特色一般来源于体验内容的设置，也就是特色小镇中可供消费的项目设置，往往都是旅游或者类旅游项目。特色小镇的体验可概括为以下几个方面：业态消费体验、玩乐体验、旅居夜游体验。其中，业态消费体验还包括特产购物、餐饮消费等。通俗地说，就是在“吃、住、行、游、购、玩”六大类型消费中，凸显体验特色。而在这些消费形态中，体验特色的打造方式各有不同。

餐饮体验方面，打造特色的小镇美食攻略。以本地特产为食材，采用本地特色烹饪技法制作，打造专属的特色美食、宴会品牌。

旅居住宿方面，打造特色的小镇美宿攻略。以小镇民宿、装配式建筑为形态，发展不同于一般星级酒店的特色居住系统，将小镇生活方式导入到居住业态中，成为除居住以外的体验附加值，享受不同于“过客”的美宿体验。

交通体验方面，打造特色的小镇畅行攻略。以旅游风景道、营地和驿站的建设为基础，打造边走边看、自在慢行的旅游节奏体验。催生自驾车攻略、露营攻略等体验服务。

游览体验方面，打造特色的小镇美拍攻略。好的风景也需要有发现美的眼睛。以美拍作为特色体验的方式，重新发现景观的独特性，打造一批诸如“小镇十景”类的特色景观节点。

购物体验方面，打造特色的小镇纪念品攻略。将本地的特产包装成创意化、精致的旅游特色商品，让游客将旅行带回家。为本地农副产品拓展了渠道，拉动了地方经济消费，同时也为重游率和满意度的提升贡献力量。

娱乐体验方面，打造特色的小镇玩乐攻略、夜游攻略。结合小镇的发展实际，遴选可使人互动参与的体验项目进行包装和提升，重点以家庭亲子、寓教于乐、中老年康养、青年婚恋等细分市场为主，打造特色的游乐项目。其中，以夜游体验为重点，挖掘小镇中可夜游的空间和项目，引导游客住下来，延长停留时间，实现消费增长。

综上所述，通过体验特色的打造，不仅能够为特色小镇注入更多的活力，同时还能够以市场的眼光调整小镇业态结构，联动其他产业门类，有效利用新型城镇化建设增加的配套设施，助力特色小镇的可持续发展。

1.3 产业驱动下的特色小镇发展

发展特色小镇，涵盖内容丰富多元，但最核心的是产业。浙江省率先在全国掀起的特色小镇创建，本质上就是发展新型城镇化的“产业集聚区”。发展特色小镇应从产业抓起，依靠产业集聚人口、发展经济、提供服务。以产立镇、以产带镇、以产兴镇，实现产镇统筹和协调发展，促进从小镇资源到小镇产业，从小镇产业到小镇经济，从小镇经济到小镇发展的过渡，为中国特色小镇持续健康发展提供源源不断的动力和支持。

1.3.1 特色小镇的核心是产业，不是旅游，也不是地产

发达国家很多具有国际竞争力的产业，是聚集在小镇而不是中心城市的。比如美国，最有竞争力的产业主要有两个：一是金融，二是高科技。金融方面，有格林威治的“对冲基金小镇”，一个镇上就聚集了五百多家对冲基金公司，对冲基金资产规模就占了全美国的约三分之一；加州的门洛帕克小镇是美国风险投资基金聚集地，纳斯达克一半以上的高科技公司都是这个镇上的风险投资基金投资的。高科技方面，美国的硅谷，其实就是一连串小镇聚集而成的：斯坦福大学所在的帕罗奥多，除去大学校区，只有几平方千米面积，是硅谷的孵化中心；苹果公司所在的库比蒂诺人口 5 万多；英特尔总部所在的山景城人口 7 万人。

德国的汽车制造业领先全球，著名的高端汽车品牌——奥迪的全球总部和欧洲工厂位于一个叫英戈尔斯塔特的小镇，距离慕尼黑 60 千米，这个小镇也因此被叫作“奥迪之城”。该地区总人口也不过 12 万人，其中奥迪总部所在的英戈尔斯塔特的老镇区人口则只有约 3 万人。

目前来看，中国的高级人才和高端产业主要都集中在大中城市，鲜有集中到小镇的。随着经济的发展，这种情况会逐渐改变。发达国家的实践表明，高端产业并不一定要集中在大城市，高端产业发展所需的人才，也并不全都喜欢居住在大城市。人才对居住环境的需求是多元化的。他们有的喜欢居住在繁华的大都市，有的则喜欢安逸宁静、风光宜人，同时生活也足够便利的小镇。这是经济水平和城镇化发展到一定程度之后的必然结果。

以往由于小城镇交通条件和服务配套不完善，高端产业和高级人才都往中心城市聚

集。经过几十年的发展，小城镇的生活设施和交通便利程度有了极大改善，特别是网络通信和购物体系的完善，使得居住在小城镇的人完全可以享受到跟大城市差不多的生活便利性；而中心城市经过集聚发展，房价高涨、交通拥堵、空气污染等“大城市病”日渐突出，原本优越的生活质量大打折扣。

总之，高端产业在大中城市和特色小镇共同发展，是企业未来发展的必然选择。随着中国城镇化水平和人均收入水平的提高，特色小镇一定会成为高端产业发展、高级人才聚集的一个重要空间载体，与大中城市形成协作互补的产业链关系，这里蕴含着巨大的发展空间和投资机会。

特色小镇建设的主流方向，不应该是旅游小镇，而应该是产业小镇，而且是高端产业小镇，在高等教育、科研、金融、智能制造、生物医药、新能源、新材料等方面都要有所布局。中国特色小镇的产业发展，锁定产业链的高端环节是必然选择。也就是说，不能仅仅按照城镇体系的分工，给中心城市做配套，承接中心城市淘汰的落后产能。如果只是从属城市化，那么特色小镇建设就失去了意义。

目前特色小镇涉旅类占大多数，旅游几乎成为特色小镇的标配，而对产业的关注则明显不足。有一些名义上做产业的，本质上还是旅游。比如健康养生、拓展培训、婚恋摄影、手工艺品生产等，从产业分类的角度来看，都属于大旅游产业或者叫“旅游＋”产业的范围。

旅游以及与之相关的健康养生、会议培训、民俗工艺品等也都是一种产业，但它们主要是“富民产业”，老百姓、开发商、乡镇政府可以从中获利，对国家的经济竞争力贡献不大，与金融、制造、物流、科教等不可同日而语。

有人认为特色小镇要“旅游和产业双轮驱动”，实际上这混淆了两对概念。第一对是“大旅游”和产业的概念，这一点前面已经区分过了。发展旅游的同时发展健康养生、民俗工艺品制作、会议培训只能算旅游业的深化或者旅游产业链的延伸，不能算“旅游和产业双轮驱动”。

第二对容易被混淆的就是旅游休闲和宜居、宜业的概念。适合旅游的地方不一定宜居，宜居的地方不一定适合旅游。旅游是“游”，是外来游客的流动，从观光旅游到休闲旅游再到会议养生等，可以延长游客在某一景区的停留时间，但总体而言都还是短期停留。统计意义上一般把在一个地区停留 6 个月以内的人群称为流动人口，超过 6 个月的才叫常住人口，没有什么旅游项目能让游客在一个地区停留这么长的时间。

旅游的核心是消费，尽可能地吸引有“财”的人来流动消费，花完钱就走人；产业发展的核心是生产，尽可能地吸引有“才”的人来创业就业、长期定居。二者发展路径截然不同，所需要的区位条件、基础设施、配套服务、盈利模式也都差异巨大。比如，同样是居住功能，要发展旅游就应该多建酒店、民宿或度假别墅；要发展产业，就应该多建人才公寓。旅游目的地对医疗教育设施几乎没有要求，即使是发展“旅游＋健康”也是以康复疗养设施为主；而产业聚集区要促进人才聚集，则需要配套幼儿园、小学，以及功能相对齐全的医院。而且，就开发模式来讲，旅游景区修建配套设施是为了赚钱，通过住宿、餐饮和各种服务收费把投资在景点建设的钱挣回来；而产业聚集区的配套设施投资则不应该赚钱，而是通过配套设施吸引人才和企业，再通过产业税收把建配套设施的钱挣回来，这是两个正好相反的投资收益模式。

浙江在特色小镇建设标准里面，要求旅游小镇按照 5A 级景区的标准建设，产业小镇按照 3A 级景区的标准建设，很多省也据此办理。这样的标准有“一刀切”的嫌疑。旅游小镇按照 5A 级建设当然没有问题，但产业小镇按照 3A 级景区建设恐怕要有所选择。例如 3A 级景区标准要求必须在交通要道上设立游客服务中心，还要配备合格的服务人员和导游，要有较多珍稀物种或者奇特景观，而且每年接待游客要达 30 万人次以上。

为了把产业小镇也建设得环境优美、舒适宜居，使生产空间、生活空间和生态环境相互融合，借用一些 3A 景区的标准的出发点当然是好的，但 3A 级景区标准是为了旅游而设立的，除了具备一些产业小镇不必要的标准以外，还少了很多应该有的宜居标准。宜居和宜游的标准差别很多，宜游主要是景观和短期体验，宜居则要求医疗、子女教育、社区文体设施、交际空间等立足于长期生活的设施，这些在 3A 级景区标准里面又是找不到的。显然存在着目标和手段的错位。

如果要找一个产业小镇的建设标准，比较合适的是 2007 年建设部（现住房和城乡建设部）出台的《宜居城市科学评价标准》。其对行政效率、政务公开、民主监督、社区治理、贫富差距、刑事案件发案率、噪声水平、人均绿地、垃圾无害化处理、文化遗产保护、古今建筑风格协调、建筑与环境协调、停车位比例、人均商业设施面积、500 米范围内拥有小学的社区比例、1000 米范围内拥有体育场馆设施的社区比例、人均住房面积、社区医疗覆盖率、防震减灾预案等方面提出了一整套完整的评价标准。显然“宜居城市”的建设标准比“3A 景区”的建设标准更加合适，更有利于小镇的长远发展，有利于产业升级和人才聚集。

1.3.2 产业发展适配条件与产业竞争力评估

产业集聚区并非是特色小镇时代背景下的催生品。我国改革开放历经 40 年，产业园区是主要的产业落地形式。产业园区的更新和变革，始终是各个阶段改革的晴雨表。劳动密集型、低成本为主导的模式影响产业园区近 30 年，目前，产业园区面临粗放型发展所带来的产业链不清晰、企业入驻率低的问题，专业园区转型充满困惑。

随着中国城镇化进程的加深和加速，我国工业园区的转型方向将是产城共融、城乡融合，工业化和城镇化、城乡统筹相结合的一种发展方式。这也就是特色小镇始终标榜的“产业集聚区”属性的本质。

特色小镇的产业竞争力评估，决定了“产业特色”能否成立、特色小镇能否有真实内涵的关键问题。目前，我国多数已经立项入库或者正在立项中的特色小镇，产业是否能落地、落地的产业是否具有竞争力，成为多数特色小镇“生死存亡”的关键。因此，对特色小镇的产业竞争力进行客观评估，显得尤为重要。

目前，特色小镇的产业发展面临的主要问题，包括以下几个方面：产业链不清晰、土地空置、平台作用不明显等。这些问题制约着区域经济的发展。转型融合是开发区发展的必然趋势，这就需要对产业的功能定位、产业结构、城市功能、土地利用、交通、空间布局等进行转型升级。

相比过去过度房地产化，出现“鬼城”、空城现象，“产城融合”具有产业集群集聚、城市配套完备、劳动力密集、轨道交通便捷等特征。目前，在一些特色小镇面临被整合、淘汰的局面下，可以通过扶持龙头产业，打造产业链，再辅以住宅、商业、医院、总部基地等多功能配套设施升级改造，使其脱胎换骨。

产业特色小镇关键就是“产城融合”，强调“产业、文化、旅游、社区”功能叠加。三部委在特色小镇的培育要求中明确指出，特色小镇必须要有特色鲜明的产业形态、和谐宜居的美丽环境以及便捷完善的设施服务。

产业特色小镇将会从细分开始实现产业集聚。尽可能靠近产业资源地，与中心城市保持适当的距离并形成依托，有利于推动产城融合和环境生态管理，有利于界定税源管理和人才合理流动，可缓解大城市人口压力等问题。

1.3.3 产业驱动下，特色小镇发展的三条路径

第一条路径，是从产业园区到特色小镇。传统产业集聚园区主要进行生产上的分工协作，开发模式相对比较单一，主要在政府征地进行基础设施建设后引入产业，存在规划设计粗放、缺乏系统的功能分区等问题，特别是生活配套设施和生态空间严重缺乏，发展劳动密集型的产业可以，再进行升级就很困难，人才都不愿意来。而特色小镇是产业、生活、生态一体化的空间经济平台，不仅具备产业园区的集聚生产功能，并且强调生活空间、生态环境一体协调。既符合产业发展要求，又能够满足人居需求，具有强大的发展潜力。传统产业园区应该利用特色小镇建设的机会，对园区产业进行梳理，明晰产业发展思路，清退一批低端、散乱、不符合园区定位的企业。有的园区如果比较大，可以划出一块1平方千米左右的区域来，仿照产业特色小镇的开发模式进行集中规划建设，将园区生态予以重建，对园区生活配套加以完善，实现从产业园区向产业社区的转变。

第二条路径，是从重点镇到特色小镇。以前很多地方都会把乡镇划分为重点镇和非重点镇。重点镇一般都具有产业发展的功能，非重点镇主要为农村地区提供生产生活服务，或搞点休闲旅游，不具有其他产业发展功能。非重点镇普遍经济发展条件一般，往往地处偏僻区域或受地形条件限制，一般会选择做旅游类特色小镇。而重点镇则位于交通区位较好的地方，具有较强的产业基础，应该抓住特色小镇的建设机遇，努力发展成为产业特色小镇。

镇这一级的产业发展，突出的问题是缺乏统筹规划，基本上是自发形成的产业聚集，有些地方非常强大，特别是在广东、浙江等地，一些镇的产业竞争力都是世界级的。但是在宜居性方面，则往往问题突出。由于大部分产业聚集都是家庭作坊式的，由小老板与低端的产业工人组成，他们对生活条件并不讲究，老板一旦发了财，会去大城市买房子。这样的状况对产业升级构成了巨大的挑战。20世纪80到90年代曾经兴起一波开办乡镇企业的浪潮，后来大部分经济资源都被中心城市吸走了，因此，那一批乡镇企业中的大部分倒闭，小部分进城，能够在小城镇发展好的很少。这些产业镇，要防止重蹈覆辙的命运，那么，学习发达国家，认真打造宜居宜业的特色小镇的就业生活环境就是很重要的一步。

第三条路径，是从城市综合体到特色小镇。城市综合体跟产业园的重点相反，不缺生活设施，关键是缺乏产业支撑。一些城市边缘地区的城市综合体建设，陷入了“睡城”的发展陷阱，就业都在中心城区，白天见不到人。

特色小镇并不一定要建在远离城市的地方，它的开发理念是生产、生态、生活“三生”的融合，只要有 3 平方千米面积的一块区域，把“三生”空间融合做好，都可以叫特色小镇。城市中心区缺乏生态用地，而且需要高密度建设，另外，发达的公交体系可以让生产和生活空间的距离超过 3 千米的范围，所以无法进行“三生融合”，而城市周边则具有这样的条件。

1.3.4　产业驱动模式的难点和突破点

1）从资源优势出发，确定主导产业

产业是人口合理聚集、城镇健康发展的基础。从小镇的自然资源、人口结构、产业基础等条件出发，因地制宜，才能确定小镇发展的主导产业和支柱产业。应充分考虑区域定位，做好小镇建设和产业发展的规划设计，防止重复建设和低水平恶性竞争。依托主导产业，形成拳头产品，引领市场发展。

2）推动产业聚集，提高规模效应

产业集群发展，通常指的是相互独立又相互联系的产业，按照区域化布局、产业化经营、专业化生产的要求，发挥各自比较优势，在地域和空间上形成的高度集聚的集合和融通发展。在小城镇区域范围内，推动形成产业聚集，可以畅通产业信息、增强产业活力、节约交易成本，形成产业抱团发展，提高产业发展的规模效应和综合竞争力。

3）培育龙头企业，发挥带动效应

龙头企业是产业发展的代表，是产业先进生产力的掌握者。在一定程度上，龙头企业的发展水平，代表着一个地方产业的发展水平。要加大对龙头企业的支持，在财政支持、税费优惠、用地用电、产品流通等领域加大扶持力度。鼓励和引导龙头企业与产业链条上的小微企业、个体工商户、农民等各相关主体，建立公平的利润分配机制，充分发挥龙头企业对产业发展和经营主体发育的引领和带动作用。

4）发展配套产业，提高综合发展能力

在小城镇区域范围内，第一、二、三产业发展都具有一定的基础和条件。要结合各自条件和发展阶段，进一步挖掘产业内涵和潜力，推动相关配套产业发展。特别是要立足第一产业，做强第二产业，做活第三产业，大力发展农产品加工、乡村旅游、休闲农业等产业，促进产业功能拓展，提升产业文化内涵，实现产业融合互动，提高三次产业综合发展能力。

5）突出特色优势，创新品牌市场

建设特色小镇，主要体现为特色产业、特色产品和特色服务。发展特色产业，不能墨守成规、千篇一律，要加强创新和品牌建设。大力开展品牌创建，发展品牌产业、品牌产品和品牌服务，提高品牌的知名度、美誉度，用特色品牌占领市场。

6）产城融合共建，促进公共服务一体化

产城融合是新阶段经济发展的必然产物，符合城镇化发展的客观规律。有产必有城，有产则城立、城兴，无产则城衰、城空。要把产城融合共建摆在特色小镇建设的重要位置。树立“以产立城、以产兴城、以产聚人”的发展思路，实现产、城、人的融合发展。值得注意的是，当前一些地方把城镇化等同于“房地产化”，忽视了产业的发展，推进城镇化应大力促进城镇产业化，以“产城一体化”破解“城镇房地产化”困局。当前，中国城镇化率达到54.77%，正以每年增加1个百分点的速度进入快速发展期。在这一时期，中国城镇化面临一些发展难题，如物的城镇化快于人的城镇化、土地的城镇化快于产业城镇化，造成了城镇就业难、农业转移人口融入难、城市公共服务难等相关问题。

各地应加快推进“产城一体化”融合发展，通过财税、金融等手段，大力扶持地方特色产业，加快地方产业技术创新，培育产业集群，发挥产业集聚效应，促进产城融合，以产带城，以产兴城，最终提高城镇化的吸纳能力和可持续发展能力，走出一条具有中国特色的城镇化发展道路。

1.3.5　案例：杭州梦想小镇

杭州梦想小镇坐落在余杭区仓前街道，占地面积约3平方千米，于2014年9月正式启动建设，2015年3月，17万平方米先导区块运营。2016年1月，浙江省公布第二批42个省级特色小镇创建名单。梦想小镇作为特色小镇入围。

梦想小镇运用嵌入式开发理念，在保留原有自然风貌的基础上，整合现有的山水自然景观和人文历史景观，对道路、绿化、水体进行综合整治，营造出具有江南水乡特色和历史文化底蕴的生产、生活、生态空间。为梦想镇民提供优质的创业环境，以及完善的教育、医疗、商业、交通配套设施。

梦想小镇涵盖了互联网创业小镇和天使小镇两大内容。其中，互联网创业小镇重点

鼓励和支持“泛大学生”群体创办电子商务、软件设计、信息服务、集成电路、大数据、云计算、网络安全、动漫设计等涉及到互联网相关领域的产品研发、生产、经营和技术（工程）服务的企业；天使小镇重点培育和发展科技金融、互联网金融，集聚天使投资基金、股权投资机构、财富管理机构，着力构建覆盖企业发展初创期、成长期、成熟期等各个不同发展阶段的金融服务体系。

梦想小镇核心区块总面积约 3 平方千米，以章太炎故居、“四无粮仓”深厚的历史底蕴和“在出世与入世之间自由徜徉”的自然生态系统为载体，以科技城开放、包容、创新、服务的政务生态系统为支撑，以阿里巴巴总部所在地和金融资源集聚发展的产业生态系统为驱动，通过建设“众创空间”、O2O 服务体系、“苗圃 + 孵化器 + 加速器”孵化链条，打造富有激情的创业生态系统，帮助有梦想、有激情、有知识、有创意，但无资本、无经验、无市场、无支撑的大学生“无中生有”，使他们将创业的梦想转化为财富。

梦想小镇秉持“先生态，后生活，再生产”的理念，打造“一环两区三星”，构建“互联网 +”特色小镇大格局。

“一环”指的是一条“希望田野环”。展开荷兰 NITA 设计集团所做的梦想小镇规划设计图，可以看到整个小镇被一个基本呈环形的稻田地带围绕，和既有湿地的天然池塘、水面一起形成一条真正的田园生态带。远眺梦想小镇的建筑，呈现的是“种”在金黄稻麦中的视觉效应。

“两区”是指绿色办公区和绿色生活区，主要特点是将绿化嵌入建筑物中。例如，在绿色办公区中，办公楼采用塔楼结构，将建筑物底部架空进行绿化，为工作人员提供更健康的休息空间，并且减少热岛效应等城市环境问题。

“三星”是指三颗“创业追梦星”，分别为寻梦水乡、思梦花园和筑梦工厂。依照概念设计方案，在寻梦水乡的部分，将新建一条东西走向的水系，以此来联系当前较为分散的水系，形成完整的水系统；思梦花园里将建设湿地景观，净化水体，并打造 4D 水秀剧场；筑梦工厂则是在原有的水泥厂遗址上进行改造，将原有的生产水泥的装置改造成空气净化器和有机土壤生产机，可以为小镇提供有机健康的土壤和洁净的空气，而且还将建设一个农场游乐园，为孩子提供一个更健康的娱乐场所。

1.4 文旅创新下的特色小镇发展

在特色小镇的发展类型中，以文化旅游为驱动力的旅游风情小镇是一个重要的组成部分。无论是立项数量上，还是特色小镇的功能业态上，文化旅游显然已经成为“标配”。前文已经论述了特色小镇发展的本质，不是旅游，也不是地产，单从旅游角度和土地增值角度看待特色小镇，都是有失偏颇的。那么，应该如何客观看待文化旅游在特色小镇发展中的地位和作用？面对以文旅创新为驱动力的特色小镇的创建，应该如何把握原则和方法？

1.4.1 文旅小镇发展的适配条件与特征

文旅小镇发展的宏观动因是社会经济变革。古镇、古村在中国新兴城镇化浪潮的推动下，迎来了一波巨大的变革。不仅仅是传统建筑空间、商业业态的变革，更是其内在的生活方式、消费方式的变革，乃至传统文化基因潜移默化的质变。如果只是为业态而业态，那这个小镇的商业注定是肤浅的，并可能造成业态定位的偏差。

文旅小镇发展的经济驱动力来自消费升级。近 20 年来，旅游业经历了迅速发展，已经从原有的观光旅游逐步向休闲和度假游转型，但转型期内，观光、休闲和度假不同需求的旅游业态将会在一段时间内共存，并且不同区域的文旅小镇项目在旅游需求层面的侧重点还会不同。不同的旅游需求所对应服务的旅游业态是不同的，在此背景下，不仅原来很著名的古镇、古村业态需要进行提升、改造，一些刚开始开发的小镇项目的业态也将更加复杂。

文旅小镇发展的催化剂是移动互联网的根植和普及。移动互联网时代的到来，已经打破了城市办公人员固定办公的工作传统和地域界限，人们可以随时随地与他人开展工作合作。旅游小镇因为其浓厚的文化环境和优美的自然环境，可以吸引很多大城市的人群前来创业办公或边度假边办公。这些会促使人们对住宿以及休闲娱乐业态需求的提升，而移动时代网络购物的便利，也会造成人们对单调零售业态需求的减少，对体验型零售业态需求的增加。

文旅小镇是新型城镇“逆城市化”发展的显性结果。旅游小镇配套设施无论是从种类还是数量来看，都高于普通小城镇的标准，因此服务设施指标的选取不能完全按照《镇规划标准》确定，要综合考虑常住人口和流动人口（包括旅游人口及因旅游发展吸纳的外来就业人口等），进行科学的计算。旅游小镇以生态为本，小镇旅游人口的确定要充分考虑到小镇的生态承载能力，旅游设施的配置要科学合理，适当留有余量，杜绝浪费。同时，从实际的众多案例来看，文旅商业业态的面积不宜过大，要根据游客量和消费结构进行缜密核算，才能得到比较合理的结果，目前存在的一个普遍问题是小镇业态面积往往过大，其后果就是在运营中产生很多空铺、死铺。

文旅小镇最显著的特质是业态升级与文化风景彰显。长期以来，旅游业已经形成了基于旅游服务的“吃、住、行、游、娱、购”六大要素，文旅小镇的商业业态也基本是按照这几个方面进行构建的，但是随着旅游市场的变化，一些创新的业态开始呈现，或者说需要对原来的六大要素重新进行创新性认识和阐释。比如从原来简单的吃饱、睡好、购物等变成对当地美食文化、居住文化、当地手艺文化的深度体验。这对业态定位的面积、级别等都会产生重要的影响。

未来的文旅小镇的商业设施除了承担基本的餐饮、购物、住宿功能，还承担文化展示、文化体验、互动交流、游览体验等复合的功能。每一个店铺，都是一个景点或文化体验点，纯粹的商业功能会弱化，旅游价值和文化价值会逐步凸显，让游客在闲逛中产生消费欲望，在欢乐中产生消费行为，这是更高层次的文旅商业业态。当然，这会对前期招商、商户的引进培育、商业的运营有很高要求。

文旅小镇的成功，必须要做好个性业态的培育和改变人们的旅游行为惯性。文旅小镇的商业招商对象不是普通的商户，甚至不是连锁的商户。除了立足本地之外，还要引入一些对吃、住、购、娱、文等有特殊研究和追求的“发烧友”。特别是有文化情怀，甚至是在某一行业有一定影响力的人，比如可以让一些文化人过来开茶馆、特色客栈，让著名的烹饪师傅过来经营文化餐馆等。特色化、不走寻常路的招商是未来文旅小镇的招商趋势之一，也是考验一个文旅运营服务商服务能力的重要标准。

旅游商业的一大特点是经营的季节性，即有明显的淡旺季之分。季节性是大多数旅游地的典型特征，旺季欣欣向荣，淡季门可罗雀。中国大部分景区冬季的几个月几乎无游客到访，商铺开业率不足 50%。这就要求旅游产品的设置和后期运营尽量延长旅游旺季，并设置可行的四季旅游产品和旅游服务。还有一个显著的问题是周末人气很旺，周一到周四人气不济。这些问题都需要从业态规划定位阶段就开始研究，设置能够吸引游客淡季旅游的旅游产品和旅游服务，并且考虑在商业业态中如何实现落地，把商业业态——旅游产品体系——旅游淡旺季进行一条线整体解决。

1.4.2 文旅小镇投资发展的难点和突破点

1）选址布局：一、二线城市周边是需求重点，传统旅游胜地投资需谨慎

通过对中国主要城市和风景名胜地的游客量、游客消费单价、旅游总收入等数据进行纵向比较，大数据研究结论发现，一、二线城市的周边游需求量远大于黄山、丽江、九寨沟等中国知名的风景旅游胜地。这与人们的旅游频次、消费能力有高度密切的关系。如同我们考察一个商业项目的选址时，周边市场的消费能力一定是第一考虑要素。因此，地产投资里所倡导的地段因素，在文旅小镇的选址方面同样有效。

2）产品策划必备五要素：文化的独特性、空间特色、业态模式、引爆项目、地产配套

首先，构建旅游核心吸引物。如果一个项目在前期阶段，能清晰锁定客源地（客源从哪来），客源专项细分（什么人来），主要游憩诉求（为什么来），那么旅游项目前期策划的最难问题就已得到解决，项目也就具备了从 0 到 1 的可能性。

值得提及的是，对于类似江南一带的同质化的、扎堆的古镇村落项目，除了江南六大名镇还具备操作价值，其他的古镇如只是进行简单的修缮或者盲目复制，基本毫无市场前景。原因很简单，在一个区域里，市场只会记住一个品类里前三名的项目，其他排行靠后的项目都难以形成品牌效应，这类项目只能在每年传统节日里因游客溢出效应而有些活力，其他时间都会是死水微澜。

其次，设计完善的游览路线、设置完整的配套设施。当前，旅游业已经全面进入到休闲度假阶段，以往老化的、粗糙的、简陋的旅游度假设施根本无法满足现代游客的升级消费需求。围绕着游客的兴奋点，进行吃、住、行、游、购、娱的配套，还原一种独具特色的度假生活场景，是当代游客的基本需求共同点。

再次，坚定不移地配置度假地产配套，精准应对投资及度假市场客群。任何投资都需要考虑回报，政府资金、国企资金、政策性扶植资金也是如此，一味地只做旅游，其

高风险、长期性决定了很少有资金能承受这样的项目投资回报时间。因此，地产配置必然是个缺一不可的重要品类。

但对于旅游配套地产来说，市场上有大量的失败案例，套牢的资金更是数以百亿。其原因主要可分为选址失败、开发时序错误、户型定位失当、营销手段不利、后期运营管控缺失等多方面。

因此，对于旅游目的地周边配套的地产来说，其开发有着高度的专业性。锁定地区性的度假人群需求，针对需求进行精准的产品研发，合理控制户型及总价，配置丰富的运营管理服务，将度假地产打造成高水平管理的经营性资产，这才能符合当代度假地产的基本需求规律。

3）合理组织资金，设计多元化的投资架构，设立投资的风险池

由于文旅小镇项目本身的大体量、业态的复杂性、持有和销售之间的多元关系，因此很少有单一的资金方可以独立操作一个度假小镇项目。如何合理地组织资金、配合整个开发周期的现金流模型，针对不同资金的属性进行多元化融资都是需要在项目开始阶段进行顶层设计的问题。

无论是企业自有资本、银行信贷，还是产业基金或者其他信托类的融资机构，在前期搭建资金使用环节时，都会根据标的物的基本财务模型进行分解。项目整体的开发现金流模型是资金组织计划的根本。

通常情况下，对于一个涵盖吃、住、行、游、购、娱等多元业态的文旅度假小镇项目，其财务模型的预测都是个复杂的系统工程。包含了商铺租金、联营收入、酒店客房住宿费、门票、园内二次消费等多种现金流的收入结构，保证了持有型物业的资产价值。另一方面，小镇房产销售收入也是个回笼现金的重要来源。

因业态的多元化、经营方式的多样化，不熟悉这类标的项目的市场投资主体对这种复杂的小镇开发现金流模型往往会无所适从。但客观审慎地把握开发节奏、分析物业配比关系、预测未来的现金流，是整个项目可行的前提条件。

针对一个几平方千米的文旅特色小镇的投资，往往会拆解不同的土地权属分期拿地和分期开发。这样的好处在于可以在不同的公司法律主体下进行多元化的融资。这种融资包括股权合作、债权融资等，分拆的好处也有利于未来持有型物业资产包的分拆上市

或者引进战略合作伙伴进行投资。

4）高水平运营管控——决定未来小镇资产价值的核心因素

除了销售物业，后期的整体项目运营管控显得非常重要。当下中国行业内，真正具备专业水准的旅游景区或度假小镇运营管理团队相当稀缺。而小镇作为经营性资产，其运营能力决定了未来资产的价值。

项目前期的招商，未来开园后的营销系统、运营管理系统、物业管理系统，这些环节都缺少标准化的流程或者解决方案。上述这些关键操作环节，决定了小镇运营的成败。

综上所述，文旅特色小镇的发展，不是靠情怀，也不是靠地产，更不是靠政府政策。一系列系统化专业性的操作团队，将复杂的业态进行有效拆解，将看不清的市场前景进行定量分析，将不清晰的服务标准化、规范化，打造成一个完整的运营系统，这些市场化的因素恰恰是决定小镇开发成功的关键要素。

1.4.3 案例与模式：无锡灵山拈花湾小镇

项目位于马山（灵山）最西部的耿湾，规划面积 1.7 公顷，建设用地 87 公顷，建筑面积约 35 万平方米，景观面积 55 万平方米，水域面积 20 万平方米，容积率 0.45，建筑密度 23%。

灵山拈花湾小镇历经 5 年多的精心打造，于 2015 年 11 月 14 日开放。早在 2010 年就已经开发，可见领先的观念才有可能缔造领先的产品。2016 年灵山胜境及拈花湾的总游客人数达到 400 万人，恰到好处的配套房产顺利售出，也让项目资金迅速回笼。拈花湾使灵山从一个单纯的观光景区，蜕变为度假胜地，赋予其更完善的休闲功能，极大提高了游客的游览时间、过夜率和附加消费。

拈花湾的名字源于佛经中“佛祖拈花，迦叶微笑”的典故。小镇整体建筑风格参考了日本奈良的古建筑，又融入了中国江南小镇特有的水系，打造出了一种独有的建筑风格。

从整个小镇的总体布局来看，拈花湾通过三条主要交通道路和水系的组织，规划了“五谷”“一街”“一堂”的主体功能布局，并配以禅意的命名体系，形成“五瓣佛莲”的总平面。

其中，“五谷”分别为云门谷、竹溪谷、银杏谷、禅心谷、鹿鸣谷，形似五瓣花瓣，主体功能为会议、酒店、度假房产；“一街”即香月花街，位于“花心”，是拈花湾的核心商业街区；“一堂”即胥山大禅堂，位于“花梗”，既是大型禅修体验场所，也是拈花湾的大型景区标志物。

整个灵山拈花湾小镇是崭新的、简约的、整洁的，没有任何一处使用做旧手法，也没标榜自己是什么“古镇”。但拈花湾项目也留下了一些遗憾，最为宏大的、体现灵山大手笔的景区标志胥山大禅堂因一些原因无法完成。

对于资金回笼的最重要手段——房地产来说，拈花湾也把握得恰到好处。项目的配套房产主要为日式风格的别墅，整体设计得非常精美、充满艺术感。但作为短期居住的度假地产，如果卖大面积的别墅，可能很长时间都难以消化。

灵山集团对市场的研究非常到位，将房型进行了巧妙的分割，所有房型中 40 ～ 70 平方米的小房型占了绝对主力。在物业的空置期管理上引入分销商平台，让业主把度假物业的空余时间段委托给分销平台，由平台出租给游客，获得的租金收益与业主进行分成。

设计精美、房型亲民、有闲时回报的房产，在短期内几乎销售一空，资金得以迅速增值回笼。拈花湾将禅意人居生活带进了无锡，也成为打造精品旅游度假小镇的标杆。

1.5 精准扶贫下的特色小镇发展

精准扶贫是粗放扶贫的对称，是指针对不同贫困区域环境、不同贫困农户状况，运用科学有效程序对扶贫对象实施精确识别、精确帮扶、精确管理的治贫方式。精准扶贫最早是在2013年11月，习近平主席到湖南湘西考察时首次提出了“实事求是、因地制宜、分类指导、精准扶贫”的工作方针。在2020年实现全国脱贫的目标指引下，各地精准扶贫工作已经成为经济发展的重要任务。

精准扶贫的核心并不是“输血式”地给予资金帮助，那只能实现短暂的、形式上的扶贫，而真正实现扶贫的应该是用产业发展带动就业，实现“造血式”扶贫。正所谓“授人以鱼不如授人以渔”。而从精准扶贫的目标出发，促进一批产业集聚区的落地建设，便成为当下特色小镇的一个发展类型。

田园综合体，可看作是精准扶贫引导下特色小镇发展的一个演变形式。2017年发布的《中央一号文件》提出了将田园综合体作为乡村新型产业发展的亮点措施。原文提到：“支持有条件的乡村建设以农民合作社为主要载体、让农民充分参与和受益，集循环农业、创意农业、农事体验于一体的田园综合体，通过农业综合开发、农村综合改革转移支付等渠道开展试点示范。”

1.5.1 发展适配条件与特征

①以产业为基础：田园综合体是以农业为基础的产业，企业承接农业，以农业产业园区的方式提升农业产业，尤其是现代农业，形成当地的基础性产业。

②以文化为灵魂：田园综合体要把当地世代形成的风土民情、乡规民约、民俗演艺等发掘出来，让人们可以体验农耕活动和乡村生活的苦乐与礼仪，还原村子原貌，开发一个“本来”的村子。

③以体验为活力：将农业生产、农耕文化和农家生活变成商品出售，让城市居民身临其境体验农业、农事，满足愉悦身心的需求，形成新业态。

④创新乡村消费：旅游业可作为驱动性的产业选择，带动乡村社会经济的发展，一定程度地弥合城乡之间的差距。而解决物质水平差距的办法，是创造城市人的乡村消费。

⑤城乡互动：解决文化差异问题的有效途径，是城乡互动。田园综合体正是一种实现城市与乡村互动的商业模式。关于城乡互动，最直接的方法，就是在空间上把城市人和乡村人“搅和”在一起，在行为上让他们互相交织，使文化得以融合。

在新型城镇化构架下，田园综合体实际上由五个部分构成：景观吸引核、休闲聚集区、农业生产区、居住发展带、社区配套网。

①景观吸引核，是吸引人流、提升土地价值的关键所在，是打造田园综合体的关键。田园综合体通常位于地形丰富多变、景观资质良好的地段，往往依托观赏型农田、瓜果园，观赏类苗木、花卉展示区，湿地风光区，水系风光区等，可以使游人身临其境地感受田园风光和自然美景，放松身心、体会农业魅力。

②休闲聚集区，是为满足游人的各种休闲需求而创造的综合休闲产品体系，实际上是各种休闲业态的聚集。主要包括农家风情建筑（如庄园别墅、小木屋、传统民居等）、乡村特色活动场所（特色商街、主题演艺广场等）、休闲娱乐项目等。休闲聚集区使游人能够深入有乡村特色的生活空间，体验乡村风情活动，享受休闲农业带来的乐趣。

③农业生产区，通常选在土壤、气候条件良好，有灌溉和排水设施的农业用地上，主要的基础生产项目有：农作物、果树、蔬菜、花卉园艺、畜牧业、森林经营、渔业等。可以引入现代农业科技开展循环农业、创意农业和农业体验并实现农产品的有效流通。同时还可以开展生态农业示范、农业科普教育示范、农业科技示范等项目。通过浓缩的典型农业科技和农业传统知识的推广，向游人展示农业独具魅力的一面，增加农业知识，加深对农业的了解。

④居住发展带，是田园综合体迈向城镇化结构的重要支撑。旅游各要素的延伸带动农业产业与休闲产业发展，形成以农业为基础、休闲为支撑的泛休闲农业产业，通过产业融合与产业聚集，形成人员聚集，农民城镇化居住、产业人口聚集居住、外来游客居住、外来休闲居住、外来度假居住等五类人口相对集中居住，从而形成了依托休闲农业产业的城镇人口以及为此建设的居住社区，构建了城镇化的核心基础。

⑤社区配套网，是田园综合体必须具备的城镇化支撑功能。服务于农业、休闲产业的金融、医疗、教育、商业等，被称为产业配套。而与此结合，服务于居住需求的居民，同样需要金融、医疗、教育、商业等公共服务。由此，形成了产城一体化的公共配套网络。

1.5.2 田园综合体型特色小镇的难点与突破点

1）整合资源，解决人地矛盾，梳理可用的有效空间

乡村旅游资源（包含人工打造的乡村旅游资源）决定了项目地乡村旅游产品开发的核心导向。土地资源决定了田园综合体的规模，影响着乡村旅游产品的配比结构。

在“岛式圈层”田园综合体的开发模式中，乡村旅游资源和乡村土地为最外围圈层，内部通过运用合理的综合开发手段，以农业深层次开发（如循环农业、创意农业、生态农业）和农业规模化发展为主，辅以农产品加工销售、科研、教育、医疗、培训等其他产业，并形成产业间的联动。此外，项目地在发展农业的同时，还可以发展以当地农作物为主的创意农业，并适时开展农业观光、体验、休闲、度假等乡村旅游项目。

2）培育田园综合体的休闲吸引物体系

乡村旅游休闲功能是田园综合体开发的主导，合理地开发与之相适应的不同类型、不同层次、不同规模的乡村旅游产品，使其成为整个田园综合体的重要吸引点，撬动乡村旅游市场。同时，各个乡村旅游休闲项目之间通过有机组合而形成的若干条旅游线将扮演重要的连接线角色，串联起田园综合体的各个圈层。

乡村旅游休闲项目可融合乡村观光、游乐、休闲、运动、体验、度假、会议、养老、居住等多种旅游功能，打造特有的田园综合旅游休闲，如休闲垂钓、农场动物园、采摘、农事体验等乡村旅游项目。在具体开发中，可根据各自资源、文脉等具体情况，侧重打造其中某一项或几项功能，形成各具特色的乡村旅游休闲项目，从而带动整个区域的发展。

3）延展田园综合体的业态支撑体系

结合乡村生态环境、生态景观等生态优势，可分期、分步、合理地建设生态化乡村休闲度假酒店、乡村特色商业街、“乡村 Mall”等商业设施，作为田园综合体的商业配套板块，综合性地整合休闲、购物、娱乐等多项功能，为整个区域提供较高品质的服务。

4）增量土地增值空间，发展新型乡村休闲地产

乡村休闲地产以生态化的乡村环境为导向，主要指以居住功能为主体的小区、产权式酒店等乡村居所型地产。适合开发的乡村休闲地产可大致分为几类，如乡村景观地产、乡村度假地产、乡村养老地产以及乡村主题地产（包括创意地产、民俗地产、酒庄等多种类型），并可融入低碳、环保、节能、科学、高效益等现代化理念。乡村休闲地产是田园综合体开发的最核心板块，是赢利的核心所在。

1.5.3 案例与模式：无锡田园东方

田园东方项目位于“中国水蜜桃之乡”无锡惠山区阳山镇，是一个以生态高效农业、农林乐园、园艺中心为主体的农林、旅游、度假、文化、居住综合性园区（图 1.1、1.2）。田园东方项目旨在激活乡村、感知田园城乡生活，将生活与休闲相互融合。为原汁原味地呈现江南农村田园风光，选址于拾房村旧址。在原有村落格局较好保留的基础上，设计赋予新的生命活力。该项目投资 50 亿元，是国内首个田园综合体项目。其开发历程详见图 1.3。

图 1.1　田园东方项目平面

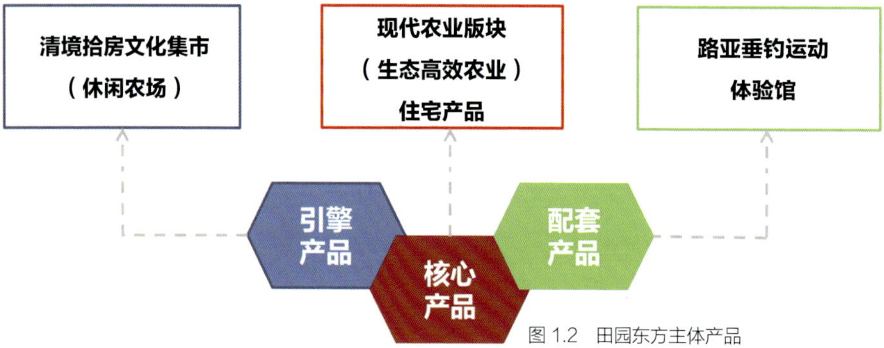

图 1.2　田园东方主体产品

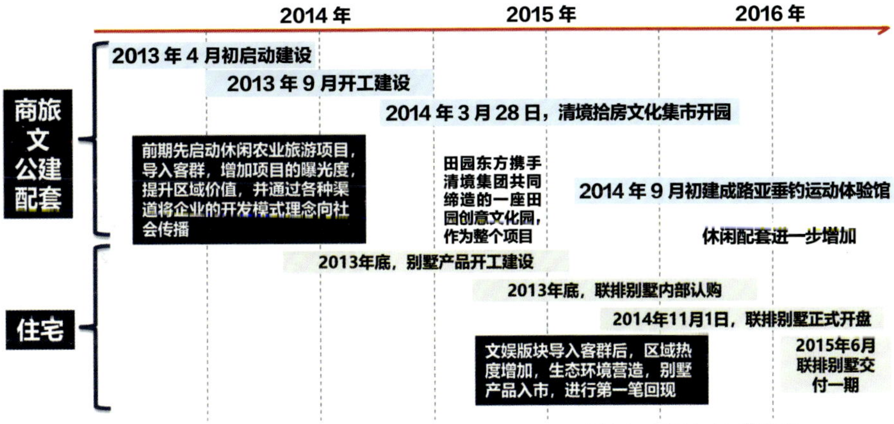

图 1.3 田园东方开发历程

项目整体规划设计以美丽乡村的大环境营造为背景，总面积 416 公顷，其中 213 公顷种植水蜜桃。以田园生活为目标核心，将田园东方与阳山的发展融为一体，贯穿生态环保的理念。是集现代农业、休闲旅游、田园社区等产业为一体的田园综合体，实现“三生”（生产、生活、生态）、“三产”（农业、加工业、服务业）的结合与共生（图 1.4）。特色专业的旅游服务和会员制度假体验服务，提供全面的生活和度假服务，是长三角最具特色的休闲旅游度假目的地之一。

1）主营项目

打造特色文旅产业，包括婚庆公园、露天剧场、桃花源商业街、汤泉花语客栈等，提供包括采摘、垂钓、庭院中的小型游憩设施、生物动力有机农场体验等活动。加强慢行系统建设，包括步行系统、非机动车系统和水上观光系统三部分。建设亲子活动基地绿乐园，包括白鹭牧场、蚂蚁餐厅、蚂蚁农场、蚂蚁王国、蚂蚁广场，以及窑烤区和 DIY 教室等。

2）住宅别墅

住宅规划为弗兰克 · 劳埃德 · 赖特草原风格的联排别墅，户型面积为 97 ~ 230 平方米，别墅户户邻水，住宅区规划平面形似佛手，名为“拾房桃溪”。

3）文化市集

拾房文化市集是田园东方于 2013 年 11 月与清境集团合作打造的一座田园创意文

化园，规划包括主题餐厅区、牧场区、绿乐园户外活动区、售卖区、书院、主题民宿区、华德福校舍在内的多个主题园区。

4）市场客群

在工作日和旅游淡季，项目利用配套的会议中心引入一些商务会议客群作为补充，客群比例只占 10% ~ 20%；而重头戏还是休闲度假客群，占到 80% ~ 90%。对于置业客群，近 80% 来自于无锡本地，周边城市（如苏州、常州等）占 20% 左右；置业客群主要以本地客群为主，上海等大城市旅游客群的置业意愿比较低。

5）运营策略

项目以区域开发的思路来开发，前期通过小尺度配套物业确保持久运营。首先引入文旅板块顶级资源提升土地价值，采用旅游消费和住房销售同步进行的“旅游 + 地产”综合盈利模式。后期进行配套完善，做到良性循环、可持续发展，整个项目采取开放式的运营模式。其盈利模式详见图 1.5。

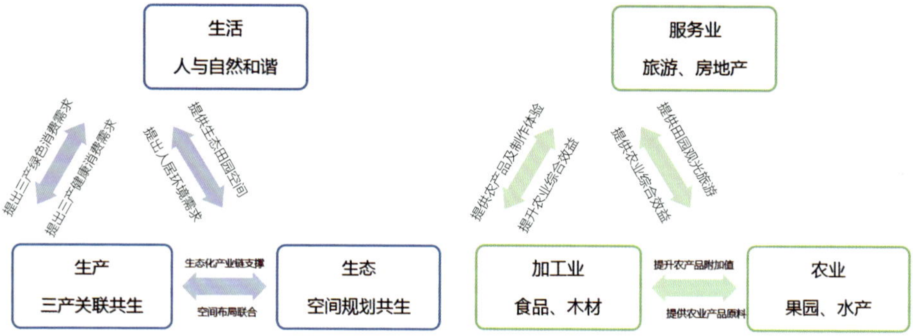

图 1.4 “三生”“三产”结合

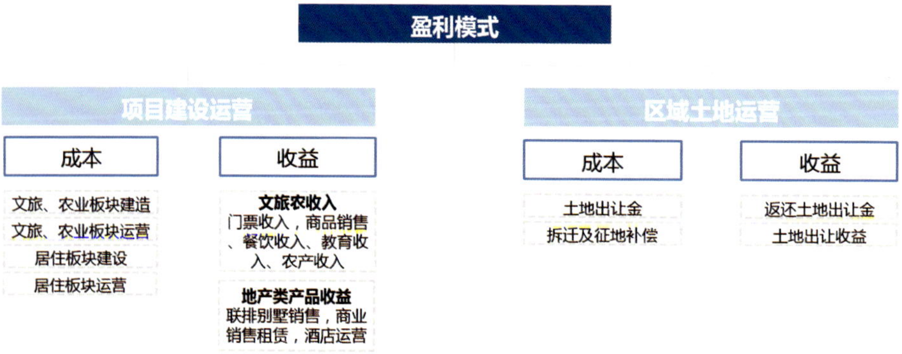

图 1.5 田园东方盈利模式

2

规划设计篇

2.1 特色小镇规划要求与特点

2.1.1 国家对特色小镇规划建设的要求

1）特色小镇发展轨迹

伴随着国家城镇化进程，浙江省形成了以地方块状经济为特色、以中小城镇为空间平台、产业与城镇相互影响的地域发展特征。随着互联网经济、电子商务向传统产业的延伸渗透，企业、个人创新经济活动的开展，浙江省的地域经济活动开始出现新的空间特征。一方面，最近杭州出现了园区与社区融合、园区与景区融合、适合初创企业的特色小镇创新空间组织模式，如云栖小镇、梦想小镇和山南基金小镇等。另一方面，一些根植于地方的传统优势产业在创新要素的引入、集聚和催化作用下，也面临再升级的需求，并呈现出新的空间、功能特征。在此背景下，浙江省于 2015 年正式提出了特色小镇的建设目标，旨在通过建设一批产业特色鲜明、人文气息浓厚、生态环境优美、兼具旅游与社区功能的特色产业小镇，促进经济新常态下浙江省的区域创新发展，并作为推进供给侧结构性改革和新型城市化的有效路径。

以此为发端，国家及各省市相继出台了一系列特色小镇发展建设要求（图 2.1），而对空间规划与建设的要求始终不明晰，这也是目前特色小镇的特殊背景。

2）特色小镇规划的政策要求

面对各地纷涌的特色小镇规划与建设，2017 年 12 月 4 日，国家四部委联合出台了《关于规范推进特色小镇和特色小城镇建设的若干意见》，正式明确了特色小镇及特色小城镇规划建设要求。

该文件指出了特色小镇与特色小城镇的差异。“特色小镇是在几平方公里土地上集聚特色产业、生产生活生态空间相融合、不同于行政建制镇和产业园区的创新创业平台。特色小城镇是拥有几十平方公里以上土地和一定人口经济规模、特色产业鲜明的行政建制镇。”

对特色小镇的建设提出“坚持创新探索”“坚持因地制宜”“坚持产业建镇”“坚

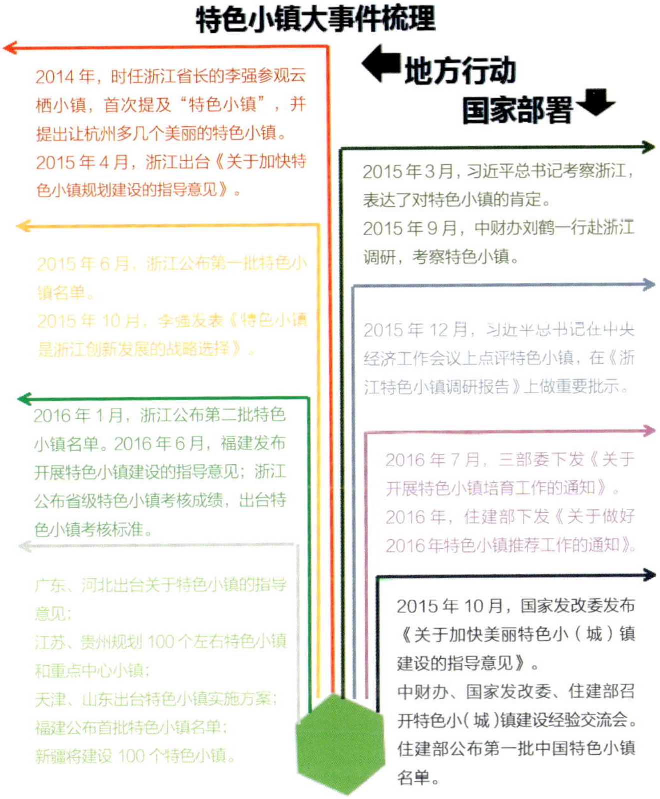

图 2.1　特色小镇发展历程

持以人为本”“坚持市场主导”五项基本原则。通过“打造具有核心竞争力和可持续发展特征的独特产业生态”，“统筹生产生活生态空间布局，提升服务功能、环境质量、文化内涵和发展品质，打造宜居宜业环境”。在小镇的运营管理方面，“按照政府引导、企业主体、市场化运作的要求，创新建设模式、管理方式和服务手段，推动多元化主体同心同向、共建共享，发挥政府制定规划政策、搭建发展平台等作用。”

以下是国家四部委《关于规范推进特色小镇和特色小城镇建设的若干意见》全文。

各省、自治区、直辖市人民政府，新疆生产建设兵团：

特色小镇是在几平方公里土地上集聚特色产业、生产生活生态空间相融合、不同于行政建制镇和产业园区的创新创业平台。特色小城镇是拥有几十平方公里以上土地和一定人口经济规模、特色产业鲜明的行政建制镇。近年来，各地区各有关部门认真贯彻落实党中央国务院决策部署，积极稳妥推进特色小镇和小城镇建设，取得了一些进展，积累了一些经验，涌现出一批产业特色鲜明、要素集聚、宜居宜业、富有活力的特色小镇。但在推进过程中，也出现了概念不清、定位不准、急于求成、盲目发展以及市场化不足等问题，有些地区甚至存在政府债务风险加剧和房地产化的苗头。为深入贯彻落实党中央国务院领导同志重要批示指示精神，现就规范推进各地区特色小镇和小城镇建设提出以下意见。

一、总体要求

（一）指导思想。深入学习贯彻党的十九大精神，以习近平新时代中国特色社会主义思想为指导，坚持以人民为中心，坚持贯彻新发展理念，把特色小镇和小城镇建设作为供给侧结构性改革的重要平台，因地制宜、改革创新，发展产业特色鲜明、服务便捷高效、文化浓郁深厚、环境美丽宜人、体制机制灵活的特色小镇和小城镇，促进新型城镇化建设和经济转型升级。

（二）基本原则。

坚持创新探索。创新工作思路、方法和机制，着力培育供给侧小镇经济，努力走出一条特色鲜明、产城融合、惠及群众的新路子，防止“新瓶装旧酒”“穿新鞋走老路”。

坚持因地制宜。从各地区实际出发，遵循客观规律，实事求是、量力而行、控制数量、提高质量，体现区域差异性，提倡形态多样性，不搞区域平衡、产业平衡、数量要求和政绩考核，防止盲目发展、一哄而上。

坚持产业建镇。立足各地区要素禀赋和比较优势，挖掘最有基础、最具潜力、最能成长的特色产业，做精做强主导特色产业，打造具有核心竞争力和可持续发展特征的独特产业生态，防止千镇一面和房地产化。

坚持以人为本。围绕人的城镇化，统筹生产生活生态空间布局，提升服务功能、环境质量、文化内涵和发展品质，打造宜居宜业环境，提高人民获得感和幸福感，防止政绩工程和形象工程。

坚持市场主导。按照政府引导、企业主体、市场化运作的要求，创新建设模式、管理方式和服务手段，推动多元化主体同心同向、共建共享，发挥政府制定规划政策、搭建发展平台等作用，防止政府大包大揽和加剧债务风险。

二、重点任务

（三）准确把握特色小镇内涵。各地区要准确理解特色小镇内涵特质，立足产业“特而强”、功能“聚而合”、形态“小而美”、机制“新而活”，推动创新性供给与个性化需求有效对接，打造创新创业发展平台和新型城镇化有效载体。不能把特色小镇当成筐、什么都往里装，不能盲目把产业园区、旅游景区、体育基地、美丽乡村、田园综合体以及行政建制镇戴上特色小镇“帽子”。各地区可结合产业空间布局优化和产城融合，循序渐进发展“市郊镇”“市中镇”“园中镇”“镇中镇”等不同类型特色小镇；依托大城市周边的重点镇培育发展卫星城，依托有特色资源的重点镇培育发展专业特色小城镇。

（四）遵循城镇化发展规律。浙江特色小镇是经济发展到一定阶段的产物，具备相应的要素和产业基础。各地区发展很不平衡，要按规律办事，树立正确政绩观和功成不必在我的理念，科学把握浙江经验的可复制和不可复制内容，合理借鉴其理念方法、精神实质和创新精神，追求慢工出细活出精品，避免脱离实际照搬照抄。特别是中西部地区要从实际出发，科学推进特色小镇和小城镇建设布局，走少而特、少而精、少而专的发展之路，避免盲目发展、过度追求数量目标和投资规模。

（五）注重打造鲜明特色。各地区在推进特色小镇和小城镇建设过程中，要立足区位条件、资源禀赋、产业积淀和地域特征，以特色产业为核心，兼顾特色文化、特色功能和特色建筑，找准特色、凸显特色、放大特色，防止内容重复、形态雷同、特色不鲜明和同质化竞争。聚焦高端产业和产业高端方向，着力发展优势主导特色产业，延伸产业链、提升价值链、创新供应链，吸引人才、技术、资金等高端要素集聚，打造特色产业集群。

（六）有效推进“三生融合”。各地区要立足以人为本，科学规划特色小镇的生产、生活、生态空间，促进产城人文融合发展，营造宜居宜业环境，提高集聚人口能力和人民群众获得感。留存原住居民生活空间，防止将原住居民整体迁出。增强生活服务功能，构建便捷“生活圈”、完善“服务圈”和繁荣“商业圈”。提炼文化经典元素和标志性符号，合理应用于建设运营及公共空间。保护特色景观资源，将美丽资源转化为“美丽经济”。

（七）厘清政府与市场边界。各地区要以企业为特色小镇和小城镇建设主力军，引导企业有效投资、对标一流、扩大高端供给，激发企业家创造力和人民消费需求。鼓励大中型企业独立或牵头打造特色小镇，培育特色小镇投资运营商，避免项目简单堆砌和碎片化开发。发挥政府强化规划引导、营造制度环境、提供设施服务等作用，顺势而为、因势利导，不要过度干预。鼓励利用财政资金联合社会资本，共同发起特色小镇建设基金。

（八）实行创建达标制度。各地区要控制特色小镇和小城镇建设数量，避免分解指标、层层加码。统一实行宽进严定、动态淘汰的创建达标制度，取消一次性命名制，避免各地区只管前期申报、不管后期发展。

（九）严防政府债务风险。各地区要注重引入央企、国企和大中型民企等作为特色小镇主要投资运营商，尽可能避免政府举债建设进而加重债务包袱。县级政府综合债务率超过 100% 的风险预警地区，不得通过融资平台公司变相举债立项建设。统筹考虑综合债务率、现有财力、资金筹措和还款来源，稳妥把握配套设施建设节奏。

（十）严控房地产化倾向。各地区要综合考虑特色小镇和小城镇吸纳就业和常住人口规模，从严控制房地产开发，合理确定住宅用地比例，并结合所在市县商品住房库存消化周期确定供应时序。适度提高产业及商业用地比例，鼓励优先发展产业。科学论证企业创建特色小镇规划，对产业内容、盈利模式和后期运营方案进行重点把关，防范“假小镇真地产”项目。

（十一）严格节约集约用地。各地区要落实最严格的耕地保护制度和最严格的节约用地制度，在符合土地利用总体规划和城乡规划的前提下，划定特色小镇和小城镇发展边界，避免另起炉灶、大拆大建。鼓励盘活存量和低效建设用地，严控新增建设用地规模，全面实行建设用地增减挂钩政策，不得占用永久基本农田。合理控制特色小镇四至范围，规划用地面积控制在 3 平方公里左右，其中建设用地面积控制在 1 平方公里左右，旅游、体育和农业类特色小镇可适当放宽。

（十二）严守生态保护红线。各地区要按照《关于划定并严守生态保护红线的若干意见》要求，依据应划尽划、应保尽保原则完成生态保护红线划定工作。严禁以特色小镇和小城镇建设名义破坏生态，严格保护自然保护区、文化自然遗产、风景名胜区、森林公园和地质公园等区域，严禁挖山填湖、破坏山水田园。严把特色小镇和小城镇产业准入关，防止引入高污染高耗能产业，加强环境治理设施建设。

三、组织实施

（十三）提高思想认识。各地区要深刻认识特色小镇和小城镇建设的重要意义，将其作为深入推进供给侧结构性改革的重要平台，以及推进经济转型升级和新型城镇化建设的重要抓手，切实抓好组织实施。

（十四）压实省级责任。各省级人民政府要强化主体责任意识，按照本意见要求，整合各方力量，及时规范纠偏，调整优化实施方案、创建数量和配套政策，加强统计监测。

（十五）加强部门统筹。充分发挥推进新型城镇化工作部际联席会议机制的作用，由国家发展改革委牵头，会同国土资源、环境保护、住房城乡建设等有关部门，共同推进特色小镇和小城镇建设工作，加强对各地区的监督检查评估。国务院有关部门对已公布的两批 403 个全国特色小城镇、96 个全国运动休闲特色小镇等，开展定期测评和优胜劣汰。

（十六）做好宣传引导。发挥主流媒体舆论宣传作用，持续跟踪报道建设进展，发现新短板新问题，总结好样板好案例，形成全社会关注关心的良好氛围。

国家发展改革委

国 土 资 源 部

环 境 保 护 部

住房城乡建设部

2017 年 12 月 4 日

2.1.2 特色小镇规划面临的挑战

相比传统规划对象，特色小镇在空间建设、特色内涵、外部条件，以及规划内容实施要求等方面具有明显的多元、复合特征，这也正是特色小镇规划的难点和创新出发点所在。

当前全国小城镇发展面临分化格局，沿海与内地、南方与北方、大城市周边与偏远农村地区小城镇，在发展阶段、发展水平、发展条件等方面存在明显不同。《关于加快美丽特色小（城）镇建设的指导意见》给出了几种差异化类型：大城市周边的重点镇，要加强与城市发展的统筹规划与功能配套，逐步发展成为卫星城；具有特色资源、区位优势的小城镇，要通过规划引导、市场运作，培育成为休闲旅游、商贸物流、智能制造、科技教育、民俗文化传承的专业特色镇；远离中心城市的小城镇，要完善基础设施和公共服务，发展成为服务农村、带动周边的综合性小城镇。

按照国家 2020 年培育 1000 个左右特色小（城）镇的目标，特色小镇占全部建制镇的比例仅有 5.6%。除了国家批准的特色小镇外，各省市区应根据本省特征，因地制宜开展特色小镇建设。目前，福建、广东、河北、山东、贵州、新疆、江苏等地纷纷出台了特色小镇建设计划，从各省市区小城镇人口规模和占城镇人口比重来看，不是所有地区都适合大规模推进特色小镇建设。例如，一些西部省区人口密度低，建制镇数量少，基础设施分散，更适合依托城市和县城培育创新创业发展空间。

1）空间载体的多样性

特色小镇是以现有的城乡空间为载体进行的目标创建，现有城乡空间的差异决定了特色小镇的空间载体具有多样性。

从浙江省首批省级特色小镇创建名单看，其中有以产业园区或产业集聚区为载体的，如温州瓯海智创小镇，现为梧田工业园的一部分，目标是经过更新换代将功能单一、产业低端的工业园区，转换为功能综合，宜居、宜业、宜游的特色小镇；有以镇区或传统村落为载体的，如湖州丝绸小镇部分空间依托南浔区荻港渔村，目标是打造集原生态旅游、桑蚕丝绸、文化展示、古村生态旅游等于一体的特色小镇；也有以旅游景区为载体的，如淳安的乐水小镇、文成森林氧吧小镇等。

从空间区位看，特色小镇与城区的关系呈现出更为复杂的空间关系，有些是依托现有产业园区，有的依托现有建制镇镇区，有的依托风景区。有的在城区内部，还有的是独立于建成区之外的村庄。根据这种情况，国家发改委等四部委发布的《关于规范推进特色小镇和特色小城镇建设的若干意见》也指出“各地区可结合产业空间布局优化和产城融合，循序渐进发展‘市郊镇’‘市中镇’‘园中镇’‘镇中镇’等不同类型特色小镇”。

基础迥异的空间载体决定了特色小镇不同的创建路径，必然对规划创新提出了更高的要求。

2）特色内涵的差异性

特色小镇各有各的“特”。有以文化或生态资源为依托打造以旅游功能为主的休闲度假型小镇，如天台山和合小镇，以和合文化为主题，打造集文化旅游和休闲功能为一体的特色小镇；有基于已有优势产业，进行上下游延伸和多元复合，强化产业特色的小镇，如以大唐袜业为依托的诸暨袜艺小镇，打造集袜艺体验旅游、展示博览、市场物流、创意研发、娱乐休闲为一体的特色小镇。

总体来看，不同于传统规划的“千镇一面”，浙江省创建名单中的特色小镇无不个性鲜明、差异明显，这既是资源禀赋差异所决定的，也是差异化发展的客观要求。这就要求特色小镇的规划要有更深入的研究，更精准的判断，积极挖掘地方资源与潜力、合理引入创新点，通过规划的强化和延伸打造独有的小镇特色。

3）外部条件的复杂性

从破解土地资源瓶颈和城乡二元结构的目标出发，特色小镇往往在城市边缘地区选址，用地条件普遍较为复杂。或受交通割裂，或地形起伏变化，居民点、工厂企业散乱分布，加之边界不规整，对规划设计形成很大制约。

如杭州机器人小镇选址萧山区东北部边缘，地块被杭甬高速、绕城高速及机场快速路穿越割裂，并产生了视觉、空气、噪声等方面的影响，破坏了区块的整体品质。同样，无锡物联网小镇所在的鸿山区也面临外部条件的不利影响。外部条件的复杂性需要规划不断创新思路加以应对，寻求突破。

4）规划内容的综合性

不同于传统城乡规划，特色小镇规划是一项没有明确规划任务书的任务。但特色小镇的创建目标，决定了其规划具有高起点、高标准和综合性、落地性的内在要求。这对规划的深度与广度也提出了新的挑战。从层次上看，既要有概念策划、总体规划、控制性详细规划，又要有城市设计和建筑、景观设计；既要有空间功能布局，又要有可落地实施的项目，甚至包括运作模式和招商引资意向，需要综合的全套解决方案。从内容上看，除了常规的空间规划内容，还包括产业规划、社区规划、旅游规划等，同时需突出生态、文化等功能。浙江省提出，特色小镇规划必须坚持多规融合，突出规划的前瞻性和协调性。结合特色小镇的资源禀赋条件，联动编制产业、文化、旅游“三位一体”，生产、生活、生态“三生融合”，工业化、信息化、城镇化“三化驱动”，项目、资金、人才“三方落实”的建设规划。因此，特色小镇规划是典型的多层次规划交融、多专业规划综合的“多规合一”，是目标导向下各种元素高度关联的综合性规划和落地性规划。

2.1.3 特色小镇规划设计的特点与重点

规划是引领有序发展的重要手段，特色小镇作为新生事物，是涵盖产业、生态、空间、文化等多个领域的系统性工程，因此，特色小镇规划是一项各种元素高度关联的综合性规划。不能照搬现有某个单一领域的规划方式和方法，而应在“多规合一”的基本理念下，针对特色小镇特点开展创新性实践。相对传统类型规划来说，特色小镇的规划可以说是“定制型规划”“综合型规划”“策划型规划”。总的来说，特色小镇的规划设计具有以下三个方面的特点。

1）产业功能研究及其空间需求模式分析是规划设计的基础

我国的小城镇大多是在自然村镇基础上，经历居民集聚、商业完善、产业推动等多种因素综合发展而来的。这类城镇历史悠久，文化底蕴深厚，具有独特的文化特色和地域特征。城镇空间组织与城镇发展历史及重大事件密切相关，也形成具有特色的城镇空间。这一类城镇的规划，应该研究分析城镇成长历史，未来发展机遇，在延续原有发展脉络的基础上，将时代特色融入城镇发展中，完善城镇基础服务功能，形成具有可持续发展的小城镇。

随着现代化进程的加速，许多新兴城镇也蓬勃发展起来，尤其是在交通、新兴产业的带动下，很多城镇历经十几年的建设，俨然成为一个颇具规模的大城镇。这类城镇大多具有时代特征和产业特色。促进产业发展及转型、提高公共服务设施的品质、促进生态环境改善及优化，是这类城镇面临的主要问题。我国历经 40 年的改革开放，这类城镇大量存在。总体而言，这些城镇普遍存在规模大、生态环境不佳、服务设施有待升级、城镇特色不明显、景观风貌单一的问题。这类城镇的规划设计，不仅仅需要研究其产业发展转型问题，也要研究人居环境改善问题，更要关注城镇特色塑造问题。因此，国家出台了一系列的小城镇规划规范，从城镇人口集聚、居住区公共服务设施配置、城镇交通及道路系统、产业布局等多方面统筹，进行系统规划。

目前积极推进的特色小镇建设，第一类是提升优化型，即强化原有产业特色，突出城镇风貌；第二类是特色创新型，即导入新产业，塑造新特色。无论哪一种，都需要产业支撑及产业特色鲜明，并具有可持续性。建设以特色产业支撑的特色小镇，是特色小镇建设最核心的要求。

由于特色小镇规模较小，因此其主导产业相对较少，甚至是单一的。除了主导产业之外，必然有与之关联的配套产业，这些产业既有为主导产业服务的，也有为特色小镇的居民生活服务的。因此，确定和策划主导产业，分析研究主导产业及其相关联产业在产业关联、产业空间规模需求、产业空间组织方式，是开展空间规划、塑造城镇特色的基础。

在明确产业定位和方向的基础上，在规划布局层面，产业功能研究的重点在于将产业内容和行业需求转化为空间模式的语言，即处理好由产业功能转化为业态和项目需求、再转化为用地安排之间的关系，并以行业对空间的要求作为小镇布局结构的依据，安排落实好分期建设及年度建设项目。创新与融合是特色小镇建设的重要特点。在特色小镇规划设计中，需重点关注产业创新要素集聚的需求与方式、产业服务功能的培育，因产业链提升及产业间融合而派生出的新经济、新业态，以及由此而引发的空间资源配置需求。具体到空间布局上，需关注产业用地配比的变化、创新型空间的场所特征和布局模式、产业服务功能平台的培育以及以“产、城、人、文”融合为导向的空间布局优化。

2）使产业特色与空间特色和谐统一是规划设计关注的重点

（1）产城过度分离导致现有产业型城镇单调而缺少活力

我国城镇发展历史悠久，各地自然人文不同，形成了丰富多彩的城镇特色，体现在山水格局、空间组织、公共空间、建筑装饰、色彩小品等众多方面。这些城镇特色充分结合了当地人的审美、人的空间需求和自然山水。然而，在快速工业化和现代化的过程中，由于过度追求功能分区，城镇和产业园区相对分离，传统城镇的特色景观遭到严重破坏，产业园区形成了千城一面的工业化景观风貌。在追求利润最大化的驱动下，产业园区的建筑普遍缺少特色，没有实现与原有城镇风貌的融合。更有些城镇产业园区缺乏配套服务设施，园区空间景观单调。

小镇风貌往往是小镇产业特色的空间映射，因此，具有产业特色的国外特色小镇，其空间风貌具有强烈的可识别性。如英国的海伊（Hay-on-Wye）旧书小镇被誉为“天下旧书之都”，遍布小镇的各类书店、图书馆、图书集市及随处可见的读书场景是小镇给人的空间意象。书店建筑风貌各异，有些书店依山而建，书架就镶嵌在山石上，也有户外书店，只设置收钱箱，自助取书，这样就形成了独特的小镇风貌特征及人文环境。

（2）产业特色与空间特色协调的设计路径

在产业空间需求研究的基础上，针对产业本身对环境及建筑的要求，结合人的活动需求、生态环境、地域文化等要素进行综合分析，通过建筑高度、建筑风格、建筑色彩、入口景观、雕塑小品、街道设施、景观视廊等空间要素，综合展示小镇的特色风貌和文化内涵。创造一种既符合产业发展规律，满足产业空间需要，同时又有别于传统城镇的特色风格。

2016 年，在义乌市云驿小镇，快递业是数量最多、最具特色的产业，是集中展示小镇传统驿站文化的主要载体。为了实现产业、社区、文化、旅游功能的高度融合，打造“游在景区”“游在镇区”和“游在厂区”的多元体验。一是围绕环境优美的现有水库建设快递文化主题公园，并植入“蜂巢塔”企业文化地标，打造小镇旅游的核心景区。二是依托小镇客厅建设驿站公园，展示义乌从“鸡毛换糖”到“第五代市场”、电商文化、智慧快递的演变历程，并在快递员之家、创意之家中植入智能快递系统，将快递文化融入镇区日常生活。三是结合企业生产环节，选择申通机器人分拣中心、顺丰大数据云仓以及中国邮政的自动分拣带等特色环节，作为一线参观的工业景点。然而，不同于其他小镇，快速的货流集散是云驿小镇的首要要求。为了解决“货流快行”与“文化慢游”的矛盾，规划在核心景区、小镇客厅与特色企业观光区之间设置了一条长约 1 千米的立体慢行绿带，其中人车冲突处采用二层步行廊道，构建“快慢融合”的货流、人流体系。

而梦想小镇概念规划则充分展现了信息经济时代城市与乡村的共生关系，以“田野环”和“功能核”塑造城镇与田野相融合的、非高密度集聚的互联网创新创业小镇特色空间；针对现有基地内最具特色的生态公园、仓前古镇和水泥厂三个区块提出“保留—连接—重生”的规划策略，以“田野环”为纽带构建“居住环”“办公环”，形成梦想田园小镇的圈层结构；在一期启动区规划设计中，利用将现有粮仓改造为互联网创业平台这一契机，目前已吸引了约 380 个创业项目、4100 余名创业者入驻，成为杭州独具特色的互联网创业社区。由此可见，自然、文化、景观有机结合的整体空间形态和景观风貌特色塑造是特色小镇规划的一项重点内容。在文化内涵挖掘和文旅空间构建方面，规划应重点处理好乡村和地域文化的情景再构、物质文化资源的保护利用、非物质文化资源的整理转化，以及现代产业文化和企业文化的挖掘、应用等问题，并将其转化为现代创新文化的素材。在小镇空间形态和景观风貌特色塑造方面，规划应重点把握融入自然的整体格局、人性化的空间尺度、建筑景观风貌引导、地域特征标识符号设计、景观环境设计和低碳环保系统设计等方面的内容。

3）促进产业落地实施及快速发展是规划设计的主要任务

目前，特色小镇的建设，既有在现有基础上的完善提升，也有新建，按照特色小镇的政策要求，需要在较短的时间内形成特色、形成规模，强调有效投资和可实施性。因此，需要通过规划的系统性安排，制定近期建设与实施计划。

近期建设实施计划应包括划定核心建设区（启动区）、建设项目策划、建设行动计划、确定运营方案等四个部分。其中：①划定核心建设区（启动区），就是按照特色小镇建设要求，根据投资情况，能够迅速形成小镇建设框架和对外形象，总面积控制在 1 平方千米左右。②建设项目的策划，依托规划的功能定位与导向，结合空间布局要求，确定近期建设期内各具体项目的内容、规模、选址和建设意向，最终形成近期建设项目库。③建设行动计划，根据前期确定的建设主体的投资意愿，并结合土地供给面积等因素，安排每个项目的年度投资和供地计划。④制定运营方案，按照“政府引导、企业主体、市场化运作”的基本原则，围绕开发模式、资金平衡、效益分析等方面展开，结合每个小镇实际情况，提出针对性的运作方案。

2.2　特色小镇规划设计的层次与内容

目前，由于特色小镇的发展阶段各不相同，所处地域多样化，因此规划形式与内容也各具特色。总结近几年的特色小镇规划编制实践，按照合法依规、适当创新的原则，在参照城市规划与镇规划的体系基础上，建议采用两层四类“1+2+N”（图 2.2）的规划编制体系。两层四类指在总体规划层面的概念性规划与专题研究，以及控制实施层面的控制性详细规划与城市设计。

总体层面的概念规划与专题研究突出对特色小镇的发展定位、产业、空间等方面的研究，而控制性详细规划与城市设计侧重于特色控制、实施控制。形成由小镇概念规划、小镇详细规划及城市设计、若干专题研究构成的“1+2+N”规划成果体系。

2.2.1　概念规划编制的主要内容框架

概念规划作为规划纲领，明确特色小镇的发展目标、方向、重点和整体空间架构；服务于特色小镇的申报、选址。主要有以下十个方面的内容：

①区域发展与现状分析；

②发展定位与规划目标；

③功能研究与项目策划；

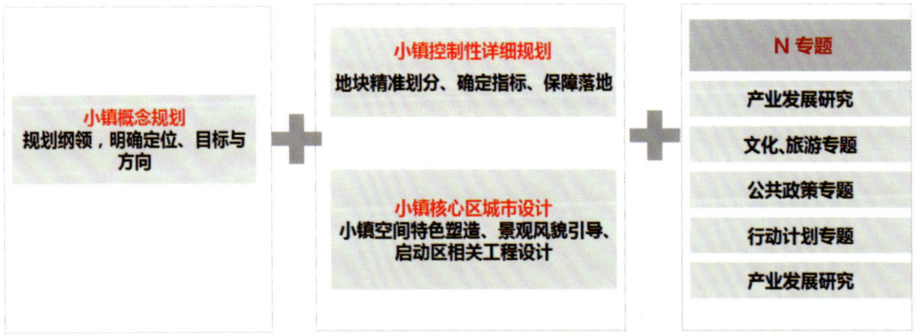

图 2.2　“1+2+N”规划体系

④空间特征与布局结构；

⑤用地布局与概念方案；

⑥文化特色与旅游休闲；

⑦开放空间与风貌引导；

⑧生态环境与基础设施；

⑨近期启动与核心划定；

⑩分期实施与项目安排。

2.2.2 城市设计与控制性详细规划

在小镇概念规划基础上，城市设计与控制性详细规划是互为补充的，整体城市设计或核心区城市设计重在以行业需求为核心，进行空间模式研究、小镇空间景观特色塑造、空间形态布局和文旅空间构建（文化特色构筑和旅游项目策划），并面向近期项目实施，与近期行动规划（计划）相衔接。而控制性详细规划则是明确地块划分与控制指标，保障项目落地，作为特色小镇规划建设管理的重要依据。

控制性详细规划可以参照城市控规的编制内容要求，主要有以下内容：

①对原有控规变化的分析与论证；②细化概念规划的用地布局；③依据小镇特色功能需求配置细化服务设施；④结合产业，满足功能要求，对地块精准划分；⑤弹性开发控制引导；⑥小镇特色景观风貌要素控制；⑦基础设施建设指引。

城市设计重点在于小镇空间特色塑造、景观风貌引导、文旅空间构建、启动区相关工程设计，主要应突出以下内容：①自然与生态资源利用；②历史与人文特色利用；③产业空间特色要素利用；④核心区功能业态及项目配置；⑤整体空间形态设计；⑥景观风貌及界面控制；⑦核心区（起步区、小镇客厅）详细规划设计、建筑形态设计与功能研究、景观环境设计；⑧城市设计导则。

2.2.3 重要问题专题研究

特色小镇规划与建设是一个快速发展的新事物，在很多方面没有经验可供借鉴，需要深入分析，尤其是针对各自不同的特点突出重点地分析。根据特色小镇的内涵及发展要求，可以开展以下专题研究。

（1）产业发展研究

主要包括提出产业发展趋势与方向、产业升级需求与路径、产业功能分析与策划、产业建设重点与空间需求、功能建设目标与途径、投资主体和支撑项目。

（2）文化与旅游专题研究

重点在于文化的传承与彰显、旅游体系的规划与构筑、文旅空间的整体塑造。主要包括小镇文化资源分析、旅游发展条件分析、旅游发展定位与目标、文旅空间总体布局、重点项目具体策划、建设与实施路径。

（3）近期行动计划专题

重点围绕特色小镇的申报与创建，在启动区选择、重点项目库构建、建设时序安排及投资估算、环境景观打造等方面进行深入分析。主要包括小镇启动区划定、小镇客厅位置确定、近期建设重点、近期建设项目库、建设时序、近期投资估算及保障策略。

（4）公共政策创新专题

重点包括现有产业政策分析、类似产业发展经验研究、 政策制度创新（如企业准入制度、审批制度、奖惩制度等），以及人才吸引政策、环境友好政策等。

（5）开发控制专题

重点围绕产业发展规律、产业空间需求、人的使用需求等方面，对土地投放、建设强度、时间顺序、重要界面的控制、环境生态等方面进行与产业紧密相关的研究，做到具有针对性的开发控制。

（6）运营管理专题

对于某些创新型的特色小镇，在投资测算的基础上，通过运营管理创新，积极探索运营模式、经营策略等。

（7）特色风貌与要素提炼

重点为如何将产业特色转化为空间风貌特色，包括产业特征解析，地域风貌特色研判，人文环境特色总结，空间关系及色彩，符号特征与小品，空间尺度控制等方面。

（8）绿色发展专题研究

从转变发展方式的角度，将目前低碳发展理念、可持续发展理念融入特色小镇规划建设中，尤其要注意生态环境保护、海绵城市技术、能源管理技术、新型能源应用等。

2.3 从策划到规划——发展定位

策划是战略、策略、理念、经验、市场、前瞻、格局、创意的集合。策划在特色小镇的规划设计中处于十分重要的地位。特色小镇的内涵要求我们要以策划为先，才能避免只重视用地布局与空间效果，而忽视现状特色与市场需求，导致千镇一面、东施效颦。上海市曾重点发展的“一城九镇”借鉴国外特色风貌城市建设的经验，把每个城镇的风貌都以欧美发达国家风貌为主题特色进行打造，但功能定位的不清和策划分析的薄弱，导致上海九镇形成了相似的空间环境，缺少了与之匹配的功能项目构成，成为一个宜游但不宜居、有旅游项目却缺乏经济动力的地方。因此，在特色小镇的打造过程中，对小镇发展目标、品牌、项目、活动等统一的策划是小镇空间布局设计的基础，也是找到小镇“生长之源”的重要手段。通过策划，可以将小镇的特色充分演绎延展，找到小镇独特的“魂”，并提出实现小镇目标定位的策略、模式等。

策划是对目标定位的分类演绎和提升，通过策划可以实现规划目标的品牌化、项目化和市场化，进而有助于对小镇特色产业的充分挖掘和提升，使小镇真正“特”起来。在特色小镇的规划设计阶段，对小镇的策划应该首先识别小镇的发展目标，充分考虑特色产业、资源条件和政策背景；其次应该在发展目标基础上，塑造小镇品牌，结合品牌形象强化核心功能，挖掘衍生功能；最后结合产业项目和活动的策划，支撑小镇品牌和功能，形成营造小镇特色、提升小镇活力的全产品体系。

2.3.1 特色小镇规划目标的识别

特色小镇策划的前提和出发点是具体目标的拟定，即未来要打造一个什么样的特色小镇。规划目标定位应该是专业化、主题化的。小镇的内涵决定了其不应该走规模化的道路，而主题特色才能够让小镇形成吸引力，从专业的价值区段上形成自身的竞争力。具体而言，小镇的发展目标识别可以包含两方面内容，一方面是小镇特色产业的确定，如以云产业为主导的云栖小镇，以茶产业为主导、结合西湖旅游的西湖龙坞茶镇，以模具制造为主导的黄岩模具小镇等；另一方面是小镇发展级别的明确，结合现状产业基础和特质，确定未来小镇的发展目标是市级、省级还是国家级甚至世界级。

1）特色产业分析

特色小镇的打造源于特色产业基础，从传统产业划分标准来看，特色产业可以划分为第一产业、第二产业、第三产业三种类型。第一产业可以理解为农业特色小镇，第二产业即工业特色小镇，第三产业即旅游服务特色小镇。识别特色小镇的发展目标，首先要对小镇的产业基础进行分析评价，评价的标准不仅包括产值，还应该包括产品的特质性或唯一性、产品品牌的影响力、旅游服务号召力等方面。

（1）靖江市生祠镇

以靖江市生祠镇为例，其产业基础主要以农业为主，2012 年生祠镇被评定为省级现代农业产业园区。几年来，园区以设施园艺为主导产业，重点发展设施蔬菜、设施瓜果和设施观赏植物，建成设施蔬菜基地 333 公顷、设施瓜果基地 333 公顷、设施观赏植物基地 333 公顷。打造 2 个设施农业集聚小区，建成 67 公顷设施蔬果基地，建成鲜切花、樱桃等 7 个规模 7 公顷左右的小型优质高效设施农业项目。从农业产业发展情况来看， 设施蔬菜、瓜果、园艺产业的量级与规模都达到了一定的水平，具有成为特色小镇产业的基础条件，但是通过与周边其他地区的比较，设施蔬菜、瓜果产业特质性不足，不能形成一定范围内唯一的产业品牌，且竞争压力较大，与周边同质化明显。

而生祠的园艺产业具有一定的特质性与竞争力，且园艺产业中的盆景产业已形成相当的影响力。靖江生祠水石盆景起步于 20 世纪 70 年代末，受中国传统书画及古典造园艺术的深远影响，在中国盆景艺术中独树一帜，蜚声国内外，造就了一批盆景艺术人才队伍。目前靖江市现有从事培育、销售的专业养兰户 70 多家，大多为个体庭院培植，总量 6 万余盆，而且绝大部分都集中在生祠镇中，其培育出的兰花多次在兰博会上获奖。除此之外，生祠镇已依托当地花卉苗木种植等园艺产业项目，打造集游、购、娱、吃、住、玩于一体的“埭上人家”乡村旅游景区，目前已建成农耕文化体验、名贵花木认知、蔬果观赏采摘、烧烤垂钓休闲等旅游项目，已展现出将园艺产业与旅游融合的趋势。综上所述，生祠镇特色小镇以盆景制作、苗木花卉种植为基础，并结合休闲旅游、文创产品设计，打造全国知名家居园艺小镇、全国特色小镇、全国知名苑艺旅游小镇、江苏省小盆景生产销售研发基地。需要指出的是，生祠镇规划目标的确定，不是简单地根据现有的具备了一定基础的产业来直接推断，而是以一种目标为导向，通过对其产业的升级与延伸，将园艺产业，拓展为集种植、生产、设计、旅游为一体的综合性产业，最终确定其规划目标（图 2.3）。

——国家级产业中心

小镇现有苑艺产业特色鲜明，品牌认可度不断提高，定位面向规模化、集聚化、国际化发展，打造集种植、销售、研发于一体的苑艺产业集聚地。

——区域旅游度假中心

长三角地区休闲旅游市场需求高。规划围绕以盆景为基础的特色产业，注重文旅融合，并结合小镇的自然生态，打造区域层面的宜居宜游的苑艺特色生活、休闲旅游中心，成为区域旅游度假中心。

——乡村特色教育文创活动基地

依托休闲经济发展潮流，把握亲子自然教育、庭院设计创新和盆景、花卉艺术交流三大产业领域，打造教育文创基地，成为靖江市特色小镇发展的示范点。

图 2.3　生祠苑艺小镇规划目标

（2）靖江市孤山镇

同样位于靖江的另一个小镇孤山镇，相比于生祠镇而言，其产业发展情况较为直观。孤山镇拥有较为雄厚的空调产业基础，空调产业起步较早，从 20 世纪 70 年代末第一家空调企业——扬州市空调净化设备总厂（现江苏希达空调净化设备总公司）诞生至今，40 多年间，空调产业在孤山镇集聚发展，从无到有，从小到大，成为当地的主要产业之一，形成了完整的空调配件产业链。而且空调产业规模大，目前，孤山镇区域内已拥有大大小小的空调企业（含个体加工）800 余家，从业人员近 1 万人，年总产值达到 80 亿元左右。空调产品门类齐全，空调暖通产品门类基本涵盖中央空调制冷方式的全部系列，占据国内暖通空调末端产业的半壁江山。除此之外，孤山镇空调产业在区域乃至全国已经具有一定影响力，空调销售近 50 亿元，占据全国市场份额的 20%，为奥运场馆、世博会展馆等重要大型公共建筑提供了配套中央空调系统，空调企业年出口总值达 8 千万美元，且呈上升趋势，空调配件产品出口美国、英国、韩国、日本、巴基斯坦等国家。2013 年至 2015 年，靖江连续获得“中国空调制冷行业最具影响力产业基地”称号。2014 年，“春意空调杯”靖江春季交易洽谈会在孤山召开。不难看出，孤山镇产业无论是在规模，还是在影响力方面都具有绝对优势，通过产业分析，基本上可以判断出特色小镇的规划目标。不过，特色小镇的建设不是工业园区的建设，不能仅仅将产业发展目标等同于特色小镇的发展目标。孤山镇在对原有产业继承的基础上，进一步延伸了空调产业的内涵，以空调制造产业为基础，推动第二第三产业的融合，实现各产业联动发展，多路径综合引导产业集群升级，注入与之相关的创意文化、工业旅游、宜居社区等功能，加强其吸引力与影响力，让这一内涵更加丰富的空调产业，来引导其规划发展目标。

（3）庐山市海会镇

位于庐山市的海会镇，其产业发展情况又与上述两个镇有所不同。海会镇是著名的旅游乡镇，是国家级云雾特色小镇。海会镇充分发挥资源优势，大力发展山水旅游、滨湖旅游、农业观光等多种旅游经济模式。境内有庐山东门综合服务中心、三叠泉国家森林公园等山水旅游资源，海会寺、原军官训练营等大量历史遗迹，同时也形成了较为成熟的海龙山庄、年丰百果园、忆恋茶文化园等现代化旅游服务产业，旅游业已成为海会镇的支柱产业。此外，海会镇也是云雾茶的原产地，素有“茶圣落足品茗之地、诗仙筑庐隐迹之所”的美誉，云雾茶仍保持原始手工加工、制作等工艺，庐山云雾茶的代表“七尖幽兰”多次获国内外大奖，具有一定的影响力。但海会镇现有茶场大小不一、各自为政，并未形成规模效应。海会镇旅游产业无论在规模还是在影响力上都具有明显的优势，是海会特色小镇规划目标确定的主要依据，云雾茶产业虽然规模较小，目前在市场上也未形成较大的影响力，但是产业具有很强的唯一性与独特性，也具备未来形成一定量级的潜力，所以，在确定特色小镇发展目标时，海会镇也将云雾茶产业作为一个重要的考量因素，在日后小镇建设中，大力发展这一产业。

通过上述三个实例可以看出，通过产业分析确定特色小镇目标这一工作，切不可采用一种机械和教条的方法，不但要对产业发展的现状进行分析，也要有一定目标导向，关键在于做好取舍。生祠镇虽然有多个一定量级的产业，但是对于不具备特色品牌打造以及发展潜力的产业，要果断舍弃；孤山镇拥有一个特质明显、规模量级较大、影响深远的产业，那么在确定规划目标时，就要针对这一产业；而海会镇虽然已经有一个实力强劲的产业，但是需要通过综合分析，把具有巨大潜力的产业挖掘出来，作为确定规划目标的依据。所以，在特色小镇打造时，要通过对产业产值、产品的特质性或唯一性、产品品牌的影响力、旅游服务号召力等方面的分析，合理确定特色小镇规划目标。

2）提炼资源价值

除了产业特色的分析判断之外，特色小镇的目标定位还应充分考虑当地现有资源价值。资源价值一般包含两个方面，即生态资源价值和文化资源价值。其中，生态资源价值是特色小镇发展的基础，其内涵不是简单的生态环境、生物物种的集合，而是能够为特色小镇发展所用的物质集合。所以在对当地生态资源进行梳理时，要明确目标，确定其能否为特色小镇的发展提供支撑。文化资源价值则是特色小镇的内核灵魂，在对文化资源进行提炼时，不能局限在遗址、遗迹上，而是要明确把握当地的文化特征，将构成文化的各个元素都梳理到位。

3）把握政策方向

具有特色资源价值的小镇，未来目标定位还需要符合国家政策导向，与创新创业、产业升级、生态绿色等方向吻合。从经济发展特征上看，随着国民收入的不断提升，我国逐渐步入了休闲旅游时代，特色小镇的目标定位与休闲经济的崛起同样息息相关。从产业转型方向上看，国家产业发展重点正逐步转向以节能环保、新一代信息技术、生物技术、高端装备制造、新能源、新材料产业为代表的战略新兴产业。通过对浙江省第一批创建的 37 个特色小镇进行归类整理（表 2.1、图 2.4），可以明显发现其中发展高端装备制造、信息经济产业的小镇占比较高，均达到 15%，符合国家产业转型方向。而其中发展健康产业的特色小镇占到了 7%，也符合国务院在 2016 年发布的《“健康中国 2030”规划纲要》中所提到的“积极促进健康与养老、旅游、互联网、健身休闲、食品融合，催生健康新产业、新业态、新模式”的相关政策。同时，对住房和城乡建设部公布的第一批 127 个中国特色小镇进行分析可以发现，从产业类型上看，旅游发展型最多，占 60% 以上，与国家大力发展旅游业的大趋势相适应。

4）明确不同区域层级的发展目标

结合小镇特色产业分析、资源价值的评价和政策趋势的判断，小镇目标定位应该从特色产业着手，顺应政策方向，把发挥资源价值作为远景目标予以考量。对于产业优势明显且符合政策发展趋势的，应该将强化现有产业地位作为小镇发展的目标；对于产业优势明显，但产业所处行业不符合国家政策背景和时代发展趋势的，应该以产业升级转型为目标，引导小镇未来的发展。而资源价值的挖掘可以作为产业发展目标优化的重要支撑。一方面，现有自然生态、文化资源是特色产业得以发展的基础，另一方面，未得到很好利用的生态资源价值和文化资源价值可以很好地作为导入要素，丰富小镇产业发展的方向，延伸小镇产业类型，强化小镇的产业特色。

表2.1　浙江省第一批特色小镇产业类型

城市	特色小镇	产业类型
杭州	上海玉皇山南基金小镇	金融
	江干丁兰智慧小镇	信息经济
	西湖云栖小镇	信息经济
	西湖龙坞小镇	历史经典产业
	余杭梦想小镇	信息经济和金融
	余杭艺尚小镇	时尚
	富阳硅谷小镇	信息经济
	桐庐健康小镇	健康
	临安云智造小镇	信息经济
宁波	江北动力小镇	高端装备智造
	梅山海洋金融小镇	金融
	奉化滨海养生小镇	健康
温州	瓯海时尚智造小镇	高端装备制造和时尚
	苍南台商小镇	高端装备制造
金华市	磐安江南药镇	历史经典产业
湖州市	丝绸小镇	历史经典产业
	南浔善琏湖笔小镇	历史经典产业
	德清地理信息小镇	信息经济
金华—义乌	义乌丝路金融小镇	金融
	武义温泉小镇	健康
绍兴	越城黄酒小镇	历史经典产业
	诸暨袜艺小镇	时尚
台州	黄岩智能模具小镇	高端装备制造
	路桥沃尔沃小镇	高端装备制造
	仙居神仙氧吧小镇	旅游
丽水	莲都古堰画乡小镇	历史经典产业
	龙泉青瓷小镇	历史经典产业
	青田石雕小镇	历史经典产业
	景宁畲乡小镇	旅游
	龙游红木小镇	历史经典产业
衢州	常山尚石小镇	历史经典产业
	开化根源小镇	历史经典产业
嘉兴市	南湖基金小镇	金融
	嘉善巧克力甜蜜小镇	时尚
	海盐核电小镇	高端装备制造和时尚
	海宁皮革时尚小镇	时尚

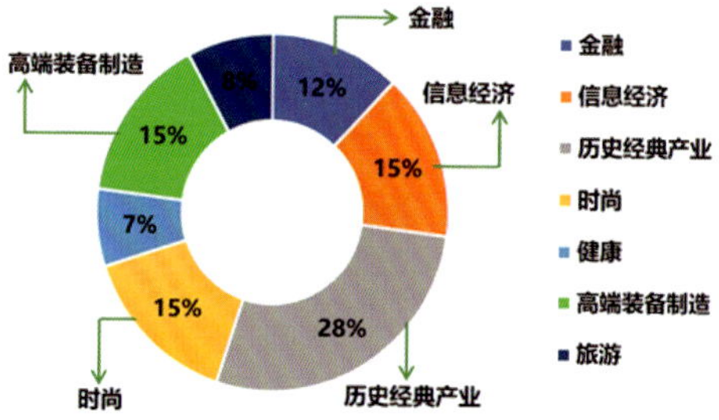

图2.4　浙江省第一批特色小镇产业类型比例

5）案例介绍

（1）靖江市生祠镇

江苏省靖江市生祠镇对外交通便利，5分钟内接入高速公路网，30分钟到达长江以南，距上海、南京车程不过3小时。盐泰锡常宜城际铁路使靖江成为贯通江苏的重要节点（图2.5）。生祠镇具备独特的盆景及园林家底、良好的现代农业基础和深厚的人文生态底蕴，是靖江西部辐射功能较强的经济、文化、教育和商贸中心。小镇的统一商标“生祠堂”的市场认可度不断扩大。小镇建成设施蔬菜基地333公顷、设施瓜果基地333公顷、设施观赏植物基地333公顷。小镇规划区在《靖江市生祠现代农业示范园区规划》中被规划为生态园艺区，具有良好的园艺基础。园区以设施园艺为主导产业，年产值1.2亿元，占核心区农业总产值的80%。小镇的山水盆景曾多次获得国际大奖，在全国具有较高知名度，具备打造以花卉、盆栽为特色产业的条件。同时面向家居生活、个人庭院的园艺产品目前在国内主要是中低端产品，精品化的家居园艺产品在一二线城市有着较大的消费需求，家居园艺正逐渐成为园艺产业的新兴趋势，花卉及盆栽正从高端消费走向大众消费，市场潜力巨大，若能规模化、品牌化生产、销售，产业将具有巨大发展空间。

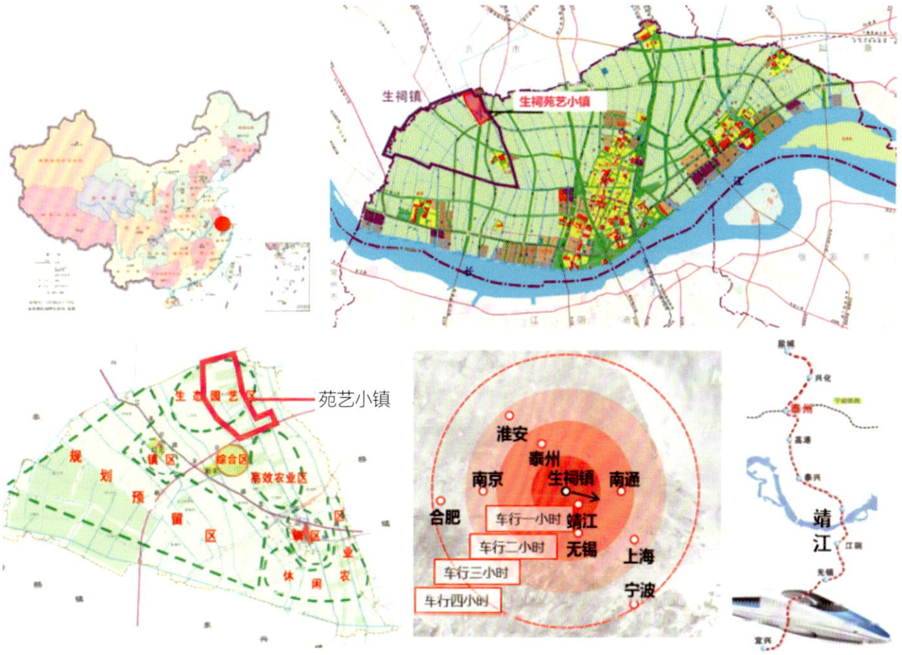

图 2.5　生祠特色小镇区位分析

在这种产业特色鲜明、行业趋势较好的大背景下，规划提出以现有盆景资源为基础，以家居与庭院苑艺为产业发展特色，通过“做特做精”“规模化、品牌化”“产业拓展延伸”“新思维、新技术”四大产业发展策略，构建产城文旅高度融合的全国知名家居苑艺小镇。同时，综合考虑其区位交通条件，发挥农业型小镇的生态环境优势，其未来可以实现不同区域层级的不同发展目标。在国家层面，不断提高小镇现有苑艺产业的特色和品牌认可度，推动其向规模化、集聚化、国际化方向发展，打造集种植、销售、研发于一体的苑艺产业集聚地。在长三角层面，规划围绕以盆景为基础的特色产业，注重文旅融合，并结合小镇的自然生态，打造区域层面的宜居宜游的苑艺特色生活、休闲旅游中心，推动其成为区域旅游度假中心。在靖江市层面，依托休闲经济发展潮流，把握亲子自然教育，庭院设计创新，盆景、花卉艺术交流三大产业领域，打造教育文创基地，使其成为靖江市特色小镇发展的示范点。

（2）庐山市海会镇

海会镇地处亚热带地区，气候宜人，雨量充沛，林木资源丰富，地势东低西高，西部为山林，属庐山山体的一部分，沿鄱阳湖享有 9.5 千米的天然岸线。现有的集镇建成区的绿化覆盖率达 40%，有便捷的旅游交通、丰富的自然资源，有坐拥“庐山第一奇观”之称的三叠泉景区，以及碧龙潭、海会寺、白鹿洞书院（紧邻镇区），海会鄱阳湖沿岸风电站景观良好，已有海龙山庄、年丰百果园、忆恋茶文化园等现代化旅游服务产业。

海会现有茶园约 400 公顷，每个村内都种植云雾茶，茶文化已经渗透至整个镇域，保持原始手工加工、制作。海会丰富的文化资源有云雾茶文化交流活动，著名的白鹿洞书院及书院文化、围绕三叠泉的诗词文化、以海会寺为主的宗教文化等（图 2.6）。

海会镇因其极佳的山水资源优势以及庐山云雾茶品牌的主产地特色，被评为国家级特色小镇。

2.3.2 品牌 IP 策划

明确小镇发展定位之后，结合规划目标，小镇可以塑造怎样的品牌形象？又应该涵盖哪些功能呢？解决这个问题的切入点，就是基于发展目标下的小镇品牌 IP 的策划。

IP 即“知识产权”（Intellectual Property），传统意义上指对智力劳动成果的专有权利，在文化市场被引申为指大众所认可的文化符号、文化形象。是一种无形的智力成果权利。对于特色小镇而言，在发展目标下期望打造的小镇 IP 应该被理解为“核心新引力和全产业链”，应该具有强大的吸引力和明确的主题，对市场具有刺激和激活作用。

图 2.6　海会镇资源

特色小镇 IP 代表小镇个性，是外界对小镇认知的窗口。小镇 IP 可以是一个故事、某个景点、某种商品，甚至是某种感觉或者生活方式，IP 可以让人们对小镇的特色予以快速把握，并赋予其生命力，核心功能是对小镇的演绎和支撑，并延伸出更广泛的文化、旅游、社区等方面的功能。

以杭州云谷小镇为例，小镇以打造世界级的云计算和大数据中心为目标，由此演绎出“云谷”这一品牌。通过诸如软件开发、物联网、数据服务、基础设施供给、系统集成等多项功能服务的集聚，强化其大数据和云服务的核心功能，并植入居住社区、私立学校、文化创意、风险投资等其他延伸功能，共同支撑小镇的发展。

1）规划目标品牌化

特色小镇规划目标既是特色小镇发展的愿景，也是特色小镇品牌 IP 的直接来源，在依托现有资源条件及产业发展情况、明确小镇发展目标的基础上，将小镇发展目标合理转化为具有生命力的小镇 IP，实现规划目标的品牌化（表 2.2）。

2）特色功能的打造

IP 不是一句口号，更不是一个空壳。特色小镇在将规划目标成功转化为品牌 IP 后，需要有内容来支撑，从本质上讲，一个 IP 的产生就是内容的打造，只有源源不断地提供反映和支撑其 IP 的内容，才能不断强化 IP 的量级与吸引力。特色小镇 IP 的建立，更是需要有核心内容的支撑，这里所说的内容，并不是传统意义上产业、用地、景观等各个

表 2.2　特色小镇及其品牌 IP 打造

小镇	IP
武义温泉小镇	温泉
仙居神仙氧吧小镇	神仙氧吧
临安红叶小镇	红叶
杭州湾花田小镇	花田
莲都古堰画乡小镇	画乡
越城黄酒小镇	黄酒
龙泉青瓷小镇	青瓷
湖州丝绸小镇	丝绸
上虞围棋小镇	围棋
余杭梦想小镇	互联网创业
萧山机器人小镇	机器人

规划专项系统，而是基于格式塔理论——整体不是部分的简单总和或相加，整体不是由部分决定的，而部分则是由整体的内部结构和性质所决定的，所以完形组织法则意味着人们在知觉时总会按照一定的形式把经验材料组织成有意义的整体，以 IP 为核心，完形组织各个部分形成的一个功能集合。通过组织打造这一功能集合，构建起特色小镇 IP 的内容力。

在特色小镇功能集合中，最为重要的就是特色功能。特色功能指的是直接支撑小镇 IP 的功能，是显著区别于其他小镇的重要依据，具有独有性、排他性。需要特别指明的是，小镇特色功能与小镇特色是两个既有联系又有区别的名词。小镇特色指的是小镇各个方面呈现出的独特形式与风格，而特色功能则特指以产业为重点，在一定区域范围内的政治、经济、文化、社会活动中所具有的能力和所起的作用。所以特色小镇的特色功能一般都是特色产业确定的。

3）特色功能的衍生

一个成熟有生命力的IP内容不是一成不变的，往往先有原初内容，然后基于原初内容，衍生出新的内容；新的内容作为 IP 内容的一部分，又再次进行衍生，形成良性循环。特色小镇在打造功能时，要以一种发展的视角，在现有 IP 框架下，对原有功能进行合理延伸，通过不断解构、重构，持续强化特色小镇 IP。

小镇特色功能的延伸方法主要有两种，分别为功能拓展与功能延伸。功能拓展指的是特色小镇在发展的过程中，跳出原有的功能框架，基于现状条件，开拓新的功能领域，然后在原有 IP 的指导下，与原有的功能框架融合，进而完成特色功能的衍生，成功充实功能集合。功能延伸指的是在原有的功能框架下，通过产业链向上下游延伸，延长产业链条，进而实现功能的衍生。

4）案例分析

（1）靖江市生祠苑艺小镇

生祠苑艺小镇的规划目标是构建产城文旅高度融合的全国知名家居苑艺小镇。“苑艺”指在居民的家庭花园中，从事花卉、蔬果等种植活动，近几年来，其内涵从种植扩展为相关的花卉艺术、庭院装饰设计及社区与家庭花艺活动等，在国外已经有一定的发展，而在国内，区别于传统的园艺，苑艺是更加强调与居民生活息息相关的艺术，以家庭花卉艺术为特色，主要活跃于居民区中，是未来的发展方向（图 2.7）。如今，苑艺已不单是一项简单的产业，而且是具有一定粉丝受众的活动。苑艺小镇便是抓住这一机遇，将自身的规划目标转换为苑艺 IP，将单纯的园林建设和盆景、花卉产业扩展成自带流量、自带粉丝、自带价值的苑艺文化活动的聚合体，其内涵除了生产建设外，还增加了景观创意、文创产品设计等艺术价值，以及亲子活动、自然课堂、社区建设等社会价值（图 2.8）。

图 2.7 “苑艺”价值演变

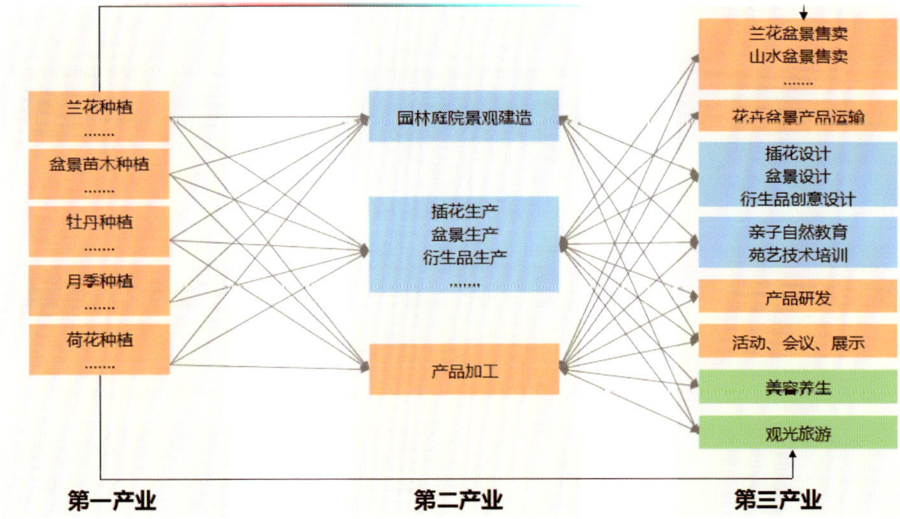

图 2.8 生祠苑艺小镇产业链

靖江生祠苑艺小镇的 IP 是“苑艺”，在其功能的打造上，基于现有山水盆景、花卉等产业优势，结合目前市场趋势，紧紧围绕“苑艺”这一 IP，从“产销研”“文教创”“游购娱”三个方面，选择花卉苗木种植培育、盆景及园林景观加工制作，园艺产品设计、展示、销售、文化开发等支撑与衍生三个层面的产业，打造功能集合。不难看出，苑艺小镇 IP 的功能集合，其内在有着自身的逻辑，都是苑艺在不同方面的体现，缺一不可。

在苑艺小镇功能集合中，特色功能主要为盆景设计与制作，这是苑艺 IP 最为核心的支撑，是区别于其他小镇的重要功能，也是组织苑艺小镇产业发展的核心产业，其向前带动了苑艺小镇花卉苗木种植产业，向后衍生出庭院设计、苑艺旅游等产业。包括小镇景观的打造、文化的培育，都是以盆景产业为中心进行构建。

靖江生祠苑艺小镇所采用的方式是功能延伸，其原有功能包括兰花种植、盆景苗木种植、盆景制作、牡丹种植等产业，通过对原有产业链的延伸，新增插花设计、美容养生、盆景设计、苑艺技术培训、亲子自然教育等产业功能，极大丰富了“苑艺”IP 的内容。

（2）庐山市海会云雾小镇

海会云雾小镇的规划目标是依托优良的生态基础和产业基础，打造集旅游集散、康居养生、休闲观光、文化创意及教育培训等功能为一体的国家级文化旅游小镇。这一规划目标，在小镇建设发展方面有着较为明确的指导性，但不具备很强的吸引力与关注度，缺少引爆社会热点的效应，故结合其自身的发展条件，提出了“云雾”这一 IP。“云雾”一词来源于庐山云雾茶以及庐山风景区的云雾景象，既概括了茶、旅游两大产业发展的目标，又赋予了海会镇具体的形象，成功将特色小镇的规划目标转变为品牌。

海会特色小镇对于功能的打造相对复杂，因其当前主要的产业有属于第一产业的茶产业，以及属于第三产业的旅游业，如何使优势相当的两个产业功能共同支撑同一个 IP，是海会特色小镇功能打造的重要一步。针对这一问题，海会镇的做法是将“云雾”上升为更高层级的范畴，运用“庐山 +”策略，通过茶旅融合、农旅融合，延长茶产业链，赋予其茶园观赏、茶生产体验、茶健康养生等休闲旅游功能，与原有的旅游产业结合，统一在“云雾”IP 下，打造海会特色小镇的功能集合（图 2.9）。

海会云雾小镇所采用的方法，是功能延伸与功能拓展复合作用。海会云雾小镇核心产业是云雾茶产业，通过对云雾茶产业链的延伸，涵盖了茶种植、茶生产、茶体验、茶休闲旅游等产业功能，在此基础上，又借助庐山旅游的优势条件，利用当地的人文及生态资源，拓展山水人文旅游、教育培训等功能，与茶产业一同构建其云雾小镇功能集合。

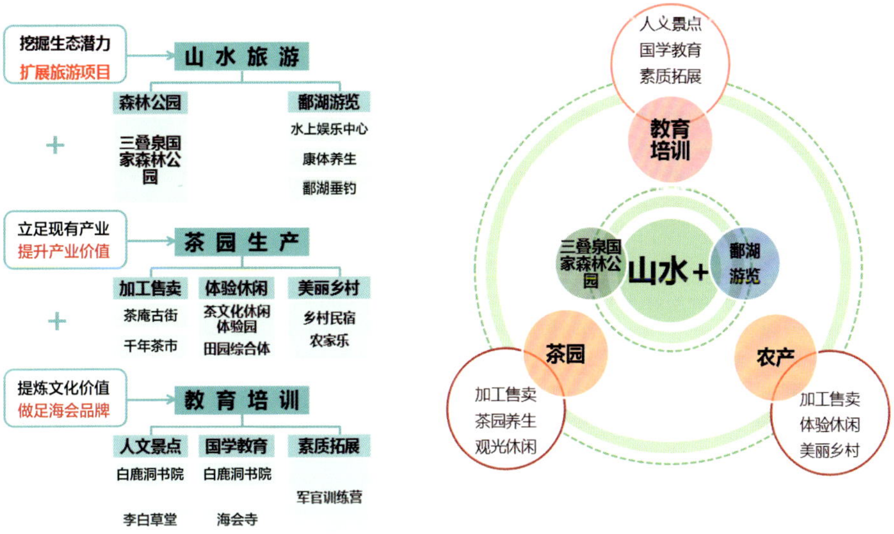

图 2.9 海会云雾小镇产业功能拓展

（3）靖江市孤山空调小镇

孤山空调小镇的规划目标是发展智能装备制造、高科技研发、“互联网 +”服务等为一体的“硬 + 软”产业集群，打造迈向工业 4.0 的高端“智造”空调小镇。孤山空调小镇的 IP 策划基于这一规划目标，定为“空调智造”，内涵包括创业创新、工业 4.0、信息经济等。

孤山空调小镇支撑其“空调智造”IP 的功能主要有：工业 4.0 智能工厂，重点研究智能化生产系统及过程，以及网络化分布式生产设施的实现；智能生产，涉及整个企业的生产物流管理、人机互动以及 3D 技术在工业生产过程中的应用等；智能物流，通过互联网、物联网、物流网整合物流资源，充分发挥现有物流资源供应方的效率，而需求方能够快速获得匹配服务，得到物流支持；创业创新，包括创客空间、孵化器，旨在积极创造条件，促进众创空间蓬勃兴起，企业向创客开放科研设备，共享研究成果；软性智造，从只专注于产品设计、制造、质量等有形的管理，向注重资源管理、服务导向、人力培养和流程创新等软性要素转变；信息经济，包括信息集散平台、分工协作平台、市场监管平台的功能打造。

在特色功能基础上，从创意文化、工业旅游、宜居住区、休闲娱乐等方面，推动第二产业、第三产业的融合，实现产业联动发展，多路径引导空调产业升级（图 2.10）。

在创意文化方面，规划鼓励发展工业设计、品牌策划、营销推广、技术培训等创意文化产业的发展，使文化产业链向制造业延伸，扩展文化产业的发展空间，培育以创新、科技、活力为核心的城市现代文化区域，定期举办空调产业相关的会展、交流、博览及节事活动，提升小镇在空调产业领域的知名度和影响力。在宜居方面，提倡依托本地水系、生态屏障构筑生态住区；制定产业园区环境标准，维护生态环境，建立完善的公共服务设施体系，营造绿色开敞公共空间，打造全镇的慢行系统，串联各主

图 2.10　孤山空调小镇特色功能圈层开发

要功能区。在休闲娱乐方面，对新时代高科技空调产业难以利用的废弃厂房进行改造，以创意性的手法加入趣味休闲娱乐、体育健身等功能，变拆除为改造，因地制宜，降低不必要的资金投入。在工业旅游方面，以空调企业文化为依托，以企业实体和生产特色为载体，对旅游资源进行深层次开发，培育区域新的增长点，盘活无形资产，将小镇空调产业文化品牌有形化，缩短产销距离，开拓新的销售渠道。

2.3.3 项目产品策划

1）项目策划的内涵与原则

项目策划是一种立足现实、面向未来的活动，即依据市场需求和资源优势，对某地项目进行定向、定位的过程。在特色小镇建设中，项目策划即以特色小镇建设目标为指导，对其特色产业项目进行谋划安排，对延伸服务功能予以充实和完善的过程。对于特色小镇的策划项目而言，从内容上分可以包括根植性项目和创新性项目，根植性项目是指依托原有产业和资源，进行延展和提升的项目类型，特色小镇项目策划大多属于这一类型。此外，为了丰富特色小镇的内涵，提升小镇远期吸引力和竞争力，特色小镇项目策划中还可以适当植入“无中生有”的项目，为小镇的升级换代打下基础，如乌镇和互联网的结合就是一个典型的从无到有的过程。特色小镇的策划项目从市场性上可以分为经营性项目和公益性项目，其中经营性项目应该占据小镇项目策划的主体。

宏村艺术小镇是依托独有的区位条件和游客基础，以国际艺术风情小镇，国内写生、摄影产业示范平台，皖南艺术交流和休闲度假基地为目标所规划建设的特色小镇。项目团队基于现有资源和发展目标，策划了景区、现代旅游服务业、慢行系统、文化艺术产业 4 种功能，共 39 个具体项目的策划方案（表 2.3）。文化艺术是小镇 IP 和主导功能，而景区、现代旅游服务、慢行系统则是支撑小镇发展的重要延伸功能，丰富的项目类型充分满足了人们在艺术小镇居住、游憩、参加艺术活动的需求。

2）项目策划的根植性与创新性

项目是特色小镇发展的支撑点和落脚点，其策划一般遵循项目定位，种类依托当地资源，在形式和功能上有所创新，并兼顾项目的经营性和公益性。

根植性项目的策划应该依托现有市场、资源条件和当地特色产业，在进行项目策划时，应当以现实的市场需求及未来旅游发展趋势为导向，以游客需求为项目策划的出发点，确定策划项目主题定位、项目种类等。特色资源是项目建设发展的基础，在

表 2.3　宏村艺术小镇功能及项目策划

功能		项目
主要景区		宏村景区、卢村景区、奇墅湖景区、塔川胜境、协里风光、龙池湾景区
现代旅游服务业		主题酒店、精品店铺、特色餐饮、文创旅游街区、旅游集散中心、颐乐学院、艺术养生度假村
慢行系统		徽派田园艺术绿道、驿站（5 处）
文化艺术产业	艺术创作	大师工作室、创意产业园、艺术写生基地、摄影基地、影视制作基地
	艺术交流	艺术交流中心、接待中心、会议中心、展示中心、艺术博物馆、会展广场
	艺术体验	艺术酒店、艺术民宿、艺术品商店、艺术湿地公园
	艺术教育	艺术教育中心、艺术培训机构
	艺术品交易	鉴定机构、拍卖行、代理公司

进行项目策划时，应对当地的资源类型、产业发展现状等基本信息进行充分了解，并与周边区域资源产业进行比对，确定当地特色产业，并以此为基础，延长产业链条，打造系列产业项目。

项目创新的方法包括形式创新和功能复合两类。随着经济社会发展水平的提高，人们的休闲娱乐方式越来越多元。相应地，游客对旅游产品的体验、参与等要求越来越高，在进行项目策划时，不仅要让游客获得感官享受，更要让他们主动参与其中，达到人景互动的效果；项目的功能是吸引游客的关键要素，关系到游客的休闲消费体验。在进行项目策划时，要善于整合各类现有资源要素，在全域范围内统筹考虑，在满足游客多样性消费需求的条件下，构建功能完备的产品体系。

3）项目策划的经营性与公益性

经营性即项目的营利性，价值是项目策划的最终追求目标，项目的开发具有大手笔、大投入等特征。因此在进行项目策划时，要充分考虑产品的市场竞争力及可能获得的经济效益，在市场调研的基础上，优先选择经济效益较高的项目先行投入。

公益性即项目的社会效益。十九人提出，新时代中国特色社会主义要坚持以科学发展观为指导，并提出以人为本、可持续发展观的需求。因此在进行项目策划时，一方面注重经济效益，另一方面要注重社会效益与生态效益，打造充满人文关怀、注重环境保护的景区。

4）案例分析

（1）靖江市生祠苑艺小镇

总体目标是以现有盆景资源为基础，家居与庭院苑艺为产业发展特色，构建产城文旅高度融合的全国知名家居苑艺小镇。据此围绕苑艺特色产业，构建种植、加工、销售、物流、旅游服务于一体的全产业链，并新增教育培训、产品研发、设计创意等产业，延伸产业链。打造兼具观赏与体验等多种形式，“产销研”“游购娱”“文教创”等多种功能复合的产业项目体系，包括马洲兰苑、农产品交易中心、苑艺众创空间、丽园、水云间埭上人家精品民宿等 8 个重点项目，以及航天生态种植园、儿童鲜花主题乐园等 8 个特色项目（图 2.11）。其中水云间埭上人家作为重点项目之一，采用政

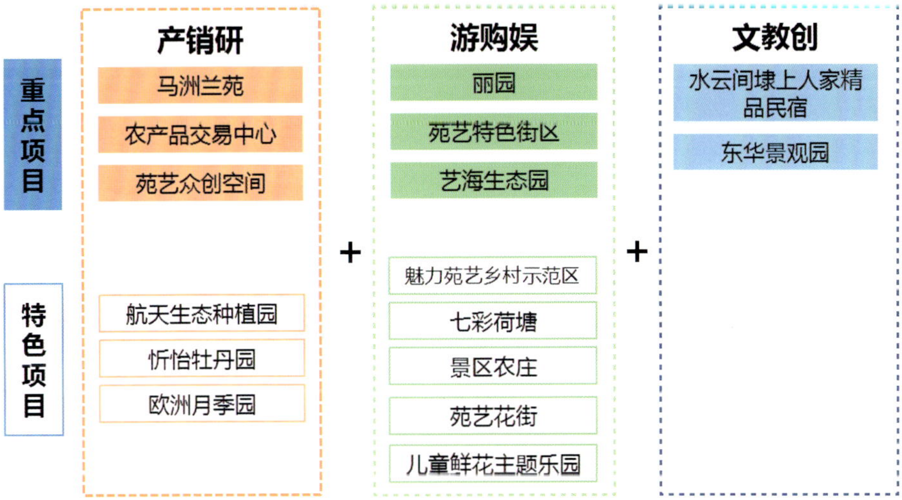

图 2.11　苑艺特色小镇“8+8”产业项目体系

府投资示范区带动开发，后期公开招标，引入设计师设计的开发模式，保证项目的经营性。在打造航天生态种植园等具有采摘、餐饮等功能的项目时，充分体现人文关怀。

（2）庐山市海会云雾小镇

海会镇的总体目标为以云雾茶为基础，人文及自然生态资源为特色，打造集旅游集散、康居养生、休闲观光、文化创意及教育培训等功能为一体的国家级文化旅游小镇。据此围绕海会镇人文资源、茶产业及山体湖泊资源，打造兼具文化洗礼、文化体验与乡村休闲的产品体系，包括白鹿洞国学培训基地、李白草堂、茶文化休闲体验园、云雾茶研究院、云海茶博园、年丰百果园等项目（图 2.12）。其中云海茶博园作为重点项目之一，可采取整体项目融资和社会资本融资两种方式，减轻政府财政负担，保证项目的经营性，同时，打造茶文化休闲体验园等具有互动体验的项目，充分体现人文关怀。

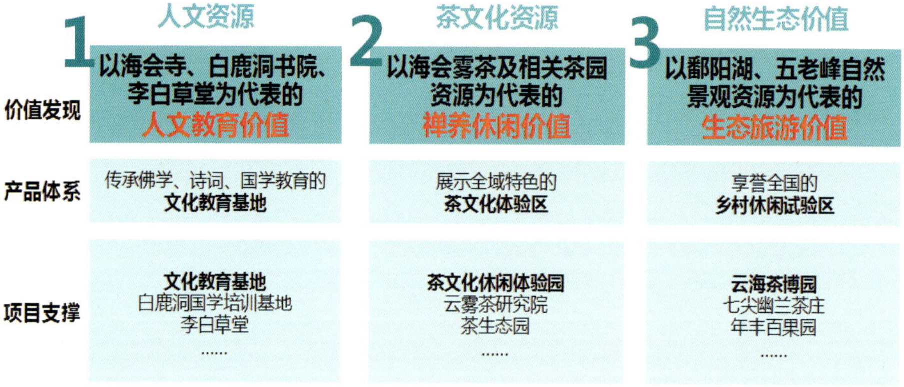

图 2.12　海会特色小镇产业项目体系

（3）靖江市孤山空调小镇

孤山镇汇聚近千家中央空调生产企业，是国内中央空调末端产业的集散地，拥有“空调末端之乡”的美誉。以“空调 +”与“空调智造”为驱动双核，致力于成为一个产业特色鲜明、人文气息浓厚、生态环境宜人、街区风貌优美、多功能叠加融合、体制机制灵活的美丽小镇，以及一个迈向工业 4.0 的高端“智造”小镇。

基于“产城融合、智慧发展”的目标，孤山镇全力构建第二、三产业融合，各产业联动发展的全产业链，多路径综合引导产业集群升级，打造“5+N”项目体系。该项目体系以空调制造产业为基础，完善设计研发、商贸物流、交易会展等环节，衍生出工业旅游、创意文化、宜居社区、休闲娱乐等服务功能。五大核心引擎项目领衔，多个其他项目配合，详见图 2.13。

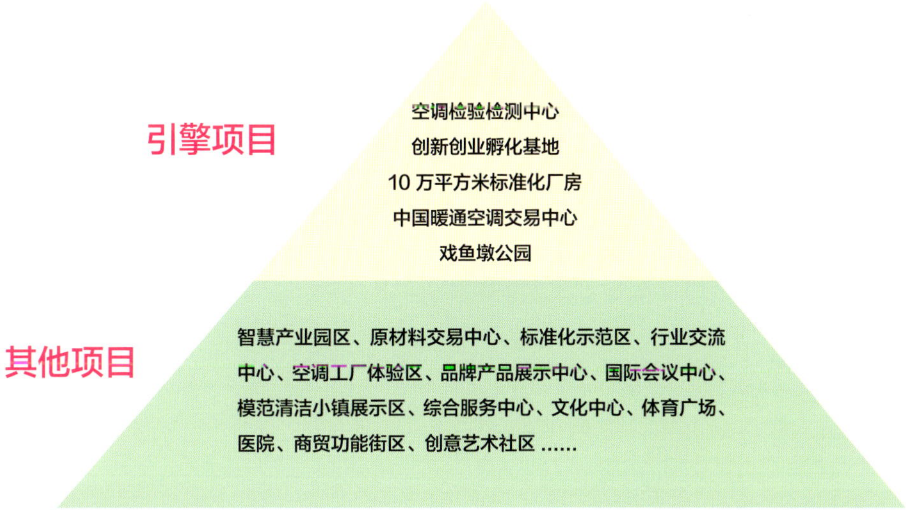

图 2.13 孤山镇“5+N”项目体系

其引擎项目策划有以下内容。

①壮大产业集群，提高规模效应。由标准化工业 4.0 厂房项目领衔智慧产业园区的建设，从硬件和软件两方面实现传统工业的改造升级。引进和培育空调产业核心企业总部，设立相关商务服务机构，构建空调产业总部核心。

②突出产品创新，打造市场品牌。由创新创业孵化基地项目带动空调工厂体验区、品牌产品展示中心、国际会议中心、模范清洁小镇展示区等科研和品牌创新项目的建设，推动空调制造业对核心价值模块的研发力度，争取在核心技术和产品中拥有自主知识产权，向价值链的高端环节延伸。

③配套企业服务，提升综合能力。开展空调检验检测中心、咨询中心、综合服务中心等项目，推动相关配套产业发展。做好企业服务，促进产业功能拓展，提升产业文化内涵，实现二、三产业融合互动，提高三次产业综合发展能力。

④延伸产业链条，推动纵向一体化。建设中国暖通空调交易中心、原材料交易中心等项目，延伸产业链条，引导消费，提升知名度。建立与空调产业发展相匹配的流通体系，提高利润转化速度及质量，拉动产业集群升级。

⑤融合文旅休闲，促进产城融合。以戏鱼墩公园为核心，增加文化中心、体育广场等公共服务设施项目，打造商贸功能街区、创意艺术社区等创意社区项目，建设具有鲜明地方特色及文化认同感的新型城市社区，实现产业与居住的平衡，吸引高端人才聚集。同时，以空调产业文化为基础，挖掘城市品牌，构筑本镇工业旅游竞争力的精神内核。

2.3.4 活动产品策划

1）活动产品策划的原则

特色小镇活动策划的内涵是指在一段时间内，依托某一特色产业和特色环境因素（如地域特色、生态特色、文化特色等），围绕一个中心内容（即主题）来组织的具有明确产业定位、文化内涵、旅游特征和一定社区功能的活动组织形式。在特色小镇的策划中，小镇是智慧的载体，要求活动策划集约、集成、精益求精。“小”要求小镇活动策划的内涵不能“大而全”，要“特而强”。切实按照“人无我有、人有我特”的标准，精准定位目标市场，形成独特优势。策划既要突出核心产业，又要有模式创新，应遵循以下四大原则。

①保证小镇特色的鲜明性。特色小镇的特质在于“特色”，其魅力也在于“特色”，其生命力同样在于“特色”。应按照创新、协调、绿色、开放、共享发展理念，找准产业定位，挖掘产业特色、人文底蕴和生态禀赋，形成“产、城、人、文、景”五位一体有机结合的重要功能平台。

②最大限度赋予小镇以生态旅游功能。需明确特色小镇不是作为一种聚居形式和生活模式而存在，而是一种提供宝贵的文化旅游资源和进行贸易、休闲、度假的场所，所以活动策划应从打造生态旅游小镇的思路出发。

③保持地方文化的原生性和鲜活性。地方文化是小镇的内核，也是小镇最具魅力的地方之一，没有鲜活的地方文化内涵，小镇是很难有生命力的。所以应围绕“文化 + 教育”“文化 + 艺术”“文化 + 商业”“文化 + 休闲旅游”，形成产学研创平台、文化传播平台、文创商业平台、休闲服务平台。

④着力发展全季全时活动，打造“有生活”的旅游方式。规划设计四季全时引爆型旅游项目，让景区淡季不淡、旺季更旺，系统思考，系统设计，着力打造全域、全季、全产业支撑的全景旅游新优势。

2）活动产品策划的类型

利用地理范围、旅游目的、组织形式三类划分标准，将特色小镇旅游活动策划进行分类。

按地理范围划分，可以分为国际旅游和国内旅游。国际旅游即跨越国界的旅游活动，包括入境和出境旅游。国内旅游即人们不跨越国界，在居住国范围内的旅游活动。

按旅游目的划分，可以分为消遣性旅游活动和事务性旅游活动两大类。其中消遣性旅游活动包括观光旅游活动、度假旅游活动、文化旅游活动、宗教旅游活动、探险猎奇旅游活动、专业旅游活动等。事务性旅游活动包括商务旅游活动、会议旅游活动、家庭和个人事务旅游活动等。

按组织形式划分，可以分为团队旅游和散客旅游两类。团队旅游即以旅行社为主体的集体旅游方式，散客旅游即由游客自行安排旅游行程、现付各项旅游费用的旅游形式。

3）特色小镇活动策划方法

特色小镇活动策划常用的方法主要有借势法、点睛法、差异法三种。

①借势法指借助重大事件、重大决策、重大时间、重要人物或者山水之势等策划出与之相关的活动或项目。具体可以包括文化庆典、文化娱乐事件、商贸会展、体育赛事、科学教育事件、休闲事件、国家事件、私人事件等，如世博会、草莓音乐节、车展、世界杯等。

重大决策，指与旅游目的地直接或间接相关的，可影响食、住、行、游、购、娱各方面的国家行政机关或行政人员做出的重大决定，如中国将 2015 年定为“丝绸之路旅游年”，带动了沿线的旅游发展，并开展相关“一带一路”文艺晚会演出活动。

重大时间，指群众广泛参与的相对稳定、具有特殊意义和价值的日子或节庆活动，如千禧年看日出、端午节赛龙舟、四月份傣族泼水节活动等。

重要人物，指拥有极大影响或威望的人物，如孔子诞辰举办祭孔大典、普陀山景区举办观音香会节等。

山水之势，指气势磅礴或秀丽清雅的自然山水景观，如农历八月十八钱塘江观潮、冬季黄山雾凇摄影等活动。

②点睛法指找出一个亮点，并以亮点为突破口带动特色小镇发展。如同济大学樱花季赏樱活动、黄山利用“黄山归来不看岳”口号吸引游客上山观日出等。

③差异法指依托现状，分析差异，以个性取胜，走特色化发展之路。如黄山奇松、九寨沟美景独一无二等。

4）案例分析

（1）靖江生祠苑艺小镇

靖江生祠苑艺小镇的总体目标为通过“特色化、精品化”“规模化、品牌化”“多方位、长链条”“新思维、新技术”四大产业发展策略，构建产城文旅高度融合的全国知名家居和庭院苑艺小镇。目前已经有良好的水石盆景、兰花等产业基础，在做好特色苗木、花卉培育等基础活动的同时，重点把握苑艺文化的创新创意，以此为亮点，将文旅有机融合，延伸产业链，将苑艺内涵赋予产业选择，拓展微盆景制作、创意设计、旅游休闲、教育培训、产品研发等特色活动（图 2.14），更加注重文化产业与旅游产业的融合，打造苑艺小镇特色文化品牌，提高苑艺小镇知名度与影响力，实现特色小镇的建设目标。是点睛法的运用实例。

图 2.14　生祠苑艺小镇活动策划

在苑艺创客基地板块中，整合汇聚全镇创新创业要素资源，打破传统盆景观光模式，以盆景创意研发为主题，建设创新空间、产业空间，在小镇范围内策划微盆景制作、花卉养生 SPA、花卉精油制作、香包制作、盆景 DIY、玻璃盆栽制作、家庭花园培育课程等活动。

（2）庐山海会云雾小镇

以庐山海会云雾小镇为例，海会寺和军官训练营当前的建设情况较差，但海会寺背倚五老峰，面临鄱阳湖，是一块宝地。依托海会镇深厚的人文资源、茶文化资源、自然生态资源，采用借势法，进行活动产品的打造。

海会茶文化休闲体验园围绕茶文化，借助当今休闲旅游发展的强大势头，将产业由第一产业主导向第一、二、三产业联动发展转型，增加休闲体验景点，比如迷宫茶园探险、茶园骑行、茶园生态观光、茶圣馆茶道体验、茶香剧院观影等活动，提高茶产业的产业链延伸，提升其附加值。定期举办各种宣传交流活动，比如茶文化交流会、新茶采摘节、家庭联欢夜、劳动节赛跑等活动，旨在借助多种宣传推介平台，吸引庐山及其周边乃至全国游客，扩大海会镇旅游品牌影响力（图 2.15）。

以下具体介绍海会镇海会寺军官训练营、白鹿小课堂、全市全季旅游产品三项活动。

首先，海会镇因海会寺、白鹿洞书院、李白草堂而具有深厚的人文教育价值。在活动策划时围绕佛学文化，紧扣教育产业。根据小镇建设的总体目标，策划海会寺军官训练营，使其成为佛缘之地、清修之地、传道之地。以海会寺为依托，重构清修禅院，设置禅修殿、茶趣堂、善食馆、祈福会、华严展览厅等，开展禅修、品茶、祈福、展

图 2.15　海会云雾小镇活动策划

览等活动。以原军官训练营为依托，形成海会佛学传播中心，同时融入营地拓展、佛文化交流、素食品鉴、远程教育课程等相关活动。定期举办大型活动，如佛理辩论大赛、祈福燃灯活动等，扩大海会寺的旅游影响力。

其次白鹿小课堂活动是白鹿洞书院的重点策划项目，小朋友在白鹿先生的带领下，先后进行诸如拜学仪式、讲本跟读、聆听自然、射箭运动、琴棋书画等一系列国学体验，最终可以获得结业证书及奖品。此项活动是一个具有实际操作的体验式学习过程，让游客能够参与其中，融入其中，体验在书院拜学、读书、娱乐的快乐，在游戏互动的过程中获得实实在在的参与感（图 2.16）。

与此同时，海会镇活动策划遵循四季有景、季季不同的原则，构建海会镇全年活动选项卡，每年每季度举办推广时令旅游活动。如春天举办庐山国际登山节，夏天举办白鹿洞礼乐文化节、国际自行车公开赛，秋天举办庐山采茶节，冬天举办净土祈福大会等。

图 2.16　白鹿小课堂活动流程

（3）靖江市孤山空调小镇

规划团队将孤山镇深厚的空调产业基础作为其发展特色小镇的优势亮点，与其他特色小镇差异化发展。因孤山镇空调产业起步早、品质层次高、品牌知名度高、行业成长性高，故将孤山镇定位为产业集聚高地、创新创业基地、生态宜居福地、文化传承宝地，致力于打造成为迈向工业 4.0 的高端智造空调小镇。

智能装备制造园区是孤山空调小镇的智能制造核心，该片区包括装备制造、产品检测及物流集散功能，运用差异法，建设智造展厅，开展空调智能制造产品展示及科普活动，展示空调前沿科技高端产品、先进技术装备和空调产业技术创新联盟的最新成果。

生态水乡生活区和 SOHO 创意街区作为高品质的滨水居住办公空间，配套文化教育休闲设施，通过高端智能制造培训、制冷装置 DIY、泥狗子制作、“三月三”庙会、亲子滨水生态采摘等活动，打造集文化教育、传统体验、生态休闲为一体的活力场所。强化空调文化、旅游、产业功能融合，以文化资源为内涵，以产业资源为引导，以旅游业态为载体，结合靖江文化特色和自然生态，打造文旅众创空间（图 2.17）。

图 2.17　靖江市孤山空调小镇活动策划

2.4　从产业到空间——空间布局

2.4.1　判别小镇发展提升路径

关于特色小镇的分类方法和划分类型尚未有统一界定，但是从所有特色小镇的发展动因来看，可以依据特色小镇原始的发展动因来做相对清晰的分类，我们建议可以分为三类。第一类是第一产业主导动因类特色小镇，指以传统或新兴的农业文化、农业生态及农业产品为基础发展动因的特色小镇，如茶叶、草莓、葡萄、辣椒、渔业、畜牧等农林牧副渔产业；第二类为第二产业主导动因类特色小镇，指以智能制造、装备制造、特色产品加工以及传统轻工业生产为基础发展动因的特色小镇，如云制造小镇、机器人小镇、汽车小镇、空调小镇、磨具小镇、机电小镇、缝制小镇、丝绸小镇、陶瓷小镇、醋都小镇、药都小镇、黄酒小镇等都属于此类；第三类是以信息金融服务业、大数据互联网产业、流通运输及特色商贸集散服务业、休闲旅游和时尚文创产业以及科教文卫公共服务产业等为基础发展动因的特色小镇，如杭州云栖小镇、云谷小镇、梦想小镇、基金小镇、海洋金融小镇、e 游小镇、物流小镇、旅游小镇、职教小镇、艺术小镇、海宁皮革时尚小镇等。

不同类型的特色小镇又因为其不同的发展动因而具有一定的开发提升路径特征和产业发展基本规律，本节将以各类特色小镇的缘起动因为切入点来介绍不同的特色小镇规划设计的基本历程和一般规律（表 2.4）。具体从规划编制的角度来说，包括：判别小镇发展提升路径、谋划功能业态协同体系、构建特色小镇空间格局、营造小镇特色发展引擎五个主要规划阶段，来实现特色小镇规划从产业到空间的规划实现过程。

2.4.2　谋划功能业态协同体系

1）第一产业特色小镇

以传统或新兴的农业文化、农业生态及农业产品为基础发展动因的特色小镇，即第一产业主导动因类特色小镇，常见的产业发展提升路径为集聚—拓展—融合。具体如下：

①建立现代农业产业集聚区，通过精准农业、设施农业等农业现代化措施，加快农业产业化进程，促进第一产业提质增效，提升涉农产业竞争力和农产品自身价值。

表 2.4 不同发展动因的特色小镇发展规划

现有发展动因		产业提升路径	产业发展格局	空间布局模式	重大特色及引擎项目
第一产业主导动因	以传统或新兴的农业文化、农业生态及农业产品为基础发展动因的特色小镇	1. 精准农业、设施农业等农业现代化提升 2. 农产品向深加工、贸易集散等产业链延伸，附加值提升 3. 农业到向满足现代市民休闲旅游需求的第三产业延伸	完善的现代农业、现代产业链＋一、二、三产业相互融合创新发展＋满足小镇居民和都市游客的生活性服务业与休闲旅游服务业体系	集聚的服务核＋广亩的生态基＋乡土的文化脉 以广域生态田园空间为基底，以农业的生产性服务中心为核心、以乡村文化旅游和农业休闲度假体验活动脉络为纽带的有机组团、生态化的特色小镇	特色产品种植基地 乡村旅游综合体 有机农园超级市场 特色文化与产品贸易中心
第二产业主导动因	以智能制造、装备制造、特色产品加工以及传统轻工业生产为基础发展动因的特色小镇	1. 制造业自身的产业科技水平提升 2. 创新研发与创业孵化以及向会展贸易发展交流等现代服务业延伸，做大做强生产性服务业，产销游一体化发展 3. 通过产城融合驱动整体的城镇化进程，促进产业经济的全面发展，落实乡村振兴国家战略	制造业自身的转型升级和产业链延伸优化＋完善的生产性服务业＋产城融合发展驱动的房地产业、交通物流业、生活性服务业和休闲旅游产业	园区化的协同功能组团（居住、研发等）＋开放式的生产服务中心＋主题化的工业文明走廊 与产业园区自身所在的工业化区域相毗邻、以工业的生产性服务中心和产业人才生活服务中心为基地、以产品贸易集散、科技会展、创新交流、工业文化展示以及特色休闲商业服务等生产－服务关系和市场－供需关系为纽带的产城融合、现代化的特色小镇	产销游一体化综合体 产品研发、科技体验与文化交流综合体 工业旅游与认知休闲研学旅游综合体
第三产业主导动因	以信息金融服务业、大数据互联网产业、流通运输及特色商贸集散服务业、休闲旅游和时尚文创产业以及科教文卫公共服务产业等为基础发展动因的特色小镇	1. 充分发挥自身的产业服务水平和完善现代网络的全产业链辐射能力 2. 以人为本，精准满足特色服务需求人群的各类消费需求，优化提升科技创新、文化创意、信息金融等新兴产业人群的服务需求，提升高端服务的集聚能力和辐射能力 3. 将展销体验、孵化创业、创新交流、时尚发布与现代休闲商业街区的特色文化风貌相结合，增强小镇特色商业休闲空间的开发效益和综合产出	活力凝聚的新兴服务业产业极核以及完善高效的服务网络＋精准、多元、面向高知科创人群的交流休闲和现代生活性服务业以及绿色健康产业＋承担所在片区乃至城市更大区域的文创休闲旅游产业和公共休闲吸引物的重要功能	分布式协作单元＋集聚式创新平台＋簇群式生态社区 以新兴产业的网络化、分布式、超空间产业链协作服务关系为框架，以高端产业人才的特色化、集聚式创新交流需求和生活休闲服务需求为特色，展现未来城市特色产业中心职能风貌和新兴科技文化的科创簇群式、模块化特色小镇	跨区域的新兴产业孵化服务中心 面向高端产业人群的全业态 SOHO 街区 面向交流创新、休闲旅游、新文化体验的旅游商业综合体

②建设农产品加工交易的平台，促进农产品向深加工、贸易集散等农业下游产业链延伸，提升农业和相关工业附加值，为丰富小镇及周边地区居民就业与创收创造条件。

③发挥小城镇联系城乡经济文化资源的地位，向现代市民休闲旅游需求的第三产业延伸。特色小镇受到城市与农村的产业辐射，发展具有明显的双向衔接特点。因此农旅融合、销售和体验结合发展既是提高乡村居民生活品质的跳板，也是满足现代城市居民差异化生活体验的追求。

以阿勒泰市第一牧场特色小镇为例，第一产业主导动因类特色小镇的产业格局如下：

①形成完善的现代化农业产业链。发掘适宜的绿色有机农产品，提升小麦、玉米等主要作物的产量的同时，新建打瓜、食葵等生产基地，结合市场需求，大力推广精准农业。进一步发挥天然草场四季自然放牧的优势，发展畜牧业。

②第一、二、三产业相互融合，创新发展，充分利用民族特色餐饮所需的农产品加工、民族手工艺品加工业，恢复上世纪具有地域特点的小型传统的酒类、食品和奶制品工厂，分别与加工业的前端农业、后端旅游服务业融合，形成一、二、三产业联动发展，旅游特色鲜明的产业链（图 2.18）。

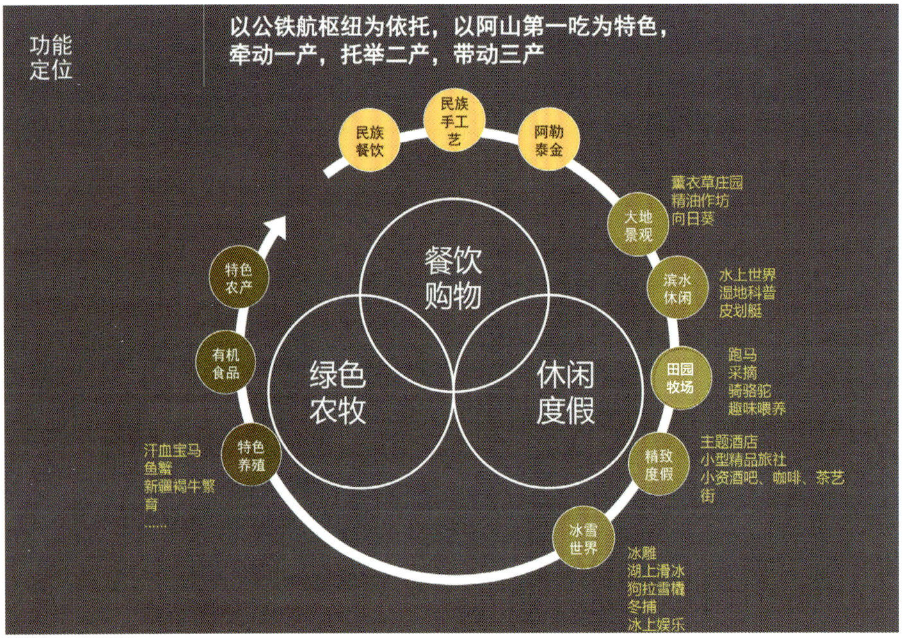

图 2.18　阿勒泰“第一牧场”发展路径

③满足小镇居民和都市游客的生活性服务业与休闲旅游服务业体系。大地景观提供农业庄园或作坊的加工、采摘体验；田园牧场提供跑马、骑骆驼等趣味体验；精致度假提供主题酒店、精品旅社、酒吧咖啡茶艺街活动；滨水和冰雪休闲景观提供湿地、水上游乐、水上运动、冰雕、冰上娱乐等特色活动。

④将小镇打造为阿勒泰市的旅游地标，将自然和生活在特色小镇融为一体，联动阿勒泰景区周边资源，促进旅游及相关产业快速发展。逐步提升特色小镇的发展定位，有效利用阿市郊区休闲农业示范基地、物流双创基地生活配套社区、阿山红色牧场文化体验小镇、千里画廊旅游集散国际门户。

例如河南省商丘市万亩花卉特色小镇的规划设计就以现有花卉产业为基础平台。首先通过对现有花卉种植产业链条的延伸和升级来完成核心圈层的提升，大力发展花卉加工、花卉育种、花卉研发、花卉种植观赏、花卉销售等相关产业，并且将产业链延伸至与花卉园林相关的专业服务领域，包括园林器械、物业管理、设备租赁等。其次是以深挖、提高花卉产品的附加值为切入点，结合花卉园艺、花卉美妆、花卉食品以及花卉文化四个重点方向进行重点渗透，形成了四大衍生产业簇群。最后再充分结合区域市民的休闲旅游、养生度假、文化商业的广阔市场需求，通过一、二、三产业的融合创新发展，发展满足小镇居民和都市游客的生活性服务业、休闲旅游服务业、健康养生产业以及主题商业街等多元又充满活力的产业体系（图 2.19）。

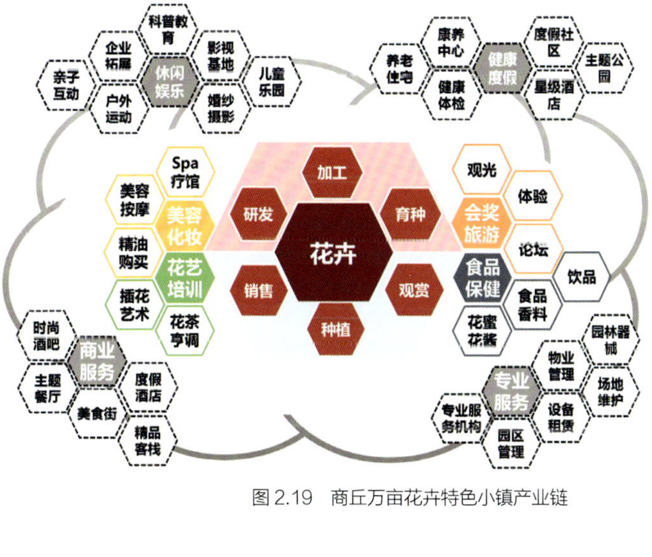

图 2.19　商丘万亩花卉特色小镇产业链

2）第二产业特色小镇

以传统或具优势的制造业及相关产品为基础发展动因的特色小镇，即为第二产业主导动因类特色小镇，其常见的产业发展提升路径为提升—延伸—融合。具体如下。

①提升自身制造业的科技水平，建立产业园区，通过产业集聚及优势或龙头企业的带动，融合先进科技水平及措施，促进制造业升级，提升科技含量，强化品牌价值及竞争力。

②延伸产业链，打造会展交流平台，融合创新研发、产业孵化、会展贸易、发展交流等现代服务业，完善配套服务的同时，加强生产服务体系配套，向下游产业延伸，拓展相关产业链，做活产业产品，打响产品及小城镇品牌。

③以小城镇为纽带，促进产城融合，发挥产业支撑驱动效应及城市的带动作用，驱动整体城镇化进程，推动产业经济的全面发展，落实乡村振兴国家战略。

以靖江市孤山空调小镇为例，第二产业主导动因类特色小镇的产业格局如下：

①推动产业转型升级，延伸产业链，横向纵向一体化发展。壮大产业集群，提高规模效应。横向扩展服务领域，依托空调产业优势，做大行业“朋友圈”，探索智慧家居、整体装潢等新兴领域。同时延伸空调产业链，在完善空调生产制造的基础上，一方面强化前端核心部件研发、管理咨询、系统设计等；另一方面探索末端系统调试、能源服务、售后服务等。起到补强产业链、提高行业纵向综合能力的作用（图 2.20）。

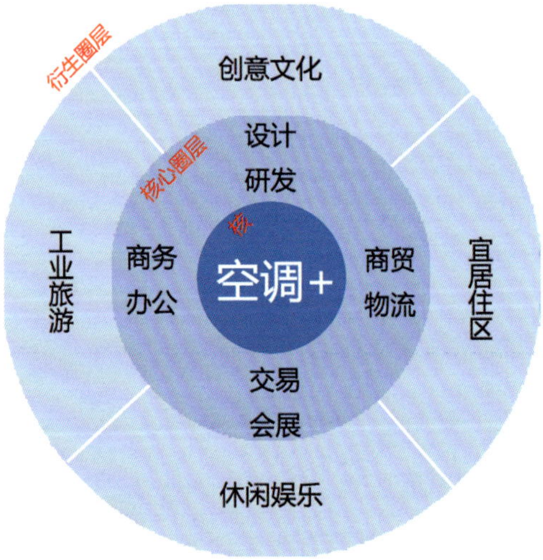

图 2.20　靖江孤山空调小镇产业圈层

②配套企业服务，提升综合能力，完善生产性服务业体系。在小城镇区域范围内，结合各自条件和发展阶段，进一步挖掘产业内涵和潜力，推动相关配套产业发展。做好企业服务，促进产业功能拓展，提升产业文化内涵，实现第二、三产业融合互动，提高三次产业综合发展能力。

③促进产城融合，强化公共服务，驱动房地产业、交通物流业、生活性服务业和休闲旅游产业发展。树立“以产立城、以产兴城、以产聚人”的发展思路，实现产、城、人的融合发展。通过提供各类产品和公共服务，丰富城乡市场供给，推进城乡资源平等流动，带动城市公共产品和服务向乡村延伸。在加大个体工商、艺术创作与空调产业交流合作的同时，形成富有特色的创意街区，融合创意产业及商贸休闲功能，为本地居民、来往商客及游客提供休闲娱乐去处。

3）第三产业特色小镇

第三产业主导型小镇的产业基础相对于第一产业和第二产业具有更强的产业辐射能力，在谋划功能业态协同的过程中，应该首先充分发挥自身产业的服务能力，完善现代网络的全产业链辐射能力。在此基础上，应注重对人的需求进行把握。第三产业是人群交流活动最为密切的一种产业类型，这就衍生出更为丰富和多元化的服务需求和消费需求。因此，以人为本，精准满足特色服务需求人群的各类消费需求，优化提升科技创新、文化创意、信息金融等新兴产业人群的服务需求，拓展特色小镇的业态外延，是功能业态协同规划的重要环节之一。这种类型的特色小镇在自身动力产业的强化和外延业态的拓展基础之上，往往能够形成区域高端服务的集聚极核，成为辐射更大范围的特色产业中心。此外，通过将展销体验、孵化创业、创新交流、时尚发布与现代休闲商业街区的特色文化风貌相结合，有利于增强小镇特色商业休闲空间的开发效益和综合产出。

在这种业态协同体系框架下展现出来的产业格局，往往体现为活力凝聚的新兴服务业产业极核以及完善高效的服务网络，精准、多元、面向高知科创人群的交流休闲和现代生活性服务业，以及绿色健康产业。除了本身基础的现代服务功能，可以更进一步承担所在片区乃至城市更大区域的文创休闲旅游产业和公共休闲吸引物的重要功能。

杭州云谷小镇是以互联网云计算为基础发展起来的第三产业主导动因类特色小

镇。在规划设计中，首先分析互联网创新产业的功能诉求，确定办公研发、配套居住和公共休闲三大核心功能板块。其次，对不同人群的需求进行功能业态细分延展。针对小镇的生产主体人群——年轻的工程师的需求，规划共享办公、人才公寓、企业孵化器等功能，同时融合休闲娱乐、运动健身、开放交流等空间功能；针对本地原有居民规划安置社区，并保留部分生产性农田功能；同时为家庭、学生、游客等不同类型人群提供文化、餐饮、培训、民宿等多元功能业态（图 2.21）。

云谷小镇将创业、创新、创意三个概念融合，将创新人才特区、活力创业基地、生态宜居新城三个小镇核心功能进行整合，进而发展出创业、研发、办公、科教、金融、

图 2.21　云谷小镇功能动态规划（引自：上海同济城市规划设计研究院）

旅游、娱乐、社区、商业，甚至都市农业等功能复合的业态框架，形成多元混合且具有活力的城市特色职能中心（图 2.22）。多功能的集聚复合，有利于激发智慧产业的创造性思维，其生产、居住、服务密切的联动使得小镇在更大的区域里发挥了吸引极核的作用。

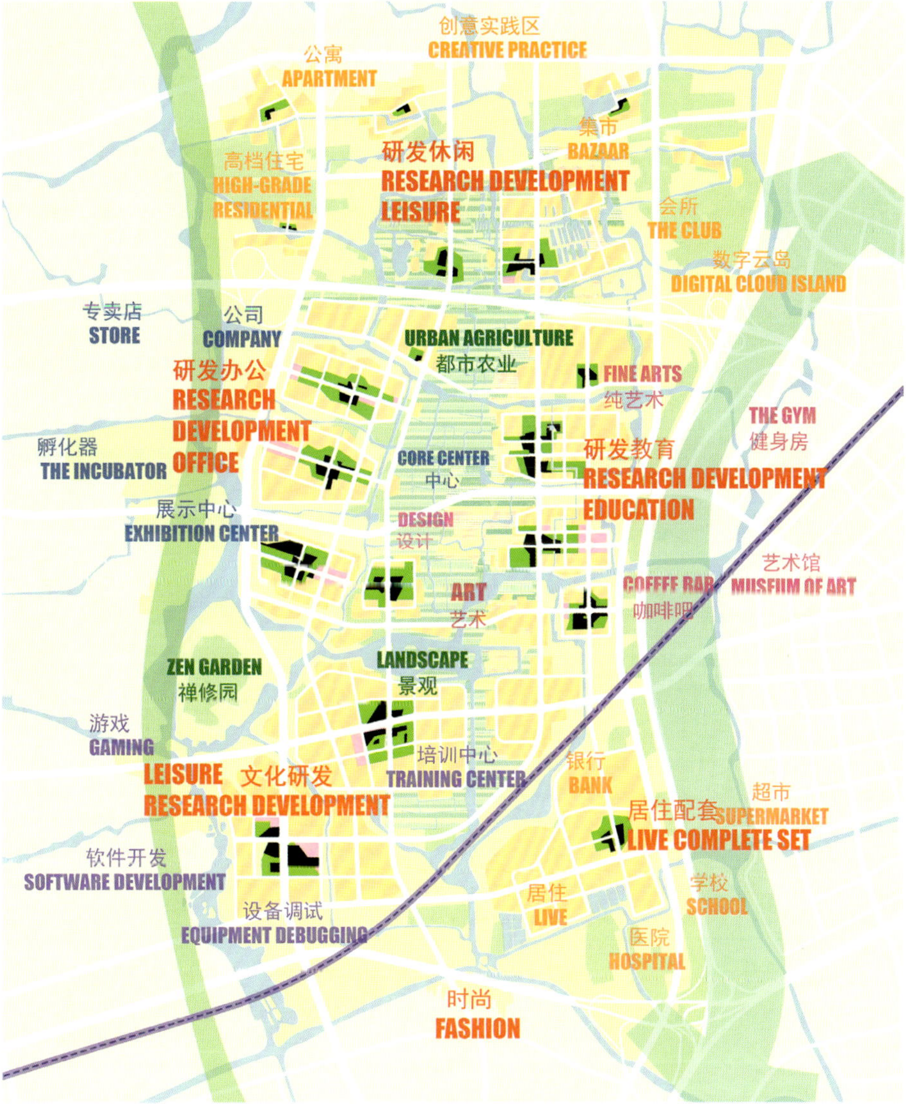

图 2.22 云谷小镇功能布局（引自：上海同济城市规划设计研究院）

2.4.3 构建特色小镇空间格局

1）第一产业特色小镇

第一产业主导动因类特色小镇的空间组织模式特征如上文所述，第一产业主导下的特色小镇应当是自然资源丰富，潜力良好，具有特色的现代新兴农业集聚区。结合地方政策倾斜和整体开发优势，可以更好地发挥自身资源禀赋，拓展农业产业链，融合多种产业类型，预先布局功能协调的产业业态，构建优化适宜农业发展的乡村空间。并结合小镇定位提升的路径，进一步打造拥有精品体验农业与田园风情的农旅融合的城镇空间。

通过对一产小城镇的分析，可以总结出一产小城镇空间组织模式的基本特征为：集聚的服务核、广亩的生态基和乡土的文化脉。以广域生态田园空间为基底、以农业的生产性服务中心为核心、以乡村文化旅游和农业休闲度假体验活动脉络为纽带的有机组团、生态化的特色小镇。

以阿勒泰第一牧场的空间形态为例。

第一牧场特色小镇作为城乡结合的产业平台，应当构建兼顾城镇功能及田园风情的空间要素。一方面，公共设施齐全、生态居住便利、休闲娱乐丰富、办公科研条件齐备的城市空间是特色小镇必备的人工空间，另一方面，小镇又离不开乡村产业、农牧产品加工、创意农业、生态景观所依托的自然空间（图 2.23）。

图 2.23 阿勒泰“第一牧场”空间构成理念

规划围绕阿勒泰第一牧场特色小镇核心，形成了“一核两心、三片成组，两轴一带、一环串珠”的空间结构。重塑了特色小镇的功能，形成紧凑发展、自然融合的用地布局（图 2.24）。

①集聚的服务核是支撑小镇农牧业生产、居民生活、旅游发展的核心，是城镇化程度较高的地区。由“一核两心”构成，服务小镇“三片”和外围社区环。

一核：旅游服务核心，结合民族博览、民族文化风情公园、综合集市打造旅游服务核心。

两心：公共服务中心，结合政府、滨水商业，打造公共服务中心。生态休闲中心，结合水系在镇区东侧打造草原牧歌公园，为镇区及游客提供休闲、度假的场所。

三片：西部特色院落居住区，主要以现有宅院为基础，通过建筑改造，环境营造，功能塑造，打造具有民族特色的体验区。其有特色民宿、农家乐及居住等功能。中部公共旅游服务区，完善镇区公共服务功能，为镇区居民提供便利的生活服务；同时增加特色美食、手工艺品等功能，结合风情街打造旅游服务区。东部宜居度假休闲区，结合滨水景观打造环境优美的生态居住、旅游度假、生态体验等功能。

②广亩的生态基是第一牧场特色小镇构建的田园社区和产业社区的单元，是城镇化程度较低，位于最外围，最邻近自然的地区。

有别于传统的功能分区构成，但议两类单元通过融合田园、居住、产业不同功能的组织方式，共同依托乡村农田和生态休闲，组织形成有特色的农业聚落和产业聚落，形成“一环串珠”。

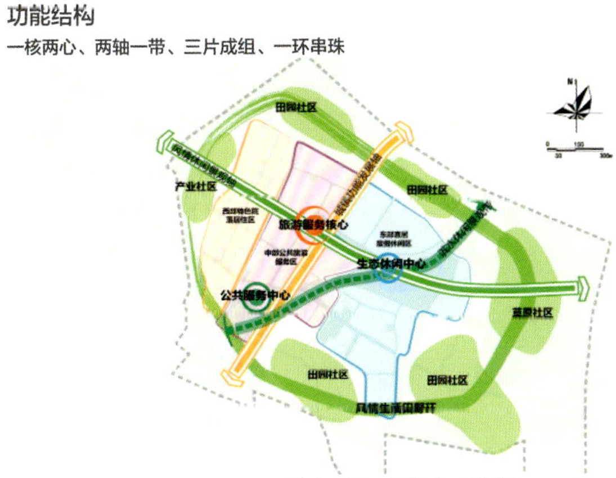

图 2.24　阿勒泰“第一牧场”功能结构

一环：风情生活田野环依托核心区外部草原、农田等自然环境，打造各类特色社区，包括田园社区、草原社区、产业社区等，形成具有民族风情的生活田野环。

田园社区的居住和小作坊有机结合，形成“前室后坊”的建筑布局形态。围绕公共空间、服务设施、休闲农业形成外围布局院落式住宅，形成田园社区单元。益于乡村农牧业和居民联系，也方便游客参与休闲农业体验。

产业社区为居住、商业和作坊的有机结合，形成“前店后坊”的建筑布局形态。围绕公共空间和服务设施形成，外围布局院落式和花园式的住宅，便于城市居民和游客参与产业活动（图 2.25）。

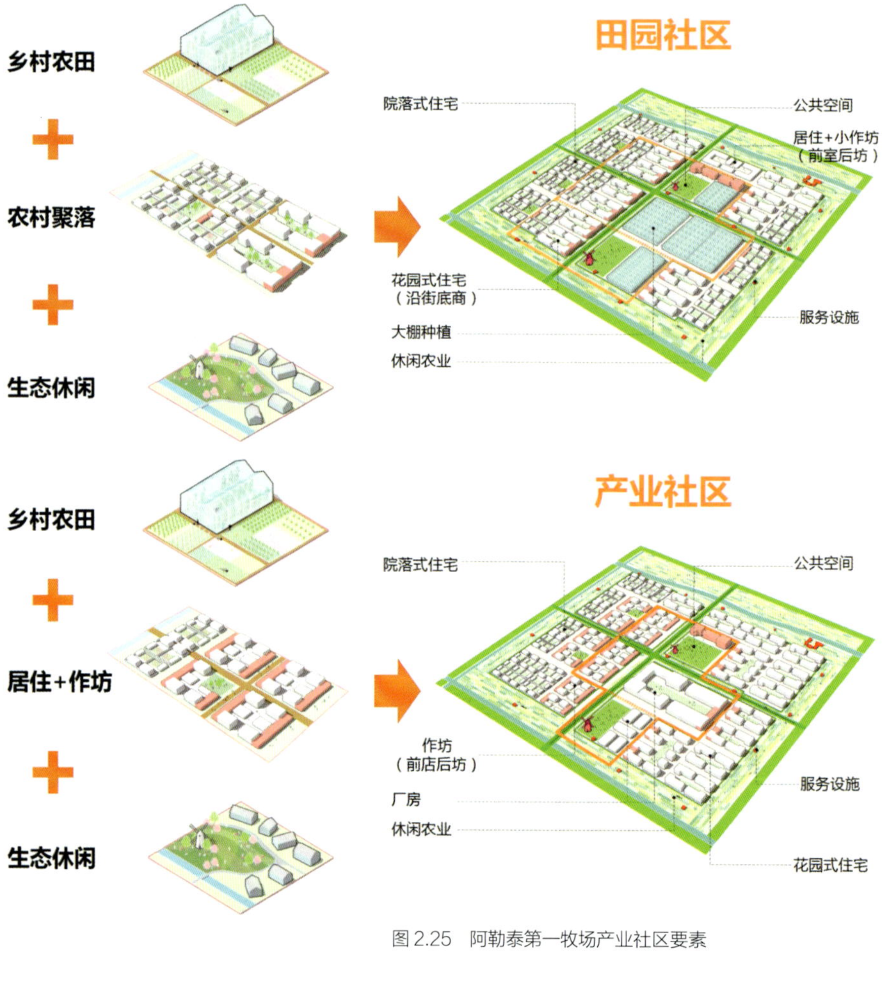

图 2.25　阿勒泰第一牧场产业社区要素

③乡土的文化脉是第一牧场产业功能的延伸和乡村景观的延续，是乡土风情的脉络。以“两轴一带”串联起整个特色小镇的产业组织和空间结构。对于核心功能的放射、产业融合布局、城乡的自然过渡具有重要的意义。

两轴：城镇功能发展轴——结合公共服务设施布局以及公园景观节点，通过连接阿勒泰市区、火车站及其他功能组团打造功能发展轴；风情休闲景观轴——以旅游服务核心及生态休闲中心为依托，塑造东西走向的休闲景观带。

一带：滨水休闲景观带——结合滨水景观，打造生态休闲景观带。

2）第二产业特色小镇

第二产业主导动因类特色小镇拥有优势产业产品基础。小城镇的空间组织，应与产业园区自身所在的工业化区域毗邻，借助工业化区域的产业带动，发挥产业领头效应，以工业的生产性服务中心和产业人才生活中心为基地，融合产品贸易集散、科技会展、创新交流、工业文化展示、特色休闲商业服务等相关产业，拓展衍生产业链，以“生产－服务关系”和“市场－供需关系”为纽带，建设产城融合、现代化的特色小镇。

通过对第二产业小城镇的分析，可以总结出其空间组织模式的基本特征为：园区化的协同功能组团、开放式的生产服务中心、主题化的工业文明走廊。

第二产业小城镇以园区化的协同功能横向完善功能体系，以开放式的生产服务纵向延伸产业链条，以主体工业文明贯穿整体，形成联系各个体系的纽带，形成产业带动、配套完善、主题鲜明的特色小镇。

第二产业主导动因类特色小镇的空间形态以靖江市孤山空调小镇为例。

空调小镇以空调产业为基础和特色，融合文化功能，为小镇注入活力，兼具生产服务及生活居住功能，形成“一轴两核四片区”的空间结构，优化与提升小镇功能，形成“制造引领、服务集聚、交通优化、生态缝合”的用地布局（图 2.26）。

①园区化的协同功能组团包括小镇生产制造、居民生活、创意休闲的基础，是小镇整体的功能分区及生产生活的基础。共划分为四大片区（图 2.27）。

智能装备制造园区：特色小镇的智能制造核心，着重强调空调制造产业的优化提升、产业链的延伸以及科技成果的产业化，并注重物流集散及东侧科技研发功能对本区制造功能的支撑与协调。

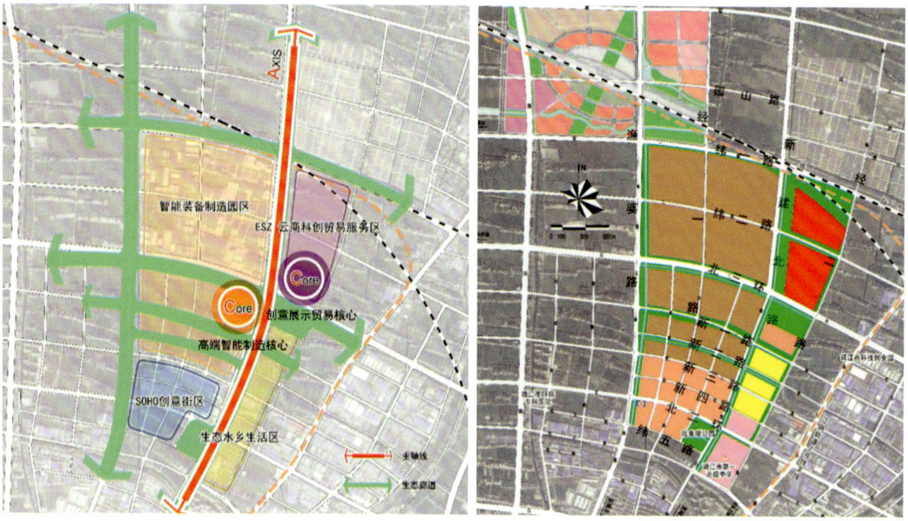

图 2.26　空调小镇空间结构及用地布局

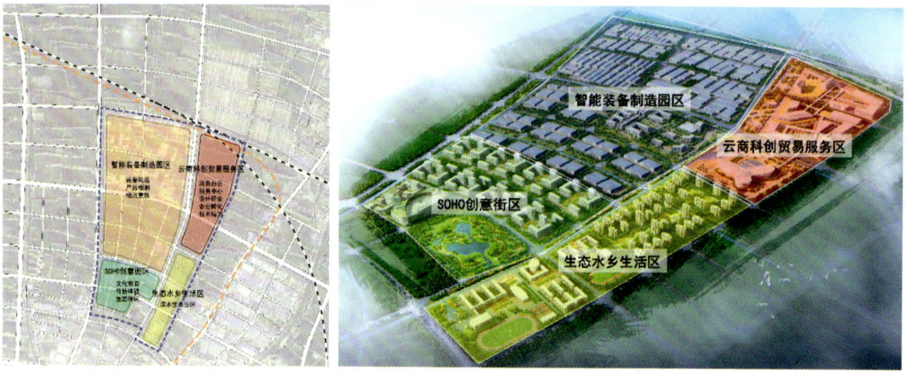

图 2.27　空调小镇功能四大片区

云商科创贸易服务区：以云平台、商务办公、科研创新、创意孵化、综合服务为主，集电子商务、企业办公、信息平台、设计研发、企业孵化、科技孵化、技术培训和商业休闲服务等多功能于一体。

生态水乡生活区和 SOHO 创意街区：现代生态住区及商住混合创意社区，重点考虑居住与商务办公、商业的适度混合，公共空间的共享。

②开放式的生产服务中心是小镇的功能核心及交流展示平台，承担重要的生产服务功能，是特色小镇的活力增长点。空调小镇的开放式生产服务中心包括高端智能制造核心及创意展示贸易核心。

高端智能制造核心重点建设智造展厅，展示空调前沿科技高端产品、智能制造先进技术装备和空调产业技术创新联盟的最新成果。

创意展示贸易核心是全镇的人流、资金流、信息流交互核心，打造多元共享创意引擎、科技孵化器和众创空间等公共服务平台、综合服务休闲中心、实体中心和网上虚拟中心。

③主题化的工业文明走廊串联各个功能片区及核心节点，为小镇及产业注入文化内涵，以文化旅游激活小镇建设。强化空调文化、旅游、产业功能融合，以文化资源为内涵，以产业资源为引导，以旅游业态为载体，将新建北路打造成为空调主题工业文明走廊，形成南北向发展主轴线，结合靖江文化特色和自然生态，加强静态和动态展示，打造文旅众创空间（图 2.28）。

第二产业主导动因类特色小镇的空间形态以景德镇陶瓷特色小镇为例。

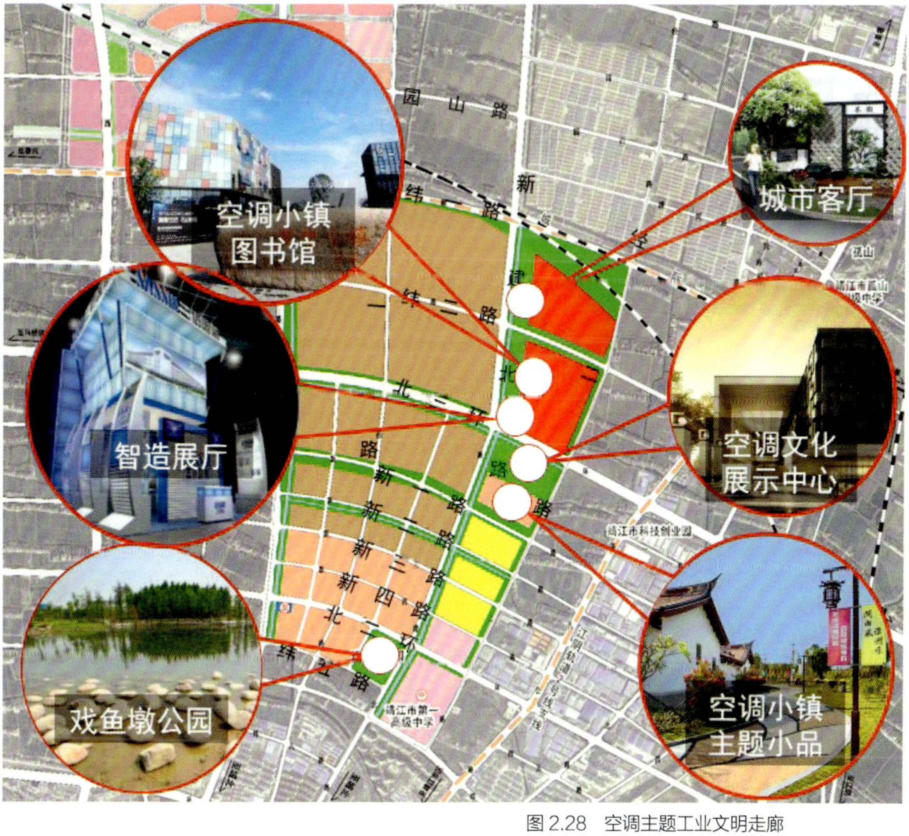

图 2.28　空调主题工业文明走廊

小镇规划充分考虑外因内因的影响，以陶瓷产业为基础，融合文化创意产业、旅游业，打造以陶瓷为主题、生态环境优美、陶瓷文化气息浓厚、配套设施健全的特色小镇。

①园区化的协同功能组团是小镇功能空间的体现，在完善功能体系的同时，在空间上进行落地，耦合功能与空间。小镇首先延续空间景观，结合山水格局，形成景观视廊及主要景观展示界面（图 2.29），联系功能特色，共形成八个功能片区，分别为核心的功能展示区及产业延伸的文化休闲区、小资体验区、活力购物区、浮梁人家区、深苑会所区、旅游服务区及配套设施区。成为支撑小镇农牧业生产、居民生活、旅游发展的核心，与城镇化程度较高的地区（图 2.30）。

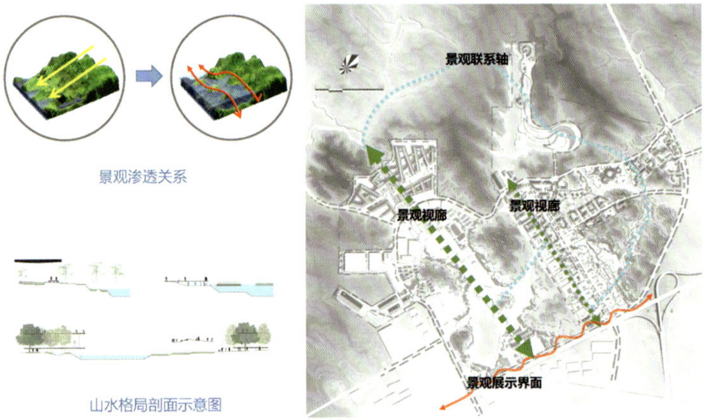

图 2.29　陶瓷特色小镇景观分析（引自：南昌大学设计院）

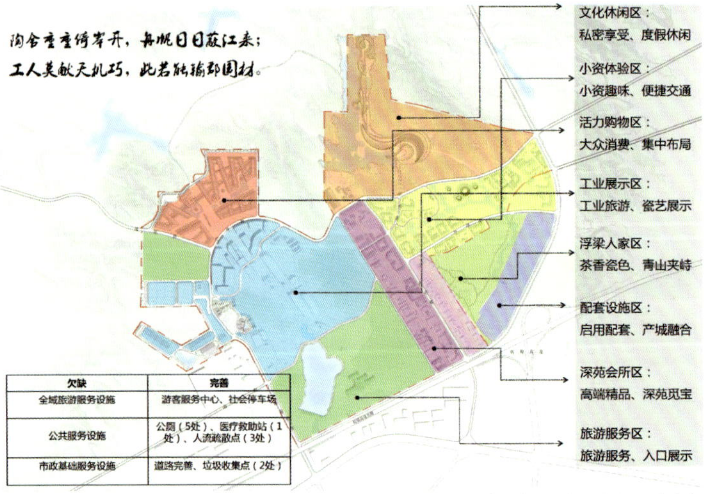

欠缺	完善
全域旅游服务设施	游客服务中心、社会停车场
公共服务设施	公厕（5处）、医疗救助站（1处）、人流疏散点（3处）
市政基础服务设施	道路完善、垃圾收集点（2处）

图 2.30　陶瓷特色小镇功能分区（引自：南昌大学设计院）

②开放式的生产服务中心是小镇特色的核心，其浓缩、高密度展示景德镇建筑、产业、自然、文化要素特色，并体现业态的多样性（图 2.31）。

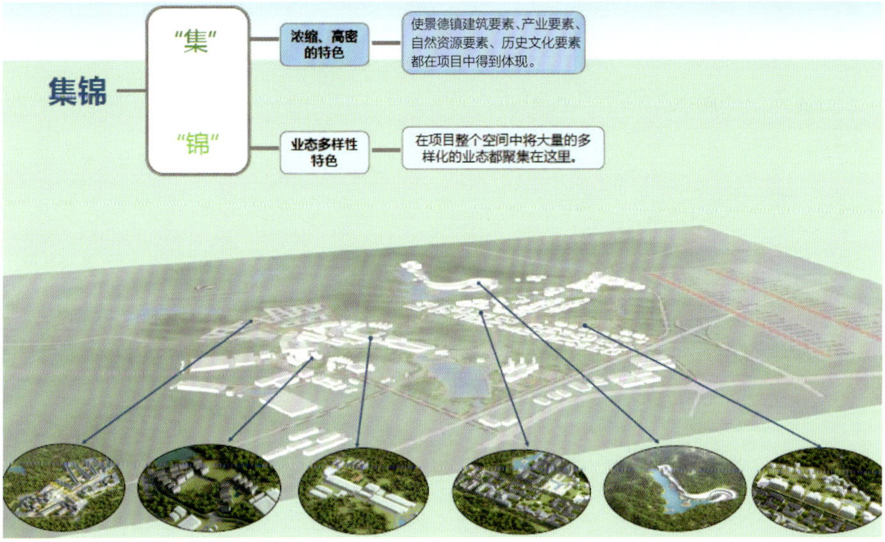

图 2.31 生产服务中心（引自：南昌大学设计院）

③主题化的工业文明走廊是产业在空间上的体现，小镇以陶瓷产业为基础，结合第一产业、第三产业，延伸产业链条，形成全产业互补（图 2.32）。

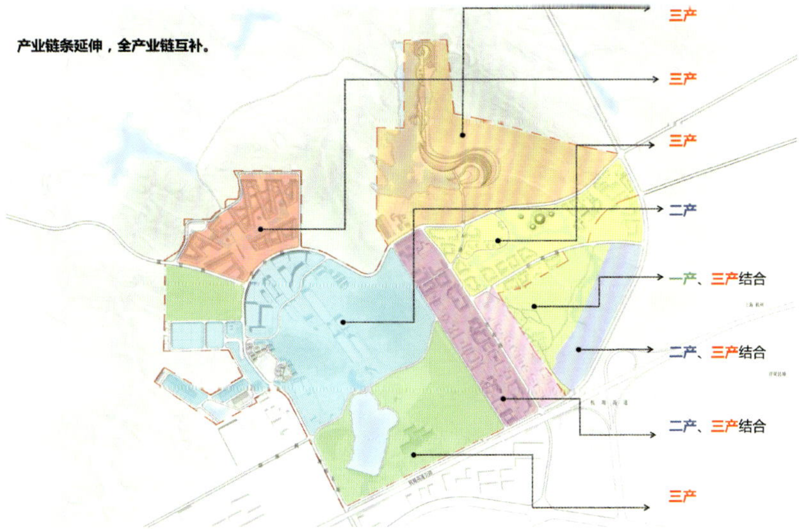

图 2.32 产业链条延伸、全产业互补（引自：南昌大学设计院）

3）第三产业特色小镇

第三产业主导下的特色小镇往往以新兴的互联网、大数据、云计算、创意服务、时尚生活、金融商务等功能为主体，这些功能与传统工业制造的空间需求模式有很大差异，往往更加灵活化、混合化（图 2.33）。通过对三产类型小城镇的分析，可以总结出三产小城镇的空间组织模式基本呈现分散式生产协作单元、集聚式创新交流平台和簇群式生态居住社区的特征。这种空间组织模式以新兴产业的网络化、分散式、超空间产业链协作服务关系为框架，以高端产业人才的特色化、集聚式创新交流需求和生活休闲服务需求为特色，展现出未来城市特色产业中心职能风貌和新兴科技文化的科创簇群式、模块化特色小镇。

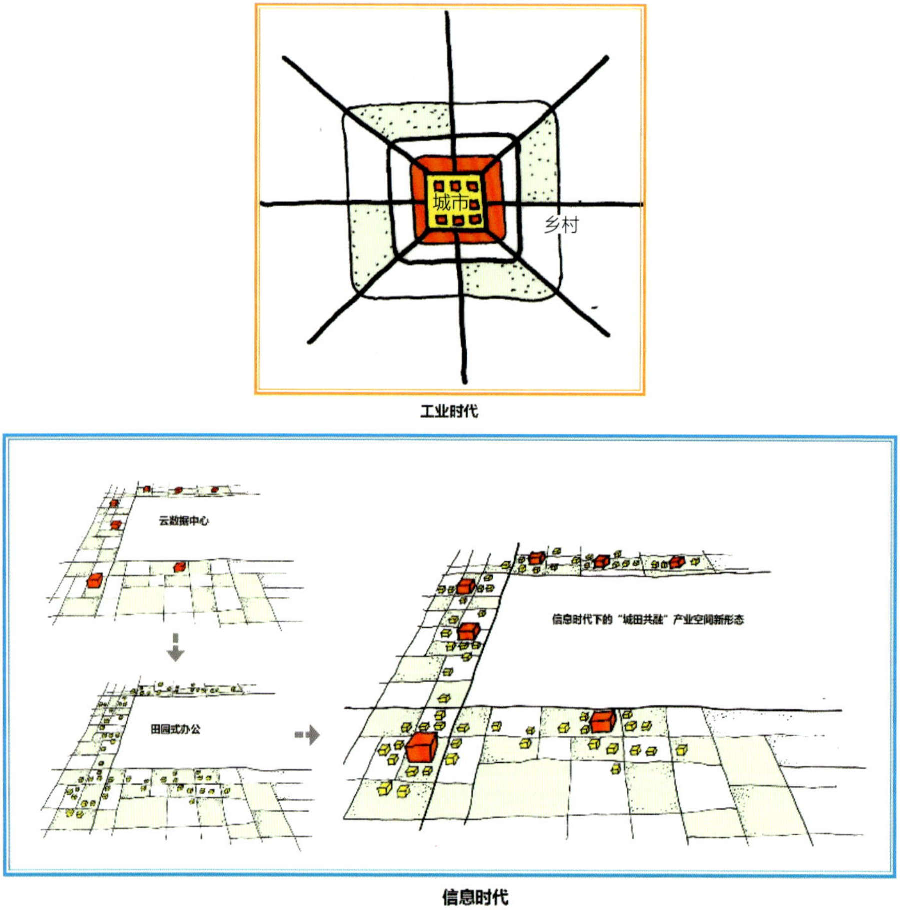

图 2.33　不同时代的空间需求模式（引自：荷兰 NITA 设计集团）

云谷小镇在空间布局上以云计算产业为引领，落实创客的需求。设计团队在思考互联网对城市空间的改变，以及对传统产业协作方式的改变之后，认为未来随着互联网的普及和更多智能技术的发展，人们的工作方式会逐渐趋向于网上协作分工，这将消解传统产业的聚集模式，并引领产业发展向分散模式转变。此外，创客在业余时间的聚集交流，往往是思维碰撞、灵感迸发的重要时刻，需要多元化、复合化、集聚化的公共场所（图 2.34）。

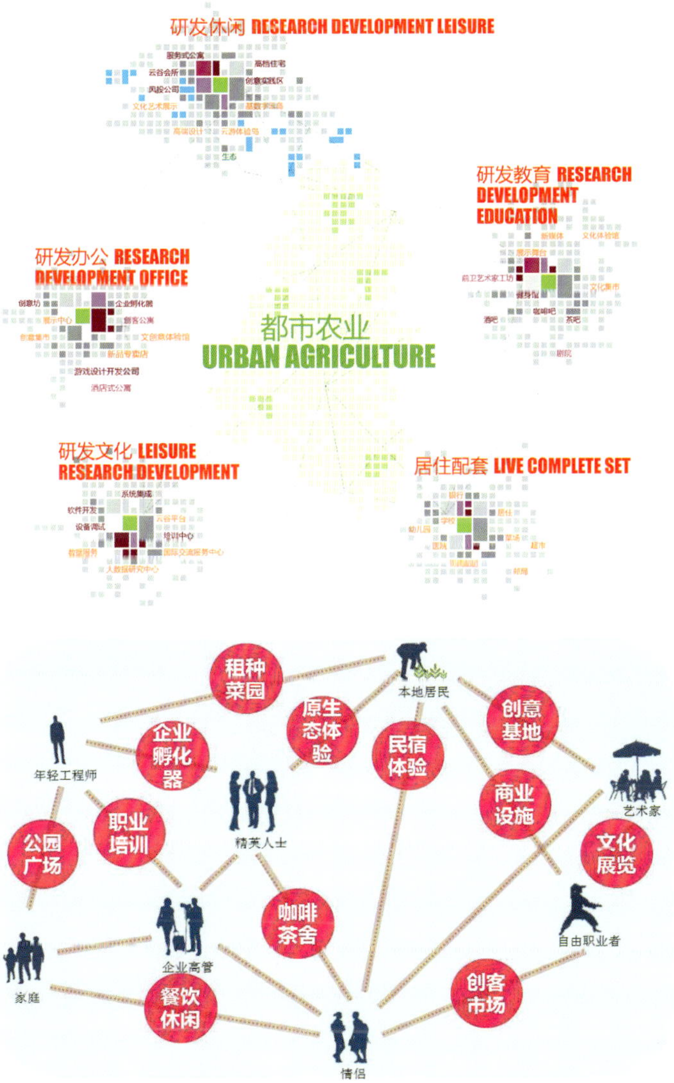

图 2.34　产业空间与生活需求空间（引自：上海同济城市规划设计研究院）

在此基础上，云谷小镇形成了生产功能分散、公共功能耦合的空间模式。首先，云谷小镇打造以中央生态云谷为核心的大疏大密空间结构：总体规模 17.3 平方千米，城市开发边界范围 6.8 平方千米，约占总面积的 40%；生态及农业用地 10.5 平方千米，约占 60%。在此基础上，注重激发创意的多种功能在空间上的集聚和复合，空间功能的叠合创造更多交流机会，学术和商业活动的交叉，会进一步强化伙伴关系，提供更多的实习机会和技术商业化机遇。

总体规划以开敞的生态空间和农业空间为中心，周围环绕研发、办公、创意、教育、休闲等一系列城市功能，同时，每个片区都是一个功能复合体，形成一谷一乡四片区的空间结构（图 2.35、图 2.36）。一谷是指中央生态云谷，由生态空间、农业空间和游憩空间复合而成。一乡是指云谷新水乡，是与城区西北部生态结构廊道的有机组成，也是一处以水乡农庄为风貌特征的旅游休闲度假区，尊重原有水网河道肌理，整合原有村落，形成七个集中聚落。四片区中，云谷智慧核是云谷小镇的核心区，规划布局了研发中心、大数据库、交流培训中心、高科技体验馆、云谷艺术廊等设施，集中体现云谷文化特色；云谷创客巢是吸引创业者的理想福地，依托西湖大学校区，吸引各类创业者；云谷企业聚落是云计算和大数据及其衍生企业的聚集地，为中小企业提供各种便利政策和条件；云居是相对完整的居住社区，为园区内就业的年轻人才提供就近安家的便利，同时也是集中拆迁安置社区。在这样的规划路径下，实现了从产业到空间的落实。

图 2.35　云谷小镇空间规划设计（引自：上海同济城市规划设计研究院）

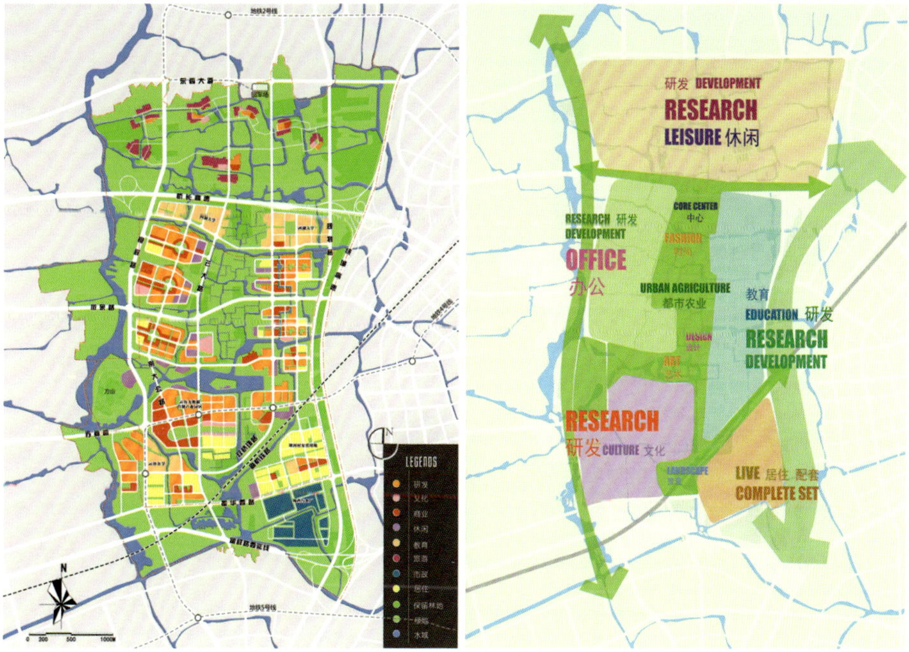

图 2.36 云谷小镇空间规划设计（引自：上海同济城市规划设计研究院）

2.4.4 营造小镇特色发展引擎

特色小镇的功能空间规划，除了从产业构建到空间布局的基本特征以外，更重要的是在产业功能布局和空间规划的过程中形成能够凝聚小镇产业文化风貌特色、驱动多元产业创新交流、引领小镇产业跨越式增长、构筑特色品牌形象的重大支撑项目及发展引擎项目，通过该类项目的营造和落地，形成特色小镇发展和提升的内核。营造特色小镇发展引擎是特色小镇规划区别于其他类似规划的突出特征。

而不同发展动因的特色小镇，其特色引擎项目的规划组织也不尽相同。一产小镇特色引擎项目一般包括特色产品种植基地、乡村旅游综合体、有机农园超级市场、特色文化与产品贸易中心；二产小镇特色引擎项日通常包括“产销游”一体化综合体、产品研发、科技体验与文化交流综合体、工业旅游与休闲研学旅游综合体；三产小镇特色引擎项目包括跨区域的新兴产业孵化服务中心，高端产业人群的全业态 SOHO 街区、面向交流创新、休闲旅游、新文化体验的旅游商业综合体。

（1）商丘市万亩花卉特色小镇花卉展览中心：核心产业引领发展

花卉小镇围绕花卉主题，纵横拓展产业价值链的各个环节，构建以花卉关联产业为主导，集生态观光、研发培育、展示博览、文化交流、休闲旅游、健康养老、商贸物流等功能于一体的田园综合体（图 2.37）。

图 2.37　花卉小镇功能布局

位于花卉小镇核心位置的花卉展览中心为小镇引擎项目（图 2.38）。展览中心借助花卉产业基础，结合小镇对外形象展示的需求，打造集展览、科普、教育、消费、休闲娱乐为一体的大型花卉展览交易中心及花卉文化主题公园，是花卉小镇的文化核心及地标建筑。展览中心以花卉展览、交易、咨询功能为主，配套商务接待、会议等多种功能，定期举办花卉博览会、展销会、大型论坛、研讨会、科普教育等活动，达到促进花卉相关产业链延伸及提升的引擎作用，同时形成小镇景区、园区与社区联系的桥梁，是花卉小镇对外开放和形象宣传的名片。

图 2.38　花卉展览中心

（2）靖江市孤山空调小镇中国暖通空调交易中心：对外平台扩大区域影响力

孤山汇聚近千家空调生产企业，成为国内中央空调末端产业的集散地。孤山凭借现有制造规模，不断加大设计研发投入，搭建产业发展服务平台，延伸空调产业链，形成产业、文化、旅游为一体的空调小镇（图 2.39）。

图 2.39　靖江市孤山“空调小镇”规划

小镇的引擎项目为作为交易咨询平台的中国暖通空调交易中心（图 2.40）。中国暖通空调交易中心已有 10 家本土企业参股，20 家企业进入，吸引了多家世界 500 强企业入驻。交易中心作为空调产业结构转型升级的载体，定期举办各类会展活动，搭建起行业内交流交易的平台，带动靖江的空调产业从末端走向全产业链的前沿和高端。空调交易中心的成立和运营，使得空调特色小镇的产业化发展得以成功落地，最大限度地将小镇内的空调商户与用户进行线上线下交易，巩固长期以来积累的空调产业区域实力。

图 2.40　中国暖通空调交易中心

（3）杭州梦想小镇筑梦工厂、希望田野环：生态景观聚集人气

梦想小镇占地面积约 3 平方千米，重点发展电子商务、软件设计、信息服务、集成电路、大数据、云计算、网络安全、动漫设计等互联网相关产业，鼓励和支持“泛大学生”群体创业，构建覆盖企业发展初创期、成长期、成熟期等各个不同发展阶段的金融服务体系。

梦想小镇秉持“先生态，后生活，再生产”的理念，打造“一环两区三星”的规划结构，构建“互联网 + 特色小镇”大格局（图 2.41）。其中，筑梦工厂处于梦想小镇 “三星”之中。筑梦工厂整合现有的自然景观和人文历史景观，营造具有江南水乡特色和历史文化底蕴的生产、生活、生态空间（图 2.42）。工厂为小镇里的田野提供有机健康的土壤和洁净的空气，还建立了一个农场游乐园，为孩子提供一个健康的娱乐场所，为“梦想镇民”提供优质的创业环境。

图 2.41　杭州“梦想小镇”概念设计（引自：荷兰 NITA 设计集团）

图 2.42　筑梦工厂（引自：荷兰 NITA 设计集团）

小镇被一个基本呈环形的稻田地带围绕，即“希望田野环”（图2.43），与既有湿地的天然池塘、水面共同构成一条真正的田园生态带。田野环在保留了原有的水田基础上，增加水田数量，连接小镇周边的七星田园，为微小型企业提供创业场所。田野环是梦想小镇的一大创新，成为联系居住、办公区域的纽带，田野环除了在景观上打造田园城市的观感，同时还为努力拼搏的创客提供一个更舒适和高品质的工作、生活环境，突显生态景观，在塑造景观的同时聚集人气。

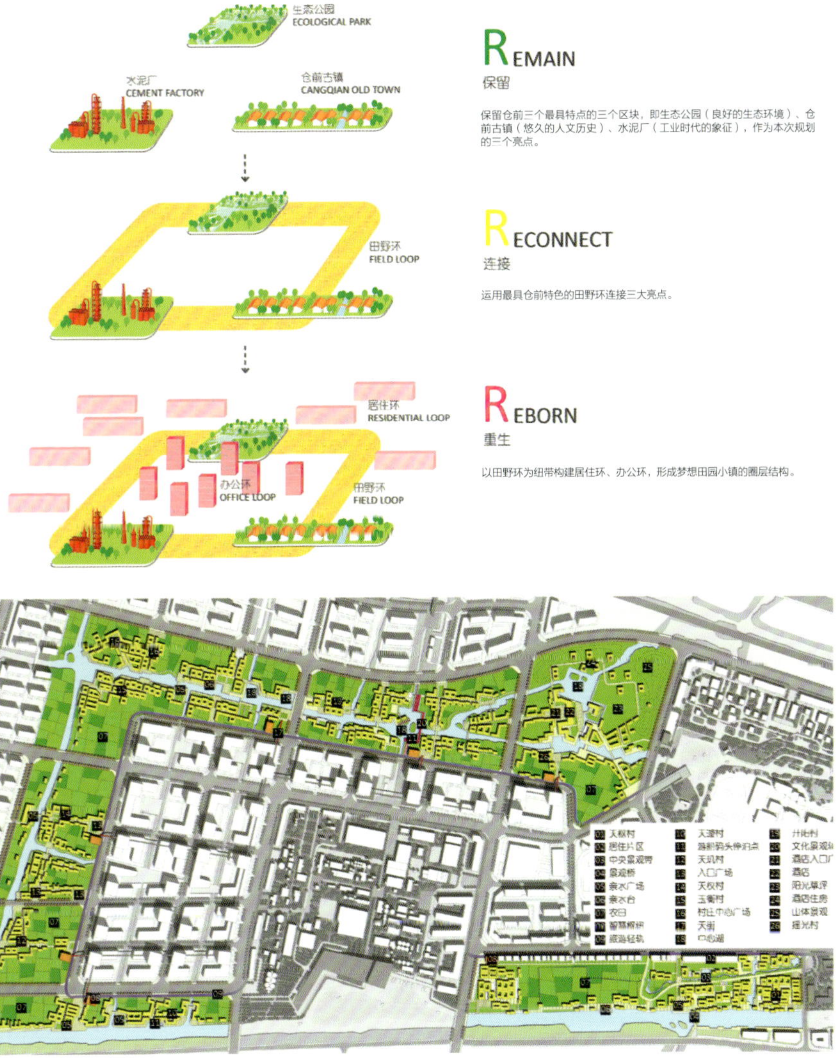

图2.43　希望田野环设计理念及概念设计（引自：荷兰NITA设计集团）

（4）上虞 e 游小镇之小镇客厅项目：标志景观打造特色名片

e 游小镇总规划面积 2.8 平方千米，聚焦以游戏、电竞、动漫、影视等为代表的泛娱乐信息经济产业，是为相关产业专门构建的一个高起点、高标准的合作大平台，是引领全国的“网络游戏之都”、长三角“数字内容创意产业中心”和浙江省“互联网应用示范小镇”（图 2.44）。

图 2.44　上虞 e 游小镇规划平面（引自：浙江省城乡规划设计研究院）

作为地标性建筑的小镇客厅项目总投资 5 亿元，建筑面积 8.6 万平方米（图 2.45）。小镇客厅项目是小镇的先导区，位于河口，项目借助河口景观优势及门户区位，打造滨河特色建筑景观，为小镇的建设奠定门户形象及功能基础。项目是 e 游小镇集聚游戏企业和创客精英、提供综合服务的重要平台，也是“一江两岸”的标志性景观建筑。

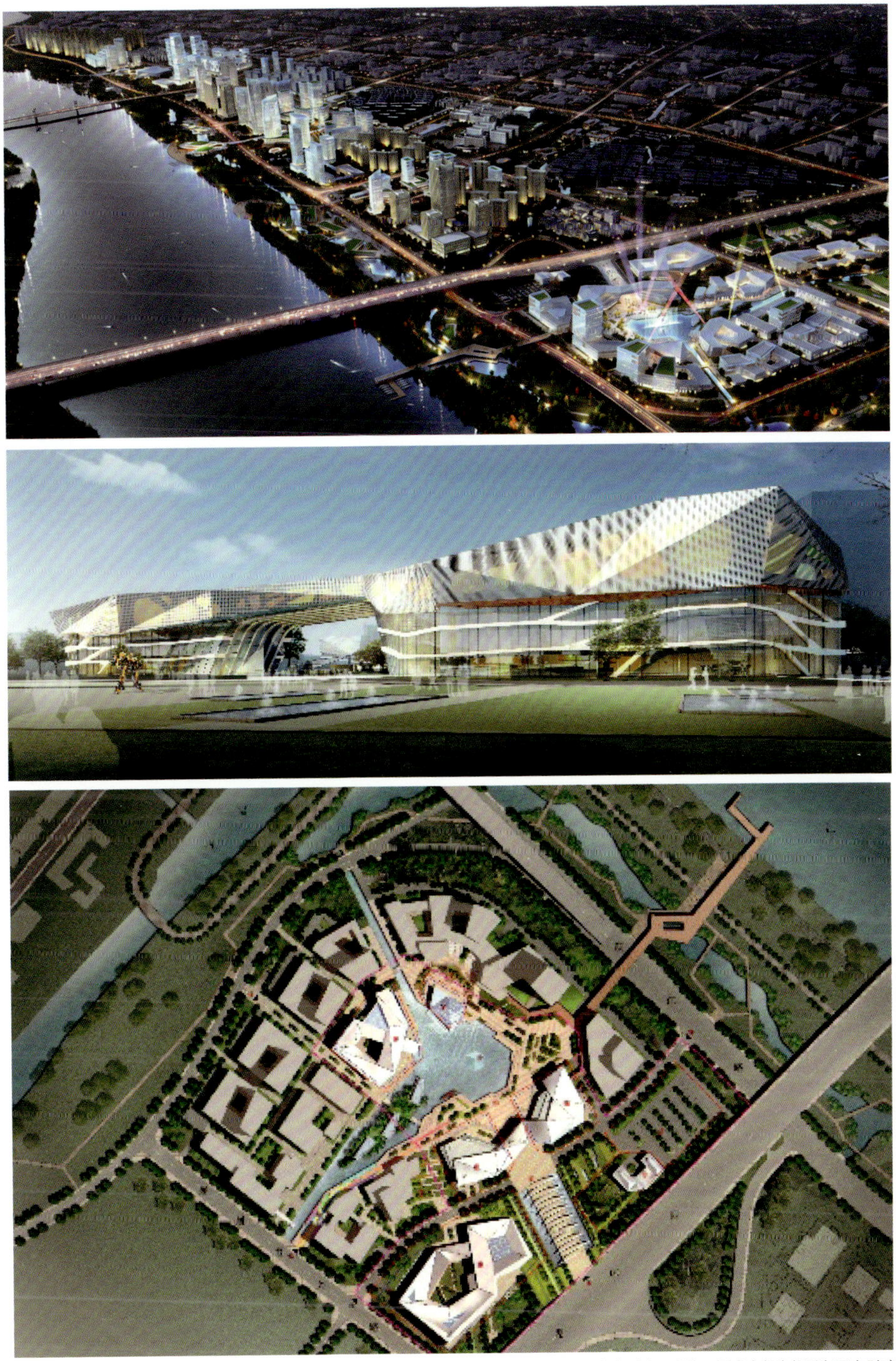

图 2.45　小镇客厅规划设计（引自：浙江省城乡规划设计研究院）

（5）无锡灵山拈花湾小镇胥山大禅堂：标志景观打造特色名片

拈花湾小镇的名字源于佛经中“佛祖拈花，伽叶微笑”的典故，是融东方禅文化内涵和禅文化特色的禅意度假小镇，其核心文化是“禅”。拈花湾小镇打造的是一个自然、人文、生活方式相融合的旅游度假目的地，追求一种身、心、灵独特体验的人文关怀，让人们体验无处不在的禅意生活，从而开创“心灵度假”的休闲旅游新模式（图2.46）。

小镇通过三条主要交通道路和水系的组织，形成了“五谷、一街、一堂”的主体功能布局，其中“一堂”即胥山大禅堂，既是大型禅修体验场所，也是拈花湾的大型景区标志物（图2.47）。胥山大禅堂汲取唐代建筑的精华，从中寻找禅的符号，形成

图2.46　无锡拈花湾小镇总平面（引自：M.A.O 建筑设计事务所）

图2.47　胥山大禅堂（引自：M.A.O 建筑设计事务所）

了其独特的建筑风格，是一座可以容纳千人同时参禅的“色空奇观”大禅堂，是灵山景区的一大奇观。禅堂以“禅”为核心，融入到建筑、功能、文化各个方面，形成小镇的标志性景观和特色风貌形象。

（6）滨江创意小镇中国动漫博物馆：核心产业引领发展

白马湖是杭州和浙江省文创中心，拥有大批以游戏、动漫、设计为主的文创项目和企业。其核心区的滨江创意小镇规划面积为 3.91 平方千米，是一个集动漫、文创、研发、旅游、居住于一体，创意（时尚）产业集群、功能多元、配套完善、绿色生态、景观优美的创意小镇（图 2.48）。

白马湖滨江创意小镇以动漫产业为核心，其特色引擎当属中国动漫博物馆。中国动漫博物馆是国内规模最大、展品最丰富、内容最权威的动漫专业博物馆，是杭州打造全国文化创意中心和“动漫之都”的重点项目（图 2.49）。博物馆总建筑面积约 3 万平方米，以动漫产业为核心功能，集展陈、收藏、教育、体验、学术等功能于一体。

图 2.48　滨江创意小镇

中国动漫博物馆是国内首家得到国家广电总局和中国动画学会批准的“国字号”动漫博物馆，建成的博物馆将成为国际动漫节的主会场，提升小镇知名度，带动动漫及相关产业升级，形成对外交流、展示的平台，是小镇的核心项目，彰显小镇的功能及形象特色。

一个特色小镇的引擎项目可以是特色旅游产品、特色体验活动、特色风貌景观、重大会展赛事活动及标志性事件的组织等，往往是为争取更大区域市场影响力、打造跨区域休闲旅游吸引物的项目。

图 2.49　中国动漫博物馆（引自：中南建筑设计院）

2.5 从配套到实施——系统支撑

2.5.1 景观风貌系统

特色小镇在通常情况下均保留着一些相对原始的自然生态条件，有利于对自然景观、绿地水系及生态环境的特色挖掘。所以在特色小镇发展之初首先就要树立生态绿色的发展理念，在城市建设、经济产业建设的同时需要推进生态文明建设，兼顾“绿色”与“特色”，让城镇融入自然。通过整合区域“蓝绿”资源、挖掘环境特色、完善绿色政策顶层设计等规划手段的使用，营造一个具有完整生态系统、安全生态格局的绿色小镇。

景观风貌系统一般包含两大内容，即绿地景观系统规划与整体空间风貌塑造。绿地景观系统规划主要指对各种城市绿地进行定性、定位、定量的统筹安排，形成具有合理结构的绿地空间系统，以实现绿地所具有的生态保护、游憩休闲和社会文化等功能的活动。整体空间风貌塑造主要指以提升城市品质和创造城市特色为目的，以系统优化的城市设计方法，以城市空间、建筑与景观环境设计的美学法则，对影响城市风貌的构成要素进行有远见的整体规划的设计。

1）绿地景观系统规划

（1）规划理念

传统的绿地系统专项规划受前苏联模式的影响，主要针对建成区范围内的绿地采取“点、线、面”粗放式规划方式，将各类公园、广场、街头绿地以及其他各种类型的附属绿地按照服务半径均衡布局，以满足城市生产、生活的需求。这种规划方法难以提供高质量的绿地系统，不能满足市民日益多元化的需求。

针对特色小镇的生态特色与自身条件，绿地景观系统规划应突破以往的局限，关注更为广阔的自然环境范围，同时也要赋予绿地系统更多的生态支撑功能，构筑小镇与自然环境内外一体的“大绿地”以及具有更高品质的优质绿地。

遵循“大绿地”思维的绿地景观系统规划应统筹区域的绿色开敞空间，合理确定规划编制层次，建立起科学的规划控制体系和有效的管理机制。绿地景观系统规划应在宏观层面，对绿地空间格局进行总体把控，对绿地保护与开发进行统筹协调；在小镇层面，构建与之相协调的中观绿地系统结构，并落实微观的绿地布局。

遵循区域思维的同时，也应将绿地建设从单纯的“数量增长”提升到“质量优化”，由传统城市绿地系统“点、线、面”和“凑指标”的规划思维转变为因地制宜地优化城市绿地结构体系，构建“品质绿地”体系。打造“品质绿地”应认识到，绿地作为城市土地利用的一种形式，其本身可承载生态、人文和景观等多元功能，应根据绿地自身条件和区位，合理确定绿地所承载的功能，从而形成高质量的绿地生态系统。因此，应从单一强调绿地生态功能的绿地系统规划，转向集生态保护、休闲游憩、防灾避险、生物多样性保护和古树名木保护等多元功能于一体的综合性绿地生态系统规划。

（2）规划思路

通过对现有问题的梳理，结合区域良好的自然基底，运用城市绿地系统构建，明确城市“蓝绿”规划结构、空间景观廊道以及绿地节点设计，打造具有特色的城市生态系统，使特色小镇在整体上融入区域自然山水的同时，为城市提供高品质高标准的生活环境。

（3）规划方法

①对特色小镇绿地系统现状进行调查，以城镇建设区为重点，对现有绿化指标（绿地率、绿化覆盖率、人均公共绿地等）做出科学严谨地统计分析，指出影响小镇绿地发展的主要制约因素等。

②确定规划总目标以及近、中、远期目标，并建立相应的绿地规划指标体系。

③在现有规划的指导下对规划范围内绿化用地布局进行优化和完善，科学确定规划区内绿地系统规划结构与空间布局，形成城乡一体化的生态绿地系统。

④合理安排各类绿地布局，确定主要绿地位置、性质、范围、面积等，并划定城市绿线；提出绿地功能导向以及绿地系统分区，完善绿地网络，提出绿线管理要求，明确绿地系统指标体系。

⑤对各类城市绿地进行分类规划，分别提出规划要点和指标，包括公园绿地、生产绿地、防护绿地、附属绿地、城市广场等。

⑥确定规划区所属的植被区域、植被地带、地带性植被类型和建群种、优势种以及城市园林绿化中的乡土树种，明确树种配置原则和要求，确定基调树种、骨干树种和一般树种，选定主要绿化植物品种名录；提出古树名木保护规划，明确古树名木数量、树种生长状况和古树名木保护对策。

⑦科学设置各类防灾避险绿地，形成一个防灾避险综合能力强、各项功能完备的城市绿地防灾避险系统。

⑧提出绿地系统分期建设规划，分近、中、远三期规划，近期规划应提出规划目标与重点，具体建设项目、规模和投资估算；中、远期建设规划的主要内容应包括建设项目、规划和投资匡算等。

⑨结合绿地系统规划对规划区内地表水体进行保护和控制。

⑩提出相应的规划实施措施，包括法规性、行政性、技术性、经济性和政策性等方面的措施。

（4）案例：靖江生祠苑艺小镇绿地系统规划

绿地系统现状分析：生祠镇目前有凝春园、艺海生态园、锦绣园，河流水系两岸有带状绿地。生态基础较好，绿化基础服务设施较差，绿地系统不完善。

规划原则：生态优先原则。高度重视环境保护和生态的可持续发展，各类绿地系统与生态资源的有机结合，发挥绿地的环保生态效益；和谐布局原则。结合生祠镇的河道水系、农田等自然环境特色，合理进行生态布局，并形成完整的绿地网络系统，发挥园林绿地的综合效益；丰富多元原则。综合考虑将绿地建设与生祠特色小镇的民宿景观建设相结合；绿地建设应符合多元化的需求，遵循“集中与分散”相结合的布局结构。

绿地系统布局：规划绿地系统布局结构为“一环两轴多带多点”（图 2.50）。一环指凝春园、艺海生态园、锦绣园三个生态景观园组成的景观生态环。两轴指沿大进路和纬二路的线性道路绿地。多带指依托河流水系的带状生态绿地，其宽度为 4 ~ 6 米。多点指儿童鲜花主题乐园、七彩荷塘、马洲兰苑、景易牡丹园、艺轩景园农庄、兰溪苑的公园绿地。

绿地类型：生祠特色小镇的绿地类型分为公园绿地、带状绿地、道路绿地。公园绿地：规划建设苑艺生态园，提升现有公园的建设，新建九州生态园、静文化体验林、兰园、竹杉生态林；带状绿地：带状绿地的宽度为 4 ~ 6 米，沿生祠特色小镇的水系建设，部分为公共开放空间，部分为半公共开放空间，并与苑艺庭院水岸景观建设相结合；道路绿地：在芳华大道路和花园路两侧设置道路绿地，宽度控制在 10 米左右。

图 2.50　江苏靖江生祠苑艺小镇总体规划绿地系统规划

（5）案例：靖江孤山空调小镇规划

景观规划结构为“十字绿轴、三核引领”——北三环与新建北路形成南北十字绿轴，三大主题绿色公园辐射周边；“多点辐射、绿廊纵横”——打造多个滨水绿色开放空间，以生态廊道串联。“水网密布、蓝绿交织”——绿色开放空间与河流廊道形成交织共融的可持续生态体系（图2.51）。

绿色生态商业街区：滨水商业空间利用水环境与商业功能互相结合，以周边特色商业功能促进河岸特色风貌的形成，同时结合滨水休闲功能与商业空间，发挥商业休闲的功能。

观游兼备的绿色游憩空间：以节点的形式，结合滨水广场、绿植围合的草地、亲水开放平台等形式，使休憩空间成为商业、居住、办公等空间的延续，观游兼备。

图2.51 靖江空调小镇景观规划结构

（6）案例：中国七星葡萄酒小镇规划

整体规划：城市设计的四个目标为葡萄酒展示博览小镇、双创研发科技小镇、文化体验旅游小镇、生态宜居特色小镇。

景观结构：“一核两心三轴一廊多节点”（图 2.52、图 2.53）。一核：结合葡萄酒广场打造公共景观核心。两心：爱情主题公园、葡萄酒主题公园。三轴：城镇功能展示轴、城镇特色风情轴、城镇公共服务休闲轴。一廊：结合居住区内部带状游园，打造城镇生态景观廊道。多节点：结合生态公园、休闲公园、风情广场、入口公园打造城镇景观节点。

（7）案例：智能模具小镇规划空间特色构筑——“引山融水”的现代乡愁空间

黄岩地处浙江省中部，为台州三区之一，被誉为“中国模具之乡”。

整体格局特色塑造：规划依托现有山水资源，将西侧划岩山、翠屏山的优质景观引进基地内，形成多条景观视廊；改造区内新江浦水系，形成环形放射状水系空间，

图 2.52　中国七星葡萄酒小镇城市设计整体规划总平面

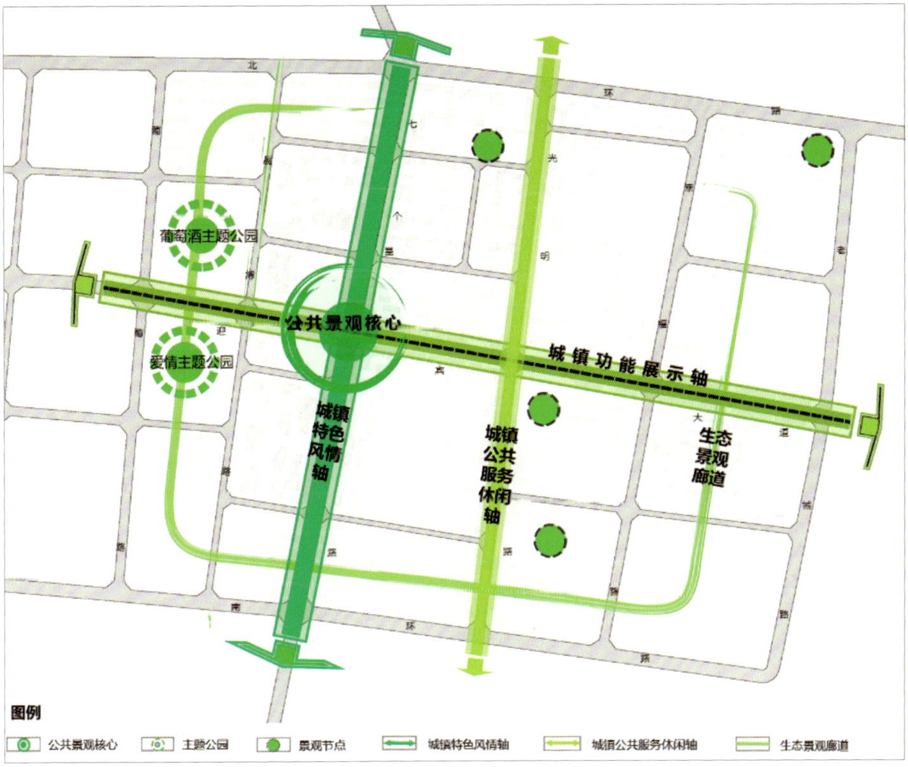

图 2.53 中国七星葡萄酒小镇城市设计景观结构规划

将生活配套、产业服务和科研创新功能空间有机联系在一起。同时，结合区内农田、水系，塑造错落有致、收放有序的绿地系统。如此，通过“引山融水”的整体空间格局、特色突出的重点区域设计，塑造一个融入自然的、生态的，同时有亲切感的、富有品质的小镇空间。

村庄的改造提升：规划区内分布着多个自然村庄，从目前的建设情况看，产业和村庄相互隔离、联动不足。规划认为村庄并非小镇拓展的障碍，而是小镇空间格局特色塑造的重点，即村庄可通过“美丽建设”手段，成为小镇配套的重要依托。在规划布局中，尊重现有村庄格局，在保留村庄整体风貌的基础上对部分保留建筑按照现代生活需求进行适当改造，打造模具小镇的特色配套功能。在交通组织上，与慢行空间、水系及农田相结合，引入山体景观和田园风光资源，通过各类功能的整合和交通的组织实现乡村与模具小镇的有机融合，形成“水、绿、村庄、人”相融合的智慧田园。

2）整体空间风貌塑造

（1）规划理念

地域文化作为小镇的精神向心力，是最重要的旅游吸引核。如果小镇文化与市场的大趋势能够达到契合，基本上可以确定小镇建成后将极具市场前景。特色小镇建设过程中不能漠视对地域特色的发扬和对人文精神的继承，而要结合地域文化特色，充分立足本地的文化资源禀赋，寻找小镇的文化制高点，挖掘文化内涵，形成属于小镇自己的文化性格。在此基础上，将文化基因植入小镇建设的各个方面和领域，增强小镇中居民和产业企业的文化认同感，并通过创新，赋予其时代精神，做好文化的强化、活化和品牌化。小镇建设的后续工作，包括建筑设计、景观打造、业态呈现等都要围绕核心文化进行延伸。

文化和民俗方面的深入挖掘是前期最难的工作，需要全面剖析小镇所在地域的文化进行归纳，从而找到项目独特的文化精神核心。而特色小镇，尤其是新兴产业小镇作为一种新型聚落，包容性极强，汇集了企业、机构相关工作人员和原居民等。他们来自不同的地区，有着不同的文化背景和风俗习惯，通常缺少共同文化凝聚力作纽带，缺乏对小镇的归属感。这就要求小镇文化建设在注重保护和弘扬当地优秀传统文化的基础上，把小镇各成员主体的共同相关点进行准确提取和再凝聚，形成一种共享的、融合的共同文化。

（2）规划原则

小镇的形象风貌是小镇内在属性状态的外在显现，直接体现了小镇的人文历史和品位意境，其规划设计应注重以下几个方面的把握。

①统一性原则。统一的风格是小镇建设的原则性前提，小镇整体规划、建筑设计、硬件设施都应当坚持“一镇一风格”。建筑、开放空间、街道、绿化景观和整体环境都要体现相应的特色并基本协调一致，具有较为统一和鲜明的风貌特征。新建建筑既要具有与时俱进的特点，又要与原有建筑及周边环境相配合，保证新旧建筑在整体上的一致性。

②集中性原则。特色小镇具有紧凑而明确的空间范围，是优势产业的发展聚集地，因此规划空间要集中布局，不追求满铺式的大面积建设，不能“大而广”，而要力求“精而美”。建筑尺度要人性化，满足生活化的使用需求。

③地域性原则。风貌的建设塑造要充分融入地域文化元素，根据小镇的历史文化和产业特征进行筛选提炼，确定适宜的建筑风格，运用优秀的空间形式、色彩肌理、装饰符号等，形成具有明显地域特色的建筑形式与景观风情，使小镇表现出典型的地域文化印记，在此基础上创造新的城镇空间形态。特色小镇的建筑风貌要充分利用当地的地形与地势，因地制宜地改造，而不是照搬城市的建设模式，在规划设计中要保留体现乡野村镇特点的地形地貌构成，突显小镇自然风光格局特色，巧妙利用借景造景等手法将自然风光引入小镇空间视野。建筑材料方面要充分体现本地化特征，利用如石材、木材、竹材料等当地原生材料。

小镇的公共空间和景观设计要符合小镇人群的现代生活和休闲趣味。对自然风景、公共设施、人文环境和民俗风情的景观元素进行合理搭配，促进城镇空间中人与自然的协调。对地域文化色彩浓厚的乡村景观，要根据其自然地理条件、民间传说、风土人情等方面的特色，注入文化渲染元素。公共空间中新增的人工景观应赋予民俗文化特色，点缀具有文化标志性的图腾符号等，将历史风貌与时代特色相结合，展现小城镇丰富的文化底蕴。

④保护性原则。对于古村落和建筑群要保留文物古迹和历史遗存，不可人为破坏和随意拆建，做好古民居建筑和古街道的合理修复修缮工作。实现传承历史文脉与创新城镇形象风貌的完美结合。规划设计中不能忽略小镇原有的空间结构，不能消解甚至打破原居民的生活生产方式，从而减弱居民对小镇的归属感。建设中需注意既保持原有居民所具有的生活习惯，又适应当代城镇区域建设的布局规划。

（3）规划方法

①进行城镇风貌现状分析。

②确定风貌规划的指导思想、规划目标和规划依据。

③确定城镇总体风貌的定位，包含对风貌现状的总结性评价，并对城镇风貌定位进行概念解说。

④对城镇风貌进行分区，包含各风貌分区的位置、特点、功能等相关内容。

⑤确定城镇风貌感知场所的划定、实现方式，建立观光路线系统。

⑥城镇历史人文景观风貌的整合规划。

⑦城镇色彩系统规划，涉及城镇色彩定位、基本准则、城镇色彩控制分区、城镇色彩构成要素及设计指引（含建筑外墙色彩、建筑屋顶色彩、绿化色彩、道路色彩、桥梁色彩、户外广告色彩、夜景照明色彩）的相关内容。

⑧城镇高度控制系统及城镇重要眺望景观规划。通过对城镇景观视线通廊的规划，完成对城镇制高点和城镇高层构筑物位置布局、城镇分区高度控制布局、城镇低视点视线控制区等相关规划，针对高层建筑控制需完成平面图与立体控制图示。

（4）案例：靖江孤山空调小镇规划街区风貌塑造

加密路网，形成宜人街区尺度。基于街道城市主义的理念，核心区特色街道空间分为两类，商业街道功能混合，布局公共空间，设置自行车专用道；景观休闲街道保证连续性，布局多样化活动场所，营造景观。小尺度 SOHO、LOFT 街区增加了街道的开放性（图 2.54）。

街道绿地分散布局的模式和街道有着更大的接触面积，让开放空间融入街道的公共生活。多元化的底层建筑功能使得 SOHO、LOFT 街区真正成为 24 小时活力街区。尊重原有建筑风貌，对建筑稍加改造、装饰，吸引艺术家和文化机构进驻，形成集居住、商业和艺术为一身的完整社区。

建筑风貌融入空调元素。运用解构主义理念将空调元素拆解、叠加、重组，衍化成风、风扇、机箱、风叶等元素。

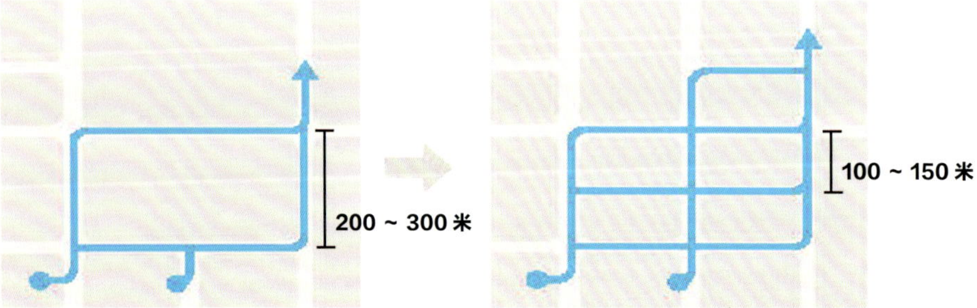

图 2.54 小尺度街区

城市家具渗透与融入空调元素。设置空调科技展览馆、会展中心等展示本镇的产业特色和科技实力。提炼空调元素，融入景观环境营造之中，设置具有空调元素的雕塑、景墙等，体现本镇的空调产业文化（图 2.55）。定期举办空调制造、科技研发等方面的行业交流会、博览会，进一步提升本镇在空调产业方面的影响力，强化本镇的特色产业文化。

图 2.55　空调概念景墙

（5）案例：中国七星葡萄酒小镇规划

界面体系规划特色突显。城市界面指道路两侧，由建筑或者开敞空间组成的连续的、线性的垂直空间，是游客和居民感知城市风貌的重要渠道，因此界面的控制是塑造特色空间体系构建的重要一环（图 2.56）。主要界面以十字形街道为景观主轴，包括城市形象展示界面、城市景观展示界面以及城市风情展示界面；次要界面是以城市次干路以及支路为主的综合性界面、生活性界面和景观性界面等。

贴线率控制：商业性界面，建筑贴线率应大于 80%；综合性界面，建筑贴线率宜大于 60%；生活性界面，建筑贴线率宜大于 50%；景观性界面，建筑贴线率宜大于 40%。

瞭望系统规划思路：通过城市广场、公园、标志性建筑以及空间视廊的打造，以突显葡萄酒文化为主线，融合花儿文化，寻找合理和特色化的城镇空间布局，形成独特的葡萄酒特色小镇的城镇风貌（图 2.57）。眺望系统重点控制引导三个要素：眺望景观目标、眺望观景点以及眺望视线廊道。眺望景观目标指地标性建筑和高层建筑，作为城镇风貌识别的关键性节点，包括葡萄酒交易中心、旅游接待、商业大楼。眺望景观点指对于控制城镇风貌有重要作用的观景点，包括葡萄酒主题公园、爱情主题公园、博览展示楼、剧院、休闲广场、风情公园、入口公园和小学校园操场等。

眺望廊道分为主要廊道、次要廊道，其中，主要眺望廊道是指连接眺望景观目标之间的视线通廊，共 3 条；次要眺望廊道是指连接主要观景点与景观目标之间的视线廊道，共 11 条。

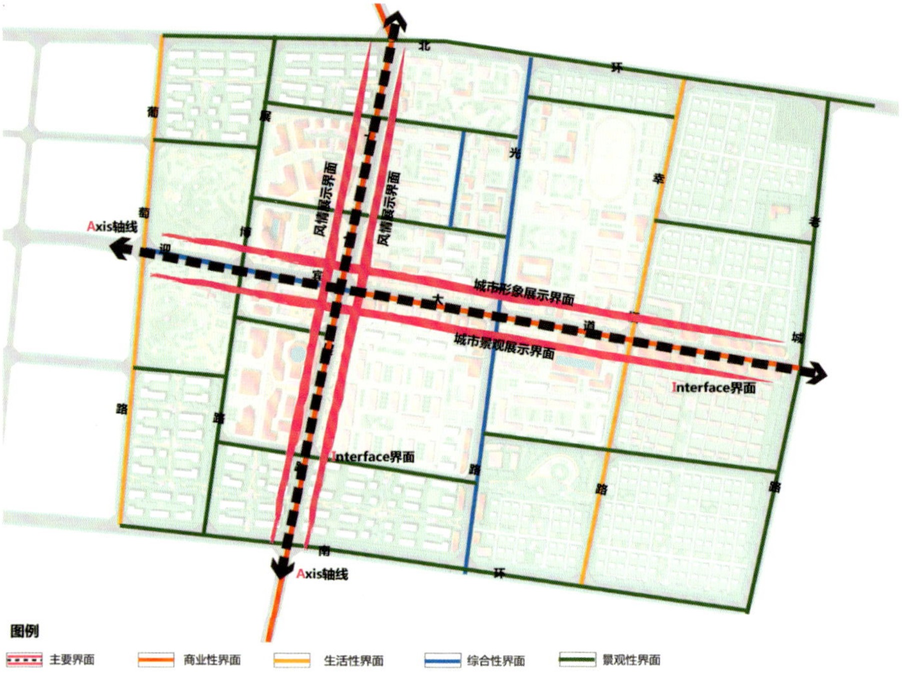

2.56　中国七星葡萄酒小镇城市设计界面体系

2.57　中国七星葡萄酒小镇城市设计瞭望系统

（6）案例：靖江生祠苑艺小镇总体规划

景观廊道是地区景观结构的“线”状元素，包括水景廊道和街景廊道。

水景廊道：水系贯穿整个特色小镇，水体及其两侧的公共开放空间和特色民居不仅是重要的休憩场所，也是地区景观的特色元素。滨水景观是一种稀缺资源，应当尽可能确保滨水空间的公共属性，在河道两侧形成公共开放空间，与建筑之间形成半私密空间，部分河道两侧设置跨河桥梁，使之形成连续的空间体系。两侧滨水地块应当设置不小于 20 米的滨水公共开放地带。滨水地带的竖向断面在满足防汛和安全要求的同时，应当营造亲水的休憩环境，并有助于强化空间和景观的多样性。实际建造时，要采用通透护栏替代实体堤墙，并在合适部位设置亲水岸线（包括台阶、埠头、平台和坡岸等形式）。

街景廊道：特色水街、苑艺特色街区是社区公共服务设施的空间集聚地带，应当尽可能地形成连续的界面，并在地面铺砌、街道设施、绿化水景配置等方面突出主要苑艺街道的景观特征，与其他街道形成鲜明对比（图 2.58）。

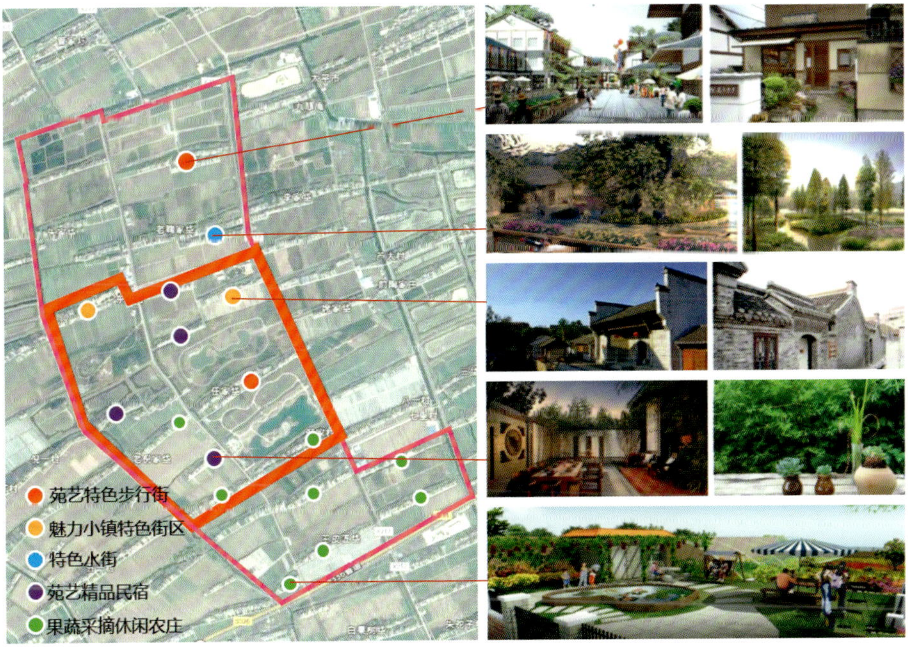

图 2.58　江苏靖江生祠苑艺小镇总体规划街道风貌模式探索

2.5.2 公共服务系统

1）公共服务系统的规划原则

公共服务是21世纪公共行政和政府改革的核心理念，包括加强城乡公共设施建设，发展教育、科技、文化、卫生、体育等公共事业，为社会公众参与社会经济、政治、文化活动等提供保障。公共服务以合作为基础，强调政府的服务性，强调公民的权利。社会保障作为保障人民生活、调节社会分配的一项基本制度，对实现社会公平正义、构建和谐社会具有重要意义。自党的十八大以来，我国加强了社会保障体系改革， 提出“坚持全覆盖、保基本、多层次、可持续方针，以增强公平性、适应流动性、保证可持续性为重点，全面建成覆盖城乡居民的社会保障体系”，使得以社会保险制度、社会福利制度、保障性住房制度、养老服务事业和残疾人社会保障服务体系为核心的社会保障制度改革方兴未艾。在此基础上，还需要对作为社会保障服务体系建设的物质基础的公共服务设施提供空间上的保障，最终使人们公平、可及地享有社会保障体系改革的成果。

特色小镇的公共服务系统需要满足其范围内居民对公共服务功能的“刚性”需求，按“镇－居住区－居住小区”三级标准，提供基础的教育、文化、卫生、社会福利等基本公共服务，实现公共服务均等共享。

因特色小镇特有的产业集群、空间尺度和风土人情，镇空间除保证基本公共服务功能，也需要因地制宜地满足特色小镇的“弹性”需求。以强化特色、发挥资源禀赋优势为目标，满足特色小镇“三生融合”（生产、生态、生活）和“四位一体”（生产、文化、旅游和一定的社区功能）的独特支撑要求。

其中公共服务设施体系的“刚性”需求依据各地城市规划管理技术规定、镇规划导则，满足规范标准分级分类配置，实现公共服务设施正常启动运营。“弹性”需求依据特色小镇的自身特点，确定用地规模，提高配置标准，打造核心景观。

每个特色小镇在培育时需要对规划目标进行分解，公共服务系统对当地特色产业、传统文化、生态环境保护提供相应的支撑，以完善的公共服务设施构建宜居环境。实现产业的健康发展，吸引更多人在小镇长期居住，吸纳农村剩余劳动力，让小镇居民享受到更好的公共服务。

2）公共服务设施的分类规划要点

公共服务设施种类繁多，为了方便总体布局和系统配置，一般是按照用地性质和分级配置的需要加以分类。

影响城市公共服务设施用地规模的具体因素包括特色小镇的城市性质、小镇的规模、经济发展水平、居民的生活习惯、空间布局等因素。有时产业定位对公共设施规模的影响是决定性的，对于大多数特色小镇来说，其公共服务设施既包括服务于区域的非地方性公共设施，又包括服务于当地居民的公共设施。

（1）行政办公设施

如行政管理、党派、团体、企事业管理、各专项管理机构、居委会等办公用地。

一般每 5 万～ 10 万人应独立设置 1 处派出所，用地规模 2000 平方米，1 处街道办事处，用地规模 2000 平方米。每 5 万人应设立 1 处社区服务中心，用地规模 600 平方米。其中街道办事处和社区服务中心可以合设为社区行政管理中心，包括街道办、工商、税务、社区服务中心等，一般用地规模 3600 平方米。

在人口规模较大的特色小镇，还可能增加城市级或片区级所需的相应设施。

（2）文化设施

包括公共图书馆、博物馆、档案馆、科技馆、纪念馆、美术馆、展览馆、会展中心、文化活动中心、文化馆、青少年宫、儿童活动中心、老年活动中心等。一般每 5 万人需设 1 处社区文化活动中心、青少年活动中心（含图书馆、信息苑），一般用地面积 5000 平方米，可以与商业金融合设为社区公共活动中心。每 1.5 万～ 2.5 万人应设 1 处文化站，满足 500 米服务半径。

弹性需求：重点建设一些高品位的综合型公共服务设施，提高特色小镇的归属感、吸引力和活力。

例如在绍兴上虞 e 游小镇规划中，可以看出服务于居住小区的文化服务设施大多与商业设施合设，只有服务该小镇产业等其他功能中心时，才以独立的会展用地和文化休闲用地形式与社区绿地广场等开放空间结合设置，并且文化设施用地临近商务商贸用地（图 2.59）。

（3）教育设施

包括高中、初中、小学、幼儿园。每 5 万人应设 1 处高中，一般用地规模 3 公

图 2.59　绍兴上虞 e 游小镇规划用地

顷。初中应满足 1000 米服务半径，每 2.5 万～ 5 万人需设 1 处，最小用地规模 2 公顷。每 1.5 万～ 2.5 万人应设一处小学，满足 500 米服务半径，最小用地规模 2.2 公顷，最小服务规模为 1.5 万人的独立组团。每 1 万人应设一处幼儿园，最小用地规模 6500 ～ 7200 平方米。

镇应建设高中、初中、小学、幼儿园。村幼儿园、中小学校建设应该符合《中小学、幼儿园安全技术防范系统要求》《农村普通中小学校建设标准》等要求，并符合国家卫生标准与安全标准。

杭州大江东职教小镇的空间布局方案可以体现特色小镇对教育设施的空间布局安排，基地东部小镇生活片区内设置幼儿园和中小学设置，而中职、高职和混合所有制学校作为非地方性公共设施，位于更靠近生态绿廊的独立职教片区（图 2.60）。

弹性需求：可以根据特色小镇自身产业定位，对其教育设施进行特色化升级。例如，杭州玉皇山南基金小镇开通了国际医保服务，推行证照一站式办理，将普通小学改造提升为双语小学，“零距离”“零时差”为小镇企业服务，集聚了大批顶级私募机构以及包括莫言在内的一批知名文化人士。

图 2.60　大江东职教小镇空间布局

（4）体育健身设施

特色小镇可每 5 万人配置 1 处综合健身馆，一般用地规模 2000 平方米。每 5 万人应设 1 处游泳馆，一般用地规模 3000 平方米。每 5 万人应设 1 处运动场，一般用地规模 7000 平方米。社区可以将这些设施合设为 1 处社区体育中心，包括健身馆、游泳馆和运动场，一般用地规模 1.2 公顷。每 1.5 万 ~ 2.5 万人应设 1 处健身点。

弹性需求：可建设多馆合一、全民健身活动中心等高级体育设施。社区级和城市级体育设施可以与其他公共服务设施及公园绿地合设，增加居民使用率。

例如，在职教小镇采用集中共享设施和小镇与校园互融的方式。共享区涵盖教育科研、公共设施、生活服务、效率管理四大类功能，约 16 个子项目，共享区总用地面积需 35 ~ 40 公顷，覆盖了呼声最高的共享设施，如图书馆、体育馆、游泳馆、学生活动中心、音乐厅等大型公共设施（图 2.61）。

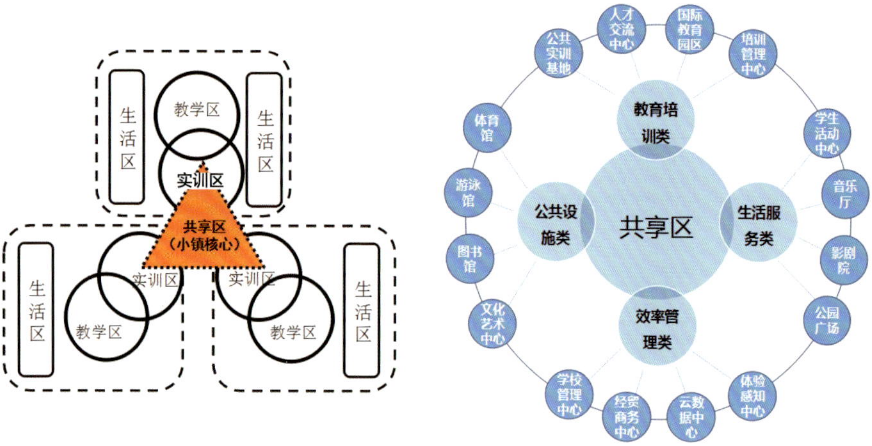

图 2.61　大江东职教小镇体育健身设施与其他公共服务设施合设分析

（5）医疗卫生设施

每 5 万人应设 1 处社区卫生服务中心，一般用地规模 4000 平方米。对医疗服务要求较高的社区可以设置社区医疗卫生中心，包括社区卫生服务中心、卫生防疫站、卫生所，一般用地规模 5000 平方米。每 1.5 万 ~ 2.5 万人应设 1 处卫生服务站。镇内应建设社区卫生服务中心或乡镇卫生院。

弹性需求：可建设休疗养院、专科诊所。

（6）商业设施

镇需建设超市，食品店，生产资料，建材，日杂商店，粮油店，药店，燃料店，文化用品店，书店，综合商店，宾馆，旅店，饭店，饮食店，茶馆，理发馆，浴室，照相馆，百货市场，蔬菜、果品、副食市场等。一般每 3 万 ~ 5 万人应设 1 处商场、超市、银行，保险，证券营业所，一般用地规模 0.8 ~ 1.5 公顷。每 1.5 万 ~ 2.5 万人应设一处生活服务中心。每 1.5 万人应设 1 处室内菜场，一般用地规模 2500 平方米。

商业设施可以与文化设施合设为社区公共活动中心，主要包括文化、商业、金融空间，一般用地规模 2 公顷；若再包括行政管理、体育空间，则一般用地规模 3.5 公顷，可结合社区绿地广场等开放空间建设。

例如在黄岩模具小镇规划中，社区公共活动中心（生活服务中心）与人才公寓及产业园区里的员工居住社区结合设置，而特色商业街区和商务服务中心与产业园和商住配套之间具有空间联系（图 2.62）。

图 2.62　黄岩模具小镇规划功能平台分析

（7）商务设施

特色小镇需配置银行、信用社、保险机构等商务服务设施。

弹性需求：影视制作、广告传媒、贸易、设计、咨询等。

例如，靖江市生祠苑艺小镇将商业商务用地与其产业互为支持，采用商务合作、会展展销、创意营销等形式形成规模化市场，促进苑艺产品消费。并建设旅游服务建筑，用于旅游服务、酒店疗养、养生地产、园艺疗养（图 2.63）。

图 2.63　靖江市生祠苑艺小镇配套商务设施规划

（8）公用设施

需满足刚性需求，建设加油加气站、电信、邮政、供水、燃气、供电、供热营业厅等设施。

（9）其他服务设施

养老设施应每 5 万人设 1 处社区养老院，一般用地规模 4000 平方米。有条件的社区可以设置 1 处日间照料中心，服务于 3 万～5 万人，服务半径约 1000 米。每 1.5 万人设一处老年活动室，一般用地规模 2500 平方米。服务半径约 500 米。

此外还可以因地制宜地设置业余学校、培训机构、私人诊所、宠物医院、汽车维修站等服务设施。

2.5.3 道路交通系统

交通的任务不仅限于满足基本的通达需求，还要引导交通方式和生活模式的转变。在特色小镇的建设中，道路交通系统的综合控制作为对空间活动整体管理的重要一环，反映了居住群体对环境响应的结果，应该应用于提升居民生活质量及促进城镇运转的整体利用情况。

道路交通系统体系复杂，针对机动车、非机动车和行人的设施都是这个系统中的重要组成部分。慢行系统和车行系统之间必须相互配合、协作，才能保证这个系统的完整和高效运转。

建设特色小镇时，需要根据具体情况，注重以下几个方面。

（1）快慢有致的道路交通体系

构建性质分明、系统明晰、密度合理、快慢有致的道路交通体系。

（2）清晰的通道景观体系

交通通道的功能决定了通道的景观。为景观等级与功能等级建立对应的关系，使各级通道的景观各富特点，易于人们理解、识别。

（3）易于识别的交通系统

加强地标景观、标识、路名的可识别性，使其能够出色地表达地方特色，增加人们对当地的认同感，方便地借助它们判断方位。

（4）完善的人行系统

改变重视车行、轻视人行的现状，创造安全舒适的步行环境，完善连续的、安全的、舒适的人性环境，打造小镇的特色名片。

（5）减弱对外交通的负面影响

针对对外交通的特征，通过各种方式，保证内部交通的通畅、安全，协调内外交通的衔接。

1）慢行系统

新城市主义规划思想曾经提出要逐渐压缩机动车使用道路资源，让道给自行车出行和步行，即构建城市慢行系统。我国 19 世纪末的自行车使用热潮，曾使城市慢行车道极度繁荣。随着近年来共享单车的崛起和风靡，自行车出行比例有明显提高，这挽救了已经处在衰落时期的慢行交通。

慢行规划，旨在通过慢行线路断面设施的设计组织慢行系统，连接功能区域。而慢行系统的理念，在布局层面体现为所服务的功能、景观节点资源的数量与区域交通的兼容度，及道路本身的可达程度。在特色小镇的规划中，慢行系统是根据整个城镇的空间格局，及其公共服务功能区域的分布规律，呈现其基本的出行方向，联动重点使用的出行道路。构建密集网络化的慢行系统，体现特色小镇的休闲特征和宜人的尺度，提供完善、便捷、舒适的人行和自行车网络，创造与小镇生活方式相匹配的安全、便捷、生态、舒适、优美的人性化出行环境。

（1）设计原则

连续可达原则：确保步行系统的连续畅通，使步行、自行车系统与城镇公园系统、城镇公共服务设施场所和其他交通方式相结合，形成完整体系，突出城镇生态与休闲特色。

步行优先原则：在重要的公共活动区域设置步行优先区，倡导步行街区理念，强调步行和自行车系统在人流集中的中心地区、特色地区和公共服务空间的通达性。

绿色生态原则：以人为本，节能环保，展现可持续发展的理念，凸显特色小镇的生态特色。

（2）设计布局模式

设置连续的步行系统、自行车道，将滨水景观带、公园绿地等开放空间节点、核心商业区和公共设施有机连接起来。漫步其中，体现小镇本土特色化特征；增加步行性道路，打造景观性林荫大道，形成商业街区、重要景区的良好步行环境；与机动车交通道路整体设计的步行与自行车系统，在道路红线内统一安排；与景观性道路整体设计的专用步行与自行车系统，一般结合道路红线和两侧的绿化（水面）用地统一安排。步行系统可结合路侧绿化带（含水环境设计）在适当位置或近水面布置；自行车系统可在道路红线内或结合绿地环境设计安排。

以云南宜良九乡旅游小镇的交通体系为例（图 2.64），其慢行系统分为两个类型，即内部的电动车系统和步行、自行车系统。低碳慢行是基于慢行道路系统而延伸出来的，是小镇发展的趋势，有利于小镇的低碳和可持续性发展。这个案例的特色在于形成了小镇慢行系统的不同层级，在由电动车道形成的慢行基本骨架的基础上，纵横密布着丰富的步行道路。环形机动车道和混合车道可以迅速沟通小镇的各个区域，这种布局也形成了沟通慢行道路及车行道路的有效连接。

以靖江市孤山“空调小镇”慢行系统为例，其以现有水系及绿带为基础构筑小镇的慢行系统及景观体系，串联区域内各步行节点、服务中心及节点建筑（图 2.65）。

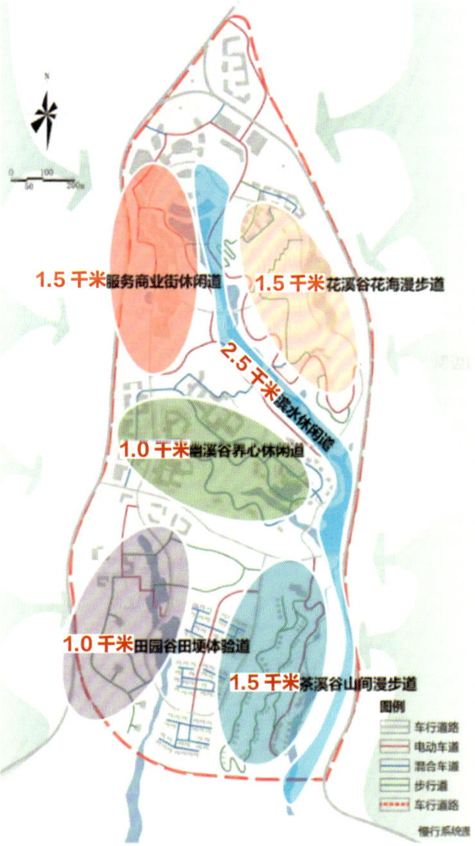

图 2.64　云南宜良九乡旅游小镇交通规划

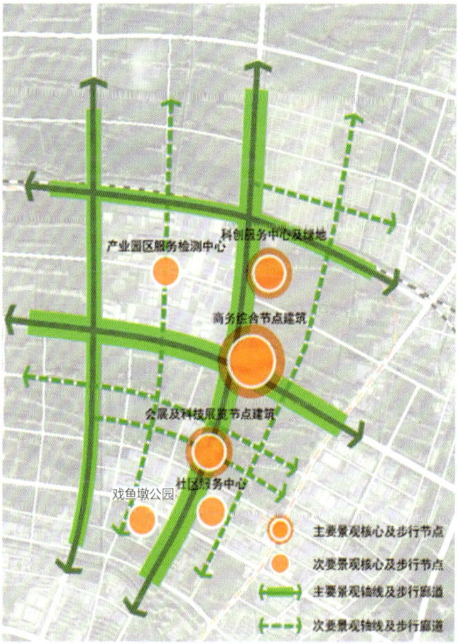

图 2.65　靖江市孤山“空调小镇”慢行系统规划

（3）慢行系统的景观及服务设施要求

强调步行和自行车系统结合当地山水格局，利用良好的自然景观，与各功能景点相联系，形成步移景异的特色休闲城镇环境景观。强调对步行和自行车专用系统进行整体设计，控制空间尺度、地面铺装和环境绿化特征，形成安全、舒适的特色小镇风景线。

以中国七星葡萄酒小镇为例，其步道两侧种植行道树和地被植物，在重要路段种植复层植物群落，起强调与提示的作用；于重要路段设置景区方向牌标识，提醒游客园区交通状况（图 2.66）。

同时，步行系统需结合公园绿地系统和公共服务设施设置。自行车系统需结合城镇功能场所安排自行车停车场；强调在公交站附近安排自行车（及共享单车）停放场地，以方便市民和游客进行自行车与公交换乘，提供公交服务和步行、自行车系统相结合的绿色城镇交通服务。

2）车行系统

根据对现有道路交通条件和区域规划交通体系的研究，打造特色小镇时要注重对车行交通系统进行梳理和完善，协调对外交通和内部交通的关系；对不同等级的道路景观设计提出指引，形成鲜明的 特色。

（1）设计原则

交通分流原则：过境交通与内部交通分流，快速交通与慢速交通分流，支持城镇分区特色的形成。

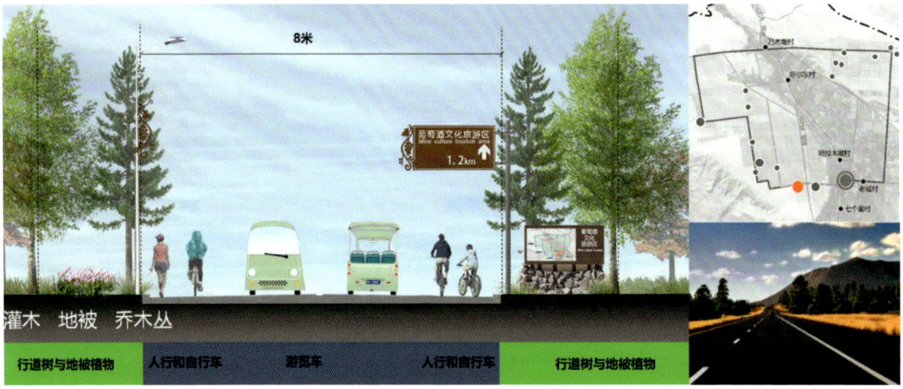

图 2.66　中国七星葡萄酒小镇规划主要道路断面

以杭州云谷小镇城市设计为例，其组织了快、中、慢、三个层次的交通体系（图2.67）。其中，快速路线（80 千米 / 时）通过外围疏解过境交通，中速路线（30 ~ 50 千米 / 时）是通过轨道交通串联城市组团，慢速路线（5 ~ 10 千米 / 时）在镇区中央构建完全的慢行绿谷。多层次的交通体系打造了以公交和慢行为优先的交通方式。

可持续发展原则：以现有道路为基础，综合考虑城镇建设需要、历史与环境价值、现有土地利用条件、建设时序等综合因素，进行道路规划，注重保留文脉和与现实发展结合，并对支路网规划留有弹性。

景观性原则：各级道路系统在满足交通需求的基础上，应注重特色景观的设计。

（2）设计布局模式

针对交通性的干道采取以快为导向的方式，保障机动车有足够的通行断面，还要利用硬质或绿化隔离行人与非机动车，保证道路的安全通行。

以阿勒泰市第一牧场特色小镇为例，其道路交通规划梳理了原有路网格局，完善了路网体系；主干路支状布局，干路联系成网，支路顺应肌理，形成有机路网；停车设施布置在核心区外围（图 2.68）。

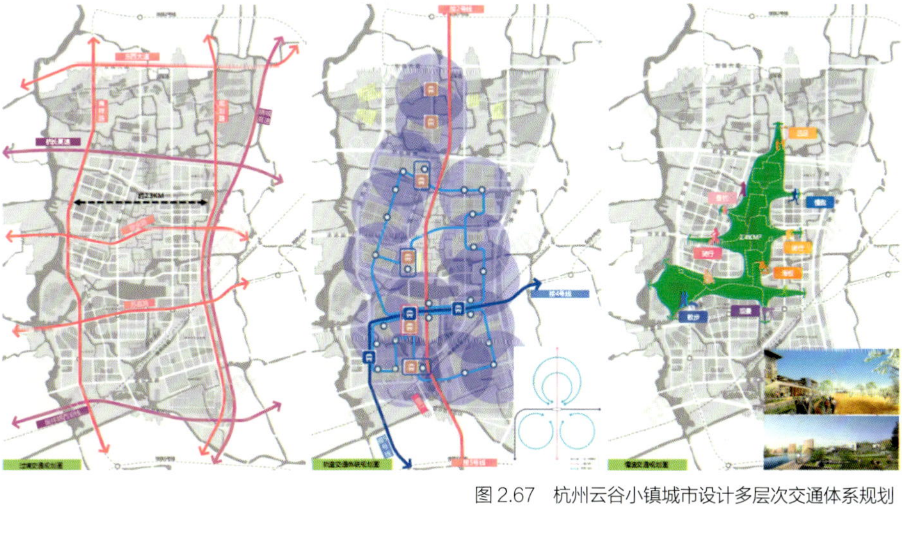

图 2.67　杭州云谷小镇城市设计多层次交通体系规划

对于慢行比例较高的干道与支路，采取快慢并举的发展方式，采取必要的措施来保障公交、慢行的良好衔接、协调。

对于慢行比例很高的支路与慢行区（学校、大型社区、商业中心等）内的道路采取以慢行为导向的方式，让慢行者优先，适度限制机动车出行，行人和机动车宜采用分离通道。

图 2.68　阿勒泰市第一牧场特色小镇规划设计道路交通规划

以阿勒泰市第一牧场特色小镇为例，其旅游公共服务区（核心区）内强调以人为本，注重人行空间，塑造宜人街道空间，兼顾部分车行；主要车流从外围绕行，并在主要入口处设置停车场（图 2.69）。

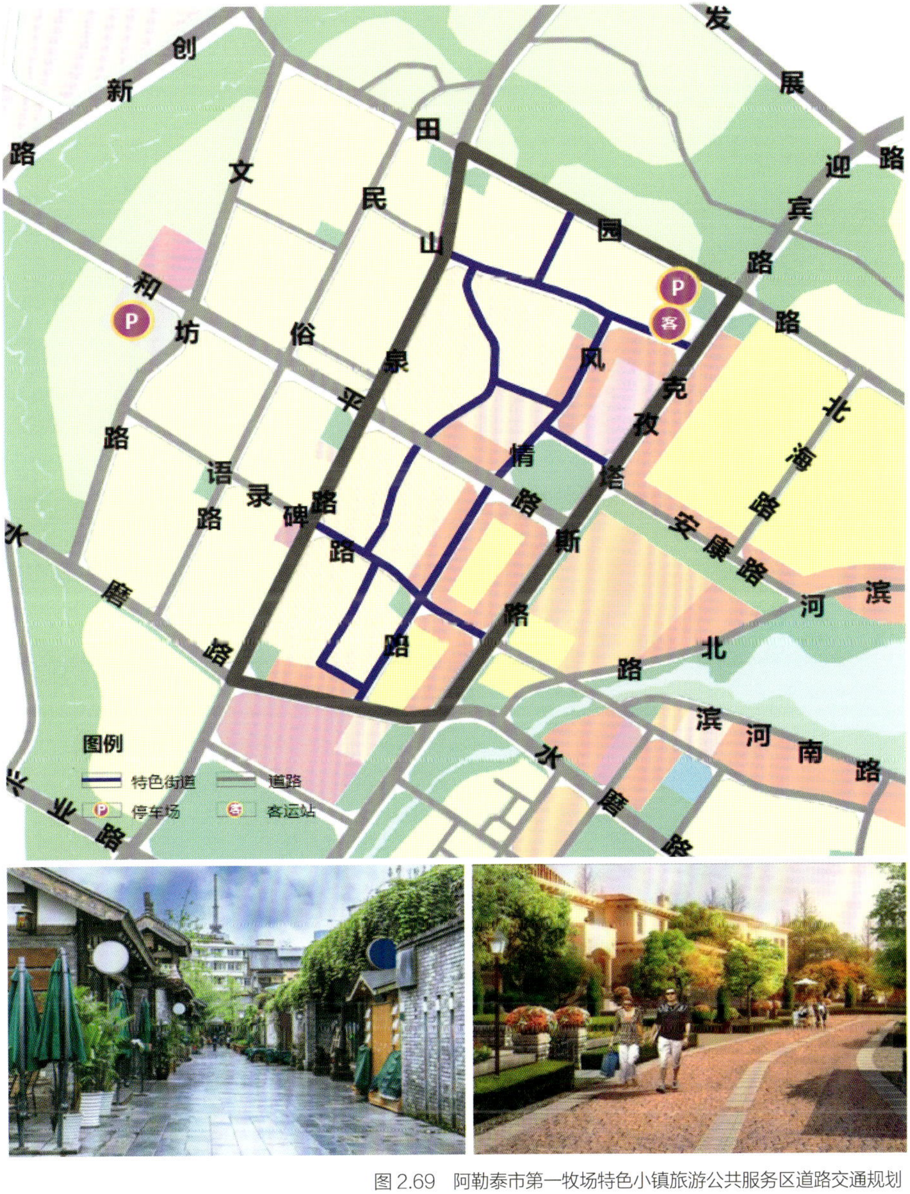

图 2.69　阿勒泰市第一牧场特色小镇旅游公共服务区道路交通规划

提倡以公共交通为主导的城镇交通服务体系，公共服务设施与公交站点的设置结合起来，使城镇居民通过公共交通可以到达日常生活所需的各类公共设施。

以云南宜良九乡旅游小镇为例，游客经大巴换乘枢纽通过规划的游览路线，有两个方向可供选择：民俗小镇方向和自驾营地—茶溪谷方向。两个路线所涉及的服务片区均提供餐饮服务及部分住宿服务，并提供不同主题的旅游体验，最后均能使游客到达酒店集群住宿（图 2.70）。

沿城镇中心区设置大型社会停车场地，在地块内部均设有地下停车与少量地面停车，以满足静态交通需求。

云南宜良九乡旅游小镇形成了三大形态的静态交通：公共停车场（100 辆大巴 +1000 辆小汽车）、立体停车楼（100 辆大巴 +2000 辆小汽车）、地下停车库（3000 辆小汽车）。为保护现有地形，综合服务中心布置高效的大型换乘枢纽，停靠外来小汽车及大巴车；次入口结合地形布置立体停车建筑，满足换乘、养护、商业配套服务等需求；度假酒店集群布置少量地面停车，并修筑地下停车库以满足入住客流的停车需求（图 2.71）。

（3）车行系统的景观及服务设施要求

对外交通性道路包括省道、城镇外环路，以快速交通为主要功能，具备适合快速车行（时速 80 千米以上）的景观特征。

①在快速路进出不同区域的门户位置和快速路交叉点位置应布置凸显道路穿越区域性质的广告牌，在活跃街道气氛的同时可以增强区域的识别性。

②道路两侧应设置茂密连贯的行道树，形成郁郁葱葱、连续的道路两侧景观。

③公路中央隔离带种植茂密的植物，以防止对面行驶车辆的眩光影响，并美化道路环境，同时应保证中央隔离带足够宽阔，以便于中央隔离带植物的维护。

④快速路容易对道路周边用地产生噪音影响，在住宅区和部分敏感地带应布置隔音装置，或利用植物和自然坡地降低噪声污染。

城镇交通性道路包括方便联系外部交通、并承担县城各组团间交通联系的城镇主干路，主要承担交通功能，生活功能较弱，具备适合快速车行（时速 60 ～ 80 千米）的景观特征。

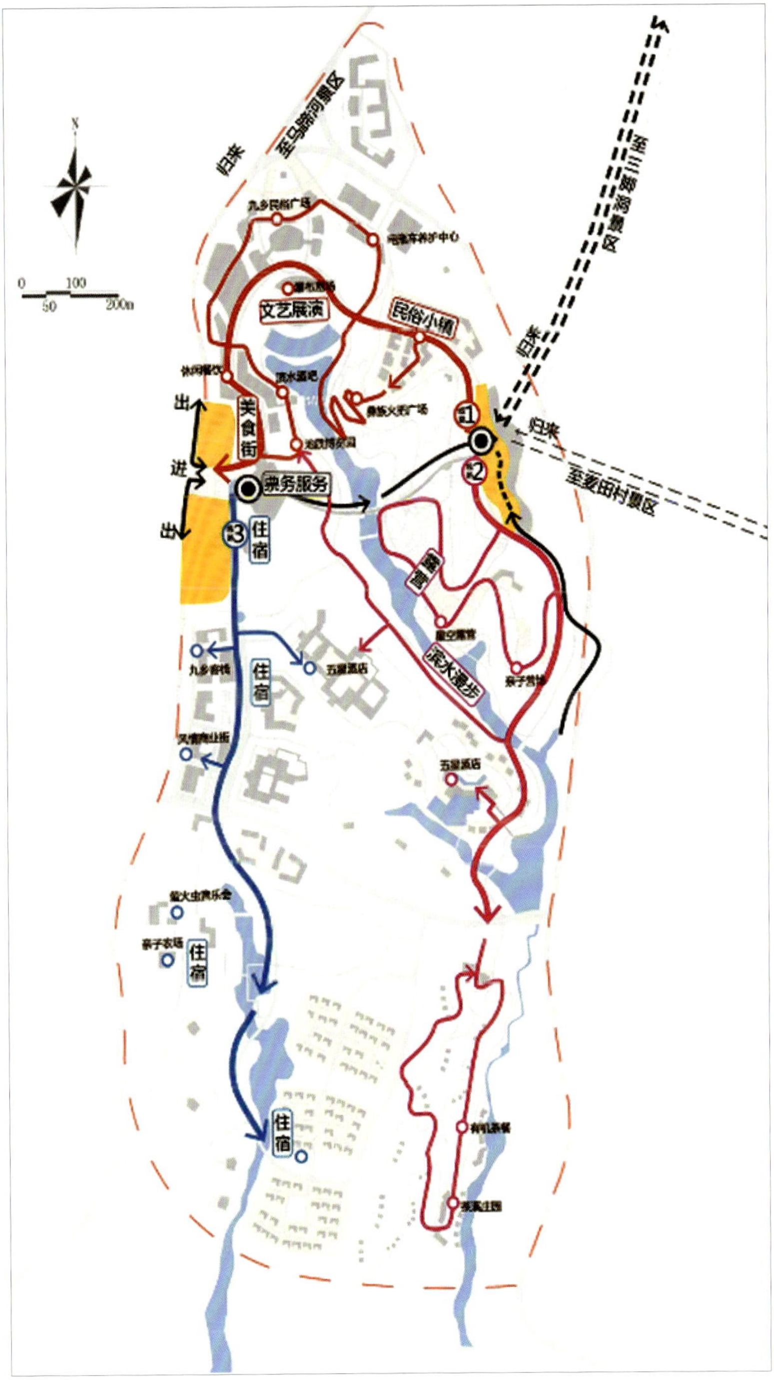

图 2.70　云南宜良九乡旅游小镇换乘规划

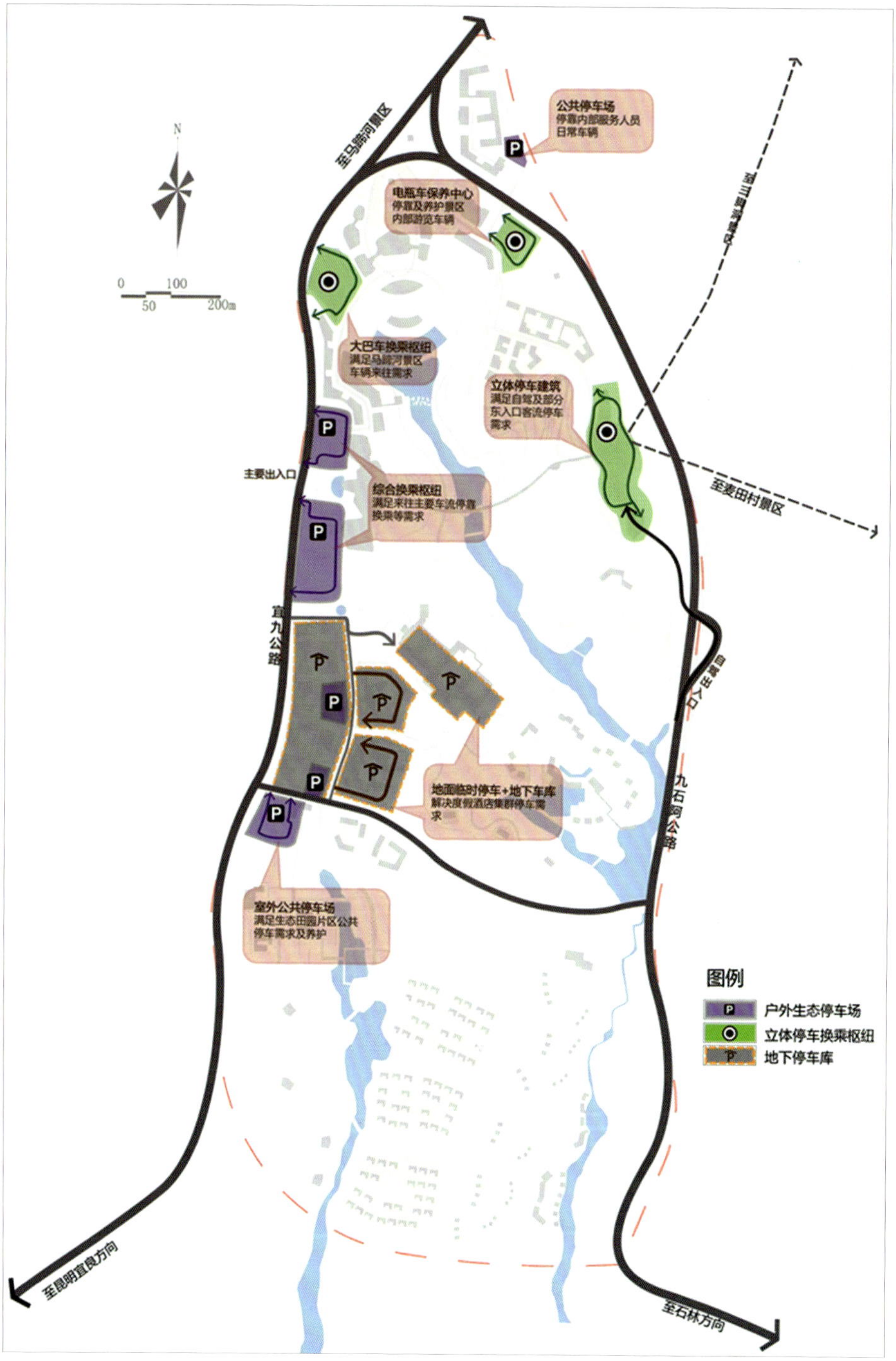

图 2.71　云南宜良九乡旅游小镇静态交通规划

①为了解决在市区内快速行车的问题，设较宽的中央绿化带。

②与两侧建筑之间设置较宽的绿化缓冲隔离带，防止噪声、汽车尾气等污染。

③两边建筑主要为商业建筑，考虑步行系统的设计、广告牌与灯光的设置。

城镇生活性主要道路包括联系各公共活动空间、工作地、居住区的城镇主干路，是居民公共生活出行的主要路径，具备适合中速车行（时速 30 ~ 60 千米）的景观特征。

①同时考虑车行需求和步行的功能，道路两侧布置具有连续树冠的行道树。

②道路中央隔离带可采用栅栏或是简单的中央绿化带，避免大面积的中央绿化带占用道路用地；同时因主干路两边会有人行穿越，因此在设计时应避免茂密的树木遮挡视线造成危险。

③合理布置停车场区域，鼓励尽量在街区内部解决停车问题。

城镇生活性次要道路包括城镇次干道、支路及内部服务性道路，以城镇内部的交通和生活为主要功能，具备适合低速行车（时速 30 千米以下）、骑自行车和步行的景观特征。

①应重视交通性、景观性与良好的步行环境的协调。结合现有用地情况、用地功能以及土地出让等城镇需求，适当均衡布局，与城镇主干路网整体构成城镇交通的主要支持系统。以满足城镇交通微循环，直接服务地块的交通需要为主要功能。

②步行道的空间设计须强调连续性，避免不恰当的小品设计和店面前停车阻挡人行路线。

③次干道两侧会有频繁的行人穿越，应在人流集中地带采取车辆减速措施，如减速铺装、临时过街灯、斑马线等，确保行人过街安全。

④加强小尺度街道空间的营造，通过例如地面照明、书报亭、座椅、垃圾桶、电话亭等街道设施的布置为行人提供方便宜人的街道空间。

3）特色小镇的特色出行方式

部分特色小镇还需要考虑打造独特的交通出行方式，并配备相应的设施场地，如水路游线、驿站骑行等。以自驾游出行为例，旅居营地（服务于房车、自驾车、帐篷）

需要按照便于汽车出入、营造安全舒适的环境和方便游客活动的原则进行选址。

以云南宜良九乡旅游小镇为例，可以发现特色小镇拥有十大特色通行交通（图2.72）。

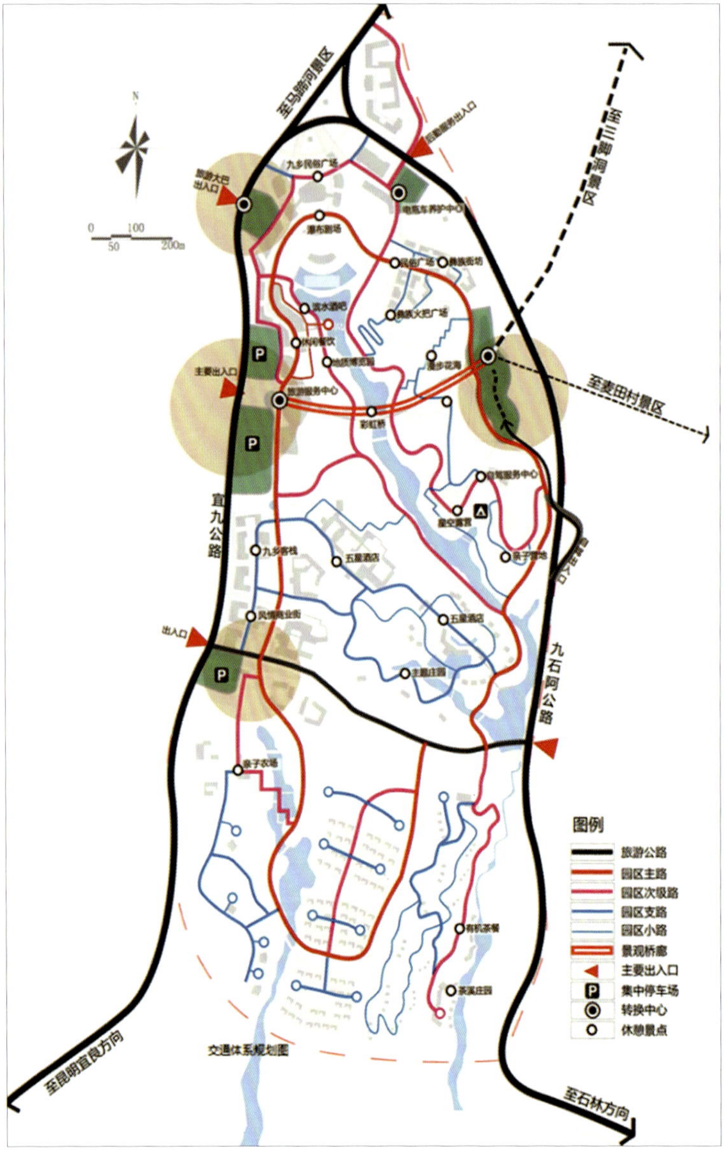

2.72　云南宜良九乡旅游小镇特色通行交通规划

①旅游大巴：基地西区马蹄河景区的重要旅游交通工具；

②地轨：景区至三脚洞景区的主要旅游通行方式；

③索道：景区至麦田村景区的主要旅游通行方式；

④外围旅游公路：宜九公路和九石阿公路是基地与外部联系的主要通道，分别联系昆明宜良、石林风景区；

⑤停车场：布置三处大型公共停车场，解决外来游客停车换乘、疏散等需求，分别位于综合旅游服务中心、生态田园综合体片区，其他区域结合立体停车楼分别布置三处换乘枢纽停车场站；

⑥园区主路：串联园区主要景观及服务片区，形成通畅的环状主路；

⑦园区次级路：分布于各服务及景观片区的内部旅游道路；

⑧园区支路：滨水步道、组团路、山间步行道等组成园区支路；

⑨园区小路：解决布局高差的、静谧的功能片区专属路；

⑩景观桥廊：规划彩虹桥、步行栈道等立体交通系统，打造层次丰富的观景、通行系统。

2.5.4 市政设施系统

城市化是当今中国经济社会发展的主旋律。21 世纪前 20 年将是中国城市化的迅速推进期，城市的一切物质生产和人民生活都建立在市政基础设施这一载体之上，市政基础设施在城市发展过程中可以起到积极的引导作用，现阶段随着我国城市化进程的飞速发展，市政基础设施建设由被动适应向主动引导转变，以土地规划与开发为先导，配套完备的基础设施建设，引导城市人口、资本等社会经济要素催生新的聚集和整合，有利于城市功能的调节和城市经济、社会资源的优化，引导城市可持续和谐发展。城市市政基础设施规划是一个动态的过程。目标只是对城市市政基础设施以及整个城市发展的一种预期，随着规划的逐步实施，规划观念的更新和环境的变化，规划的目标应不断调整和不断修改，在此过程中规划也不断趋于完善。

特色小镇是我国城镇化进程中具有鲜明时代特征的模式，特色小镇的建设对于提高我国城镇化建设水平，特别是小城镇的发展，具有积极推动和促进作用。工业化和城镇化是推动我国社会经济发展的关键方式和途径，随着我国工业化进程进入后工业化时代，工业化对我国经济发展的促进效应正逐渐减缓，工业化在转型升级及智能化发展。国家将特色小镇上升到国家战略层面，说明特色小镇的发展模式在推动我国城乡发展、供给侧改革，带动基础小城镇转型升级的过程中有明显的促进作用。特色小镇的建设模式中，特色产业是发展的核心驱动力，但由于政策性比较强，政府部门对小镇的投资收益及建设效果考核比较严格，期限较短，导致地方往往只注重产业发展、旅游资源的建设，而忽视了基础设施系统的建设与完善。

1）给水工程

（1）规划内容

特色小镇集中给水工程规划的主要内容应包括：预测小镇的用水量；进行水资源与用水量供需平衡分析；选择水源，提出水源保护要求和措施；确定水厂位置、用地，提出给水系统布局框架；布置输水管道和给水管网。

（2）水资源

小镇水资源应包括符合各种用水水质标准的淡水水源（地表水和地下水），及经过处理后符合各种用水水质要求的水资源。水资源和用水量之间应保持平衡，当特色小镇和周边镇区水源在规划区以外，应进行区域或流域范围的水资源供需平衡分析。

（3）用水量

给水工程统一供给的综合生活用水量宜进行人均综合生活用水指标预测，并结合特色小镇的地理位置、水资源状况、气候条件、社会经济水平、公共服务设施水平、居民经济收入、居住生活水平、生活习惯等综合分析比较选择指标。

特色小镇用水量预测可在综合生活用水量预测的基础上，通过按相关因素分析或类似比较确定的综合生活用水量与总用水量比例或其与工业用水量、其他用水量之比例，测算总用水量，其中，针对特色产业的小镇工业用水量也可单独采用其他方法预测。

估算特色小镇总体规划给水工程统一供水的给水干管管径或预测不同性质用地用水量，可按不同性质用地用水量指标确定。特色小镇统一供水部分所要求的用水量为最高日用水量除以日变化系数，再乘以供水天数，日变化系数可取 1.6 ~ 2.0。

（4）给水系统

给水系统应满足特色小镇的水量、水质、水压及消防、安全给水的要求，有地形可供利用时，宜采用重力输配水系统。活水管网布置应服务小镇的规划发展要求，为分期发展留有空间和余地；干管的方向应与给水的主要流向一致，管网布置应统筹分析、比较确定，根据条件，逐步布置环状管网（图 2.73）。

（5）水源地与水厂、泵站

特色小镇的水厂设置应以所在地区、镇的总体规划为依据，统筹区域水厂，不单独设置水厂的小镇可酌情设配水厂。当配水系统需设置加压泵站时，其位置宜靠近用水集中地区；泵站用地应按规划期给水规模确定，用地指标按相应规范，结合实际情况选定；泵站周围应设置不小于 10 米的绿化带。

图 2.73 特色小镇给水工程

2）排水工程

（1）规划内容

排水工程规划的主要内容应包括划定特色小镇排水范围、预测排水量、确定排水体制、排放标准、排水系统布置、污水处理方式和综合利用途径。排水工程规划范围应与当地总体规划范围一致；当污水处理厂或污水排出口设在规划范围以外时，应将污水处理厂或污水排出口及其连接的排水管渠纳入排水工程规划范围。

（2）排水量

排水量应包括污水量和雨水量，其中污水量应包括综合生活污水量和工业废水量。综合生活污水量宜根据综合生活用水量乘以排放系数（0.75 ~ 0.90）确定，工业废水量宜根据工业用水量乘以排放系数（0.70 ~ 0.90）确定。综合生活污水量和工业废水量还可按其他方法计算确定。

雨水量宜按当地或地理环境、气候相似的所属城市或邻近城市的标准，按下式计算确定：

$$Q=q \cdot \Psi \cdot F$$

式中 Q——雨水量（升 / 秒）；

q——暴雨强度（升 / 秒 · 公顷）；

Ψ——径流系数；

F——汇水面积（公顷）。

（3）排水体制

特色小镇的排水体制应根据所在城镇总体规划、环境保护要求、当地自然条件和废水受纳体条件、污水量和其水质及原有排水设施情况，经技术、经济比较确定。

排水体制原则上一般宜选分流制；经济发展一般地区和欠发达地区短期或中期可采用不完全分流制，有条件时宜过渡到完全分流制；某些条件适宜或特殊地区可采用截流式合流制，并应在污水排入系统前采用化粪池、生活污水净化沼气池等方法进行预处理。

（4）污水处理与雨污水利用、排放

排水规划应结合当地实际情况和生态保护原则，考虑污水处理和雨水资源的综合利用途径。污水处理应因地制宜也选择经济、合理的处理方法，属于城镇较集中分布的特色小镇应在区域规划优化的基础上联建区域污水处理厂（图 2.74、图 2.75）。

不同地区、不同等级层次和规模、不同发展阶段的特色小镇排水和污水处理系统的合理水平，应根据经济社会发展规划、环境保护要求、当地自然条件和水体条件，污水量和水质情况等综合分析和比较选定。

污水处理系统布置要确定污水厂、出水口、泵站及主要管道的位置；雨水处理系统布置要确定雨水管渠、排洪沟和出水口的位置；雨水应充分利用地面径流和沟渠排除，污水、雨水的管、渠均应按重力流设计。

图 2.74　特色小镇污水工程

污水处理厂和出水口应选在小城镇河流的下游或靠近农田灌溉区，污水处理厂应尽可能地与出水口靠近，并位于小城镇夏季最小频率风向的上风侧，与居住小区或公共建筑物之间有一定的卫生防护地带；卫生防护地带一般为 300 米，处理污水用于农田灌溉时宜采用 500 ~ 1000 米。

排水泵站宜单独设置，与住宅、公共建筑的间距应符合有关要求，周围宜设置宽度不小于 10 米的绿化隔离带；排水泵站预留用地面积应遵照全国市政工程投资估算指标的雨污水泵站用地一项综合指标范围，结合当地实际情况，分析、比较选定。

3）供电工程规划

（1）规划内容

特色小镇供电工程规划的主要内容应包括用电负荷预测、电力平衡、确定电源和

图 2.75　特色小镇雨水工程

电压等级、电力网主网规划及主要供电设施配置（详细规划应做出配电网规划及其主要设施配置）、确定高压线走廊、提出近期主要建设项目（图 2.76）。

（2）用电负荷

用电负荷预测方法：总体规划宜主要选用电力弹性系数法、回归分析法、增长率法，详细规划宜主要选用建筑面积负荷指标法、单耗法。

用电负荷预测一般应选取两种以上的方法，以其中一种或多种方法为主，将另一种方法用于校核。用电负荷一般宜分为第一产业用电、第二产业用电、第三产业用电和市政、生活用电。当特色小镇供电总体规划采用人均市政、生活用电指标预测市政、生活用电时，应结合小城镇的地理位置、经济、社会发展与城镇建设水平、人口规模、居民经济收入、生活水平、能源消费构成、气候条件、生活习惯、节能措施等因素，

图 2.76　特色小镇供电工程

综合分析比较，以现有用电水平为基础，对照小城镇规划人均市政、生活用地指标幅值范围选定。

当总体规划采用负荷密度法进行负荷预测时，其居住、公共设施、工业三大类建设用地的规划单位建设用地负荷指标的选取，应根据其具体构成分类及负荷特征，结合现有水平和不同小城镇实际情况，按小城镇规划单位建设用地负荷指标分析选定。详细规划的用电负荷预测，当采用单位建筑面积用电负荷指标法时，其居住建筑、公共建筑、工业建筑的规划单位建筑面积负荷指标的选取，应根据三大类建筑的具体构成分类及其用电设备配置，结合当地各类建筑单位建筑面积负荷现有水平，按规划单位建筑面积用电负荷方法测算。

（3）电源与电力平衡

特色小镇供电电源可分为接受区域电力系统电能的电源变电所和小城镇水电站、发电厂两类。条件许可应优先选择区域电力系统供电，对规划期内区域电力系统电能不能经济、合理供到的地区，应充分利用本地区的能源条件，因地制宜地建设适宜规模的发电厂作为供电电源。发电厂和电源变电站的选择应以镇、县域供电规划为依据，并应符合厂、站建设条件，线路进出方便和接近负荷中心等要求。

（4）电压等级与电网规划

电网电压等级应符合线性国家标准《标准电压》GB/T 156 的规定。经济发达地区，宜引入 220 千伏电压级。对于采用 110 千伏 /35 千伏 /10 千伏电压等级的地区，在新建或改造时，宜优先采用 110 千伏 /10 千伏电压级。电网中的最高一级电压，应根据电网远期规划的负荷量和电网与地区电力系统的连接方式确定。电网规划应贯彻分层分区原则，各分层分区应有明确的供电范围，避免重叠、交错。

（5）主要供电设施

35 千伏、110 千伏变电所一般宜采用布置紧凑、占地较少的全户外或半户外式结构，选址应符合有关要求；变电所主变压器安装台数宜为 2 ～ 3 台，单台主变压器容量应标准化、系列化；35 千伏 ~ 220 千伏主变压器单台容量选择，应符合国家有关规定。公用配电所的位置应接近负荷中心，其配电变压器的安装台数宜为两台，居住区单台容量一般可选择 630 千伏安以下，工业区单台容量不宜超过 1000 千伏安。架空电力线路应根据地形、地貌特点和道路网规划沿道路、河渠、绿化带架设；35 千伏及以上高压架空电力线路应规划专用通道，并应加以保护；镇区内的中、低压架空电力线路应同杆架设，中心繁华地段、旅游地段等宜采用电缆埋地敷设或架空绝缘线。35 千伏以上高压电力线路走廊的宽度应根据现行国标《城市电力规划规范》要求选定。

4）通信工程规划

（1）规划内容

特色小镇通信工程规划应以电信工程规划为主，同时包括邮政、广播、电视规划的主要相关内容。特色小镇电信工程规划的主要内容，总体规划阶段应包括用户预测、局所规划、中继网规划、管道规划和移动通信规划。详细规划阶段除具体落实规划地块涉及的上述规划内容外，还应包括用户网优化和配线网规划。

（2）用户预测

特色小镇电信规划用户预测，总体规划阶段以宏观预测为主，宜采用时间序列法、相关分析法、增长率法、普及率法、分类普及率法等；详细规划阶段以小区预测、微观预测为主，宜采用分类建筑面积用户指标、分类单位用户指标预测，也可采用计算机辅助预测。电信用户预测应以两种以上方法预测，以其中一种或多种方法为主、另一种方法可作为校验。

（3）局所与移动通信规划

特色小镇电信工程规划应依据所在镇、县总体规划和上一级电信工程规划。电信局所规划选址应考虑环境安全、服务方便、技术合理和经济实用原则，并接近计算的线路网中心，避开靠近 110 千伏以上变电站和线路地点，以及地质、防灾、环保不利的地段；局所预留用地可结合当地实际情况，考虑发展余地。

特色小镇移动通信规划应主要预测移动通信用户需求，并具体规划落实移动通信网所涉及的移动交换局（端局）、基站等设施；有关的移动通信网规划一般宜在省、市域范围内统一规划。

（4）邮政、广播、电视规划

特色小镇的广播、电视线路路由宜与电信线路路由统筹规划，并可同杆、同管道敷设，但电视电缆、广播电缆不宜与通信电缆共管孔敷设。总体规划的通信规划应在县驻地镇设置电视发射台（转播台）和广播、电视微波站，其选址应符合相关技术要求。邮政局所规划主要是邮政局和邮政通信枢纽局规划，其他镇邮政局所规划主要是邮政支局和邮件转运站规划。邮政通信枢纽局地址除应符合通信局所一般原则外，在邮件主要依靠铁路运输情况下，应优先在客运火车站附近选址，并应符合有关技术要求，在主要靠公路和水路运输时，可在长途汽车站或港口码头附近选址；预留用地面积应按设计要求比较确定。

邮政局所设置应按方便居民使用以及服务人口数、服务半径、业务收入确定。邮电支局预留用地面积应结合当地实际情况，按相关规范分析、比较选定。

5）燃气工程规划

（1）规划内容

特色小镇燃气工程规划的主要内容包括：结合小镇燃料资源状况，选择燃气气源，合理确定规划期内各种燃气的用量，进行燃气气源规划；确定各种供气设施的规模、容量，选择并确定燃气管网系统；科学布置气源厂、气化站等产、供气设施和输配气管网；制定燃气设施和管道的保护措施。

（2）气源类型及规划

燃气是一种清洁、优质、使用方便的能源。我国小城镇燃气的发展方向总体可分为3个方面：①采用液化石油气，其供应方式灵活多样，既可以以汽化管道供应，也可以瓶装供应；②靠近大城市周围的小城镇，可依托大城市的燃气供应系统，将城市燃气管道延伸到城镇，为小城镇居民服务；③利用农村的麦秸等柴草，建立秸秆气化站，为城镇居民提供生活能源。目前，由于我国小城镇的规模较小、布局分散，因此通常采用液化石油气作为城镇的燃气，部分特色小镇可凭借自身条件与城镇燃气并网使用。

小城镇燃气规划工作的主体程序为：城镇燃气负荷的预测——确定城镇燃气工程规划的目标——城镇燃气气源工程规划——城镇燃气网络与储配工程设施规划——详细规划范围内的燃气管线与供应工程设施规划。

（3）输配管网规划

按相关范围规定，燃气管道压力P（表压兆帕）分为高压A（$0.8 < P \leqslant 1.6$兆帕）、高压B（$0.4 < P \leqslant 0.8$兆帕）、中压A（$0.2 < P \leqslant 0.4$兆帕）、中压B（$0.005 < P \leqslant 0.2$

兆帕）、低压（$P \leqslant 0.005$ 兆帕）。小城镇燃气管道的压力主要为中、低压。燃气管网系统为保证供气可靠，应采用环形系统。对大面积的居民用户、重要的工业用户和公共建筑用户保证双向供气条件十分重要。对于受特殊地理条件限制、无法布置环形管网的地区，方可选用枝状管网系统供气。小城镇燃气管网系统主要有一级管网系统、二级管网系统两种类型。

（4）燃气管网布置

燃气管网一般应遵循以下原则：①应结合城镇总体规划和有关专业规划进行，避开和协调城镇现有和规划的各项地下设施。②燃气干线应尽量靠近大型用户，以减少管网的转输流量，提高管网输送效率。③为保证供气可靠，各级管网的主干线应成环路布置。④输气管网要尽量避开交通干线和繁华的街道，以免在施工安装和检修过程中影响交通。⑤城镇燃气管道一般沿路单侧敷设，只是在道路很宽、横穿马路的支管很多或输送燃气量较大、一条管道不能满足要求的情况下采用双侧布置。⑥配气管网干线最好能在小区内部的道路下敷设，既可保证管道两侧均能供气，又可减少主要干道的管线位置占地。⑦不准敷设在建筑物的下面，不准与其他管线平行上下重叠，并禁止在下列位置敷设燃气管道：各种机械设备和成品、半成品堆放场地，易燃、易爆材料和具有腐蚀性液体的堆放场所，高压电线走廊，动力和照明电缆沟道。⑧管道走向需穿越河流或大型渠道时，根据安全、经济、镇容镇貌等条件统一考虑，可随桥架设，也可以采用倒虹吸管由河底通过，或设置管桥，具体采用何种方式应与小城镇规划、消防等部门协商确定。⑨应尽量不穿越公路、铁路、沟道和其他大型构筑物；必须穿越时，要有一定的防护措施。

管道的安全距离：为了确保安全，小城镇地下燃气管道与建筑或相邻管道之间，在水平和垂直方向上应保持一定的安全距离。

6）供热工程规划

（1）规划内容

特色小镇供热工程规划的主要内容包括：根据当地气候、生活与生产需求，确定小镇集中供热对象、供热标准、供热方式；合理确定小镇供热量和负荷选择，并进行小城镇热源规划，确定小城镇热电厂、热力站等供热设施的数量和容量；科学布局各种供热设施和供热管网，制定节能保温的对策与措施，以及供热设施的防护措施。

（2）热负荷的类型与预测

集中供热系统的热用户有采暖、通风、空气调节、热水供应和生产工艺等。这些热用户热负荷的大小及性质是供热规划和设计的最重要依据、它们关系到集中供热系统的使用效果和经济效益。

热负荷按性质可分为民用热负荷和工业热负荷。民用热负荷包括采暖、通风、空气调节和热水供应。民用热用户通常以热水为热媒，使用热媒的参数也较低。工业热负荷包括生产过程中用于加热、烘干、蒸煮、清洗、溶化等工艺过程的用热或作为动力用于驱动机械设备。工业热用户常采用蒸汽为热媒，热媒的参数较高。

根据供热现状与自然环境研究，在确定供热对象与供热标准的基础上，根据发展的总目标和城镇规模、进行供热负荷的预测与计算。

（3）管网布置

热源至用户间的室外供热管道及其附件被总称为供热管网，也称热力网。必要时，供热管网中还要设置加压泵站。根据城镇供热热源规划、城镇总体布局，结合城镇现状热源与供热管网，进行城镇的供热网络与输配工程设施规划。供热管网的作用是保证各类用户具有正常压力、温度和足够数量的供热介质，满足其用热需要。根据输送介质的不同，供热管网有蒸汽管网和热水管网两种。一般情况下，蒸汽管网为单根管道，热水管为两根，一根为供水管，一根为回水管。

供热管网布置的基本形式有枝状、环状两种。规划要以城镇或厂区、街区的总平面布置为基础，以该地区的气象、水文、地质，以及地上、地下的建筑物、构筑物的现状和发展规划为依据，同时考虑热网的经济性、合理性，并注重施工和维修管理方便等因素，从而综合确定管网的布置形式。管网的布置形式不但直接影响管网工程的投资，还影响管网系统运行水力状况的稳定性，因此必须深入调查、反复比较、慎重选择。

（4）供热管网布置的原则

①经济上合理，技术上可靠。主干管线力求短直，尽量先经过主要的、负荷大的、用户集中的区域，避免长距离穿越没有热负荷的地段。供热管线应避开土质松软地区、地震断裂带、滑坡等危险地带及地下水位高等不利地段。

②管道走向宜平行于道路中心线，并尽可能敷设在车行道以外的地方，一般情况下，同一条管道应只沿街道的一侧敷设，少穿越主要交通线。地上敷设的供热管道不影响环境美观、不妨碍交通。

③供热管道与其他市政管线、构筑物等应协调安排，相互之间的距离应能保证运行安全和施工及检修方便。

7）防洪工程规划

（1）规划内容

特色小镇防洪工程规划的主要内容应包括历史洪灾和防洪现状分析、防洪特点与防洪规划原则、防洪标准与防洪方案选定以及防洪设施与防洪措施。

（2）规划依据与规划原则

防洪工程规划必须以镇、县总体规划和所在江河流域防洪规划为依据。编制防洪工程规划应向水利等有关部门取得调查分析相关基础资料，结合城镇现状与规划，了解分析设计洪水位、设计潮位的计算和历史洪水和暴雨的调查考证。防洪工程规划应结合不同水体位置的防洪特点，制定防洪工程规划方案和防洪措施。

（3）防洪标准

防洪标准应按照现行国家标准《城市防洪工程设计规范》相关规定，结合考虑人口规模、经济社会发展、受灾后造成的影响、经济损失、抢险难易，以及投资的可能性，因地制宜，合理选定。沿江河湖泊小镇的防洪标准，应不低于其所处江河流域的防洪标准。

（4）防洪设施与防洪措施

特色小镇的防洪、防涝设施应主要由蓄洪、滞洪水库，堤防，排洪沟渠，防洪闸和排涝设施组成。防洪规划应注意避免或减少对水流流态、泥沙运动、河岸、海岸产生不利影响，防洪设施选线应适应防洪现状和天然岸线走向，与总体规划的岸线规划相协调，合理利用岸线。防洪措施应包括工程防洪措施和非工程防洪措施。

8）环境卫生工程规划

（1）规划内容

特色小镇环境卫生工程规划的主要内容应包括固体废弃物分析，污染控制目标，生活垃圾量、工业固体废物量和粪便清运量预测，垃圾收运，垃圾、粪便处理和处置，以及环境卫生公共设施。

（2）生活垃圾量、工业固体废物量预测

特色小镇固体废物应包括生活垃圾、建筑垃圾、工业固体废物、危险固体废物。生活垃圾量预测主要采用人均指标法和增长率法；工业固体废物量预测主要采用增长率法和工业万元产值法。当采用人均指标法预测小城镇生活垃圾量时，生活垃圾规划预测人均垃圾排放量指标可按每人每天 0.9 ~ 1.4 千克，结合当地燃料结构、居民生活水平、消费习惯和消费结构及其变化、经济发展水平、季节和地域情况，分析、比较选定。当采用增长率法预测小城镇生活垃圾量时，应根据垃圾量增长的规律和相关调查分析比较，按不同时间段确定不同的增长率预测。

（3）垃圾收运、处理与综合利用

应逐步实现生活垃圾清运容器化、密闭化、机械化和处理无害化的环境卫生目标。应在采用垃圾收集容器和垃圾车收集的同时，采用袋装收集方式，并应符合日产日清的要求；垃圾收集方式应分为非分类收集和分类收集。生活垃圾处理应主要采用卫生土地填埋方法和无害化焚烧处理，有条件的小城镇经可行性论证后可采用堆肥方法处理；乡镇工业固体废物应根据不同类别特点，考虑处理方法，尽可能地综合利用，其中有害废物应采用安全土地填埋，并不得进入垃圾填埋场；危险废物应根据有关部门要求，采用焚烧、深埋等特殊处理。

（4）环境卫生公共设施规划

环境卫生公共设施规划应对公共厕所、粪便蓄运站、废物箱、垃圾容器、垃圾压缩站、垃圾转运站、卫生填埋场、堆肥厂、环境卫生专用车辆配置、车辆通道以及环境卫生基地建设的布局、建设和管理提出要求。公共厕所设置一般要求：主要繁华街道公共厕所之间距离宜为 400 ~ 500 米，一般街道宜为 800 ~ 1000 米，新建的居民小区为 450 ~ 550 米。

废物箱应根据人流密度合理设置，镇区繁华街道设置距离宜为 35 ~ 50 米，一般道路为 80 ~ 100 米；生活垃圾收集点服务半径一般不应超过 70 米，居住小区多层住宅一般每 4 幢设一垃圾收集点。小型垃圾转运站选址应靠近服务区域中心、交通便利、不影响镇容的地方，规划宜为每 0.7 ~ 1.0 平方千米设置 1 座，与周围建筑间距不小于5米，规划用地面积宜按100～1000平方米的范围，结合当地转运量等具体情况，分析、比较确定。

9）海绵城市建设

（1）海绵城市建设的主要内容

海绵城市建设——低影响开发雨水系统构建的基本原则是规划引领、生态优先、安全为重、因地制宜、统筹的城市建设。海绵城市专项规划应包括规划背景、现状分析、目标定位、海绵城市总体布局、海绵城市建设管控分区指引、近期规划、规划实施保障等内容，以下为各部分主要内容。

①规划背景简述城市概况，包括城市区位、自然地理、水文化、经济社会现状等，确定规划范围及期限，并对上位规划及相关规划中的海绵城市相关内容进行梳理。

②现状分析应分析与海绵城市相关的城市基本特征要素现状，如降雨、土壤、地下水、下垫面、排水系统、城市开发前的水文状况等，分析海绵城市建设现状，识别城市“山、水、林、田、湖”自然生态格局及水生态、水环境、水资源及水安全等方面存在的主要问题。规划编制时应充分调查分析城市大范围地貌和生态格局要素，梳理城市水脉来源和排水出口。

③目标定位应基于现状分析结果确定，包括规划原则、规划依据及规划目标，并根据现状存在的突出问题，因地制宜地选取水生态、水环境、水资源、水安全类指标体系。应针对现状突出存在的问题，依据海绵城市建设目标，提出海绵城市建设的规划思路及技术路线。老城区以问题导向为主，重点解决城市内涝、黑臭水体治理等问题，新建区以目标导向为主，优先保护。

④海绵城市总体布局主要包括城市生态格局构建、四大体系（水生态修复体系、水环境整治体系、水资源利用体系、水安全保障体系）建设，并提出分区建设及相关设施建设指引等。

城市生态格局构建应分析山、水、林、田、湖等生态本底条件，识别生态敏感因子，提出海绵城市的自然生态空间格局，明确保护与修复要求。

四大体系建设中，水生态修复体系建设主要包括源头低影响开发系统构建，提出内源治理策略、生态修复策略及其他治理措施；水环境整治体系建设主要根据水体外源污染现状，计算现有水污染负荷，并提出当地主要污染物指标，根据各污染源负荷预测，提出水系水环境容量及总量控制建议；水资源利用体系建设主要根据城市水资源现状分析结果，结合城市可利用水源分析，提出污水再生利用及雨水资源化利用策略、供水管网漏损控制措施、水源地水质保障措施等；水安全保障体系建设主要根据城市防洪排涝现状分析结果，重点构建城市内涝防治系统，防治或治理城市内涝。

⑤海绵城市建设管控分区指引。针对现状问题，应以流域为基础，结合行政区划和控制性详细规划单元，划定海绵城市管控分区，在充分论证控制指标适用性及敏感性的前提下，提出分区建设指引、分区管控要求，提出各管控分区的强制性指标及引导性指标。

⑥近期规划。根据城市近期建设范围，结合海绵城市总体规划布局，确定海绵城市近期重点建设区域，根据管控分区要求，给定近期重点建设区域的强制性指标及引导性指标，以便后续近期建设规划的编制。对近期建设项目进行梳理，并进行投资估算。

⑦规划实施保障。提出规划保障措施和实施建议，将海绵城市专项规划的规划内容与总规、控规及相关专项规划衔接，构建规划、设计、建设、运营等全过程管理体系，提出技术规范与建设标准、投融资机制建设、监测与考核体系建设、产业化推动等方面的规划建议。

（2）案例：靖江市孤山空调小镇

绿色基础建设：遵循生态优先等原则，将自然途径与人工措施相结合，实现雨水在小镇区域内的积存、渗透和净化，促进雨水资源的利用和生态环境保护。

雨水生态利用：采用渗、滞、蓄、净、用、排等措施，形成可持续的雨水生态利用系统。形成庭院——道路——滨河景观多种空间的海绵城市绿色基础设置建设。

（3）案例：乍浦特色小镇

2013 年 12 月，中央城镇化工作会议召开，习近平总书记提出，解决城市缺水问题，必须顺应自然。在提升城市排水系统时要优先考虑把有限的雨水留下来，优先考虑更多利用自然力量排水，建设自然积存、自然渗透、自然净化的“海绵城市”。这对乍浦智慧小镇的建设极具指导意义（图 2.77）。海绵城市的具体工程措施主要分为收水、储水、用水三个环节，与综合管廊工程密切相关。

新建道路交通设施采用海绵城市手法建设，结合古镇综合整治改造、高端新建项目建设地下综合管廊（图 2.78）。地下综合管廊平均造价在 1.2 亿元 / 平方千米。综合管廊根据情况与海绵城市工程联通。

城市部分：含城市项目建设投资、海绵城市、智慧小镇（包含地块内精装建筑造价、地块内市政管廊、七通一平、居民拆迁补偿、景观造价），不包含经营性商业地产拆迁补偿费。港区部分：含陆域形成、地基处理、水工建筑物、工艺设备、航道及其他生产生活配套设施。城市部分和港区部分一次性项目投资总计约 50 亿元。

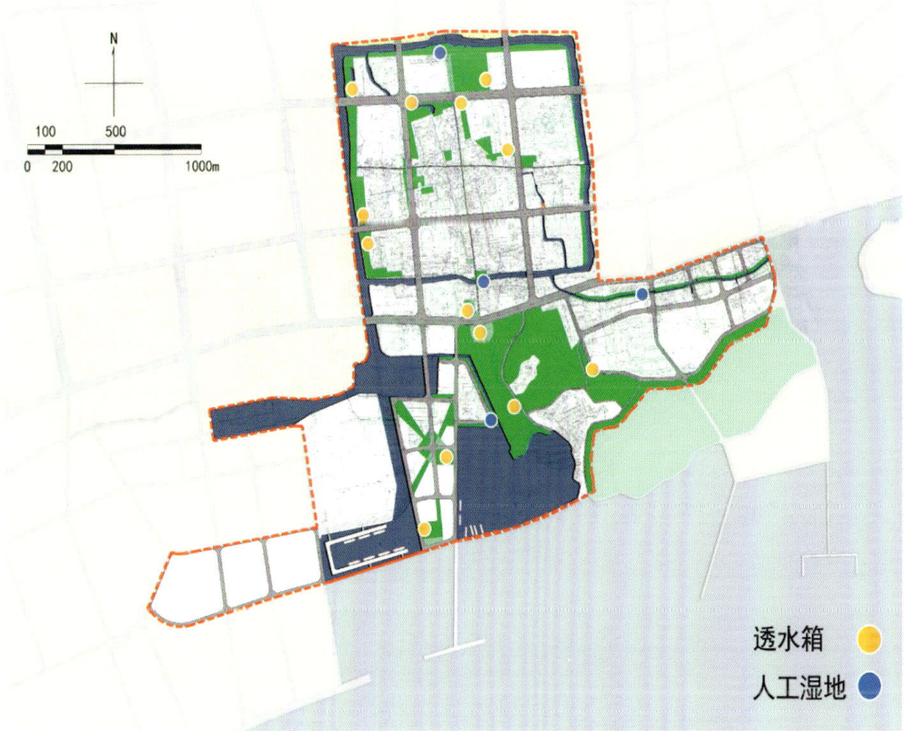

图 2.77　海绵城市设施建设

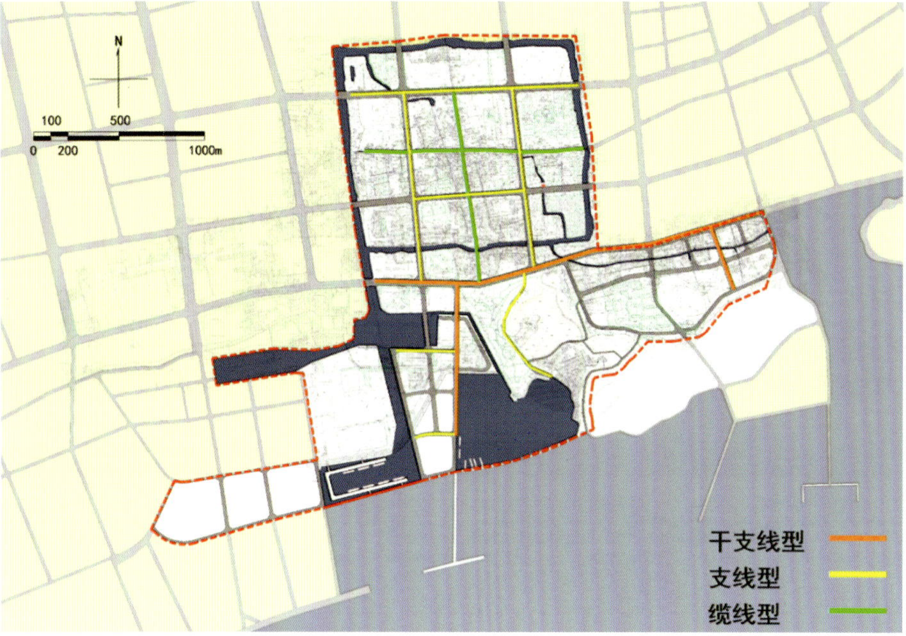

图 2.78　综合管廊建设

2.5.5　重点项目库

建立特色小镇的重点项目库是特色小镇营建中的重要环节，是政府管理近期建设项目的一种程序化项目管理系统。建立重点项目库的目的就是使杂乱的各种项目，通过有效管理分清主次重点与建设时序，产生合力作用，更好地促进特色小镇建设事业的发展。

项目是特色小镇经济与社会事业发展的重要支撑与载体，通常是一系列独特的、复杂的并相互关联的建设发展项目，有着一个明确的目标或目的，必须在特定的时间、预算、资源限定内，依据规范完成。但由于项目多而杂，很容易分不清推进的先后主次关系，以及是否存在重复建设等问题。而建立重点项目库，对特色小镇所在地政府今后几年内的项目支出进行规范化、程序化管理，从项目申报、论证、审核预算等环节，实行项目库全程管理。

1）特色小镇重点项目库的概念与意义

（1）特色小镇重点项目库的概念

在特色小镇建设过程中，产业项目与基础设施项目是重要的抓手。明确特色小镇的定位和发展战略，发挥重点项目在特色小镇的经济社会建设中的作用，保证特色小镇的发展方向，是地方政府营建特色小镇的重要议题。特色小镇重点项目库是在地区发展需要的背景下，特别是根据区域和产业实践中的技术难点问题整理而成的，具有指导作用并且对特色小镇建设具有系统化、规范化、程序化的项目管理系统。可以说，重点项目库是模式化的研究思路，是特色小镇发展建设的具体化过程。特色小镇的重点项目库不单单是项日的简单罗列，更是一个项目推进的全流程管理系统。

（2）特色小镇项目库的意义

特色小镇重点项目库具有很强的现实意义，其重点表现在三个方面。首先，特色小镇重点项目库建设有利于对项目建设实施有效管理。特色小镇地区目前经济发展模式仍属于增量型、追赶型，这一阶段的经济发展主要靠投资拉动，这是由经济发展内在规律决定的。而项目建设是带动投资增长、促进经济发展的重要载体，关系经济社会发展全局。因此，特色重点项目建设，对于实现特色小镇的经济发展预期，增强经济发展信心，具有不可估量的重要意义。抓好项目库建设，通过对全地区现有在建项目、拟建项目、储备项目等进行收录入库、汇总分析以及优化整合、策划包装等，就可掌握全地区项目建设进展情况，分析研究存在的问题及原因，采取有效推进措施，从而实现对项目建设工作的有效管理，进而达到促进项目建设强势推进、加快经济社会全面发展的目的。

其次，特色小镇重点项目库建设有利于向上申报项目、争取上级资金支持。项目的储备是申报项目、争取资金的前提。近年来，国家、自治区在确定投资导向后，往往要求在很短时间内就把项目报上去。因此，保证一定水准的项目储备，对抢抓国家、自治区政策机遇，扩大投资，培育经济发展后劲，有着非常重要的意义。最后，抓好项目库建设有利于招商引资。“抓招商就是抓发展”，招商引资的最终目的是使项目落户特色小镇，发展壮大，促进地区的经济社会发展。而抓好项目库的建设也是招商引资的基础工作。除了以良好的投资环境吸引投资外，更重要的是结合本地的资源、交通、土地、环境等优势，提出一批具有良好发展前景的优质项目，通过优化整合、策划包装，编制形成符合特色小镇特色开发等方面要求的招商引资项目库，这样在招商引资中才有吸引力、竞争力，才能提高招商成效。

2）特色小镇重点项目库的重要环节与项目类型

（1）特色小镇重点项目库的建设程序

特色小镇项目库建设的程序分为四个步骤 “策划——入库——实施——检验”，首先将申报的项目进行专家评审，评审通过后进入备选项目库，然后根据每年的财政预算进入项目库。而在申报项目的过程中，需要明确以下三点基本原则。一是循序渐进，逐级储备。低级别的项目是高级别项目的储备项目，没入选项目库的可以进入备选项目库以作为储备项目。二是突出重点，彰显特色。根据特色小镇发展方向与本地区经济社会发展阶段，结合地方资源环境特色，在专家组商议的基础上拟定重点储备项目。三是建立机制，动态管理。对列入特色小镇重点项目库的项目，设立项目的进入和退出机制，既要做好入选项目的评价工作，还要根据新形势提出的新要求，及时调整、充实、更新重点项目库，促进项目库储备数量与质量的提高。

为了更好地完成重点项目库的建立工作，需要建立明确的项目库建设管理主体。特色小镇的规划管理部门是重点项目库建设的主体，各行政部门提交自己部门的重点项目，是重点项目库建设的参与者。而专家评审团队是重点项目库的重要组成部分，制定严格的项目建设评审标准，完善项目库的管理考核机制。

（2）特色小镇重点项目库的项目类型

特色小镇重点项目库主要由生态环境类项目、经济产业发展项目、政府公共服务类项目等构成。入库项目需要符合国家和地区产业政策，符合项目地的近期和中长期发展规划。经济发展类项目需要具有相对资源优势和广阔市场前景，并可以取得较好的经济和社会效益。生产经营性项目需有较高的投资回报率。政府公共服务类项目需要具有较高的社会价值，满足本地区近期最急迫需求。生态环境类项目需要满足生态环境保护工作中最紧迫的需求或是对长久发展有重要意义。

（3）特色小镇重点项目库的管理

特色小镇重点项目库建设采取自下而上的方式申报项目，在特色小镇规划管理部门建立重点项目库，各有关部门建立项目分库。要根据上级有关产业政策和投资导向，结合本地区“十三五”发展规划确定本部门的重点项目，并建设完善各自的重点项目分库。特色小镇重点项目库在各部门上报的项目基础上建设完善。

重点项目库实行动态管理模式。根据所征集的项目的情况，将项目分别列入备选项目库与重点项目库，并建立完善翔实的项目数据库。同时根据每年的预算总额，确定本年度的重点项目。每年的重点项目库会根据新一年的项目分库进行调整。

规划管理部门根据入库项目的更新、落实、开工、竣工等不同情况，协调有关部门进行跟踪调度，促使项目库形成“建成一批、调整一批、补充一批、更新一批”的良性循环机制；对政府投资项目的招投标、工程质量、进度、资金使用等进行全过程监督。

对基础条件好的入库项目，在项目审报批、资金争取以及外部协作条件方面予以优先考虑和支持倾斜。

3）特色小镇重点项目库的难点

（1）项目库设立方面

重点项目库的设立对于项目的全程管理具有良好的作用，但是还存在一些问题，导致项目库的质量不高。首先，项目立项随意性大，前期论证不足。在项目申报过程中，基础调研与分析工作不充分，需要避免“拍脑袋”决策，项目立项前的必要性、可行性的审核需要落实到位。其次，项目面面俱到，重点不突出。项目设立要集中安排，抓住重点，避免小、多、散的“撒胡椒面”方式，以利于集中力量办大事。最后，重点项目库需要具有前瞻性，在应对近期建设任务的同时，更需要适应远期发展目标。

（2）项目库调整方面

重点项目库的调整是保持项目库活力的保障，虽然项目库设立后需要保持长期稳定的实施，但如果项目库建立后一劳永逸地施行下去，又反而会导致项目库的不切实际、跟不上变化。一些单位对项目清理工作的重要性认识不到位，重视程度不够，不注意甄别库内项目的类型、属性，不讲求绩效原则，从而无法紧密围绕单位工作实际进行项目库清理。这样容易导致将绩效评价较好、延续性或重要的项目清理出项目库，造成绩效评价较差、一次性或执行年限到期的项目不能按要求予以清除，对单位编制下一年度的项目支出预算有较大影响。对于已列入但未实施的重点项目库中的项目，需要每年进行新的年度考评，以决定这些项目的去留。

4）特色小镇重点项目库案例介绍

（1）靖江市孤山“空调小镇”规划的重点项目库

孤山空调小镇以空调产业为核心，打造“空调＋”与“空调智造”双翼驱动，从而设立了以空调相关产业与创新培育为引领的重点项目库。其中，引擎项目为空调检验检测中心、创新创业孵化基地、10 万平方米标准化厂房、中国暖通空调交易中心、戏鱼墩公园，同时将智慧产业园、原材料交易中心、行业交流会等纳入辅助项目（图 2.82）。

（2）晋江市生祠苑艺小镇

生祠苑艺小镇的重点项目库包含了旅游产业项目、苗木基地项目、基建维护类项目等，包含了项目的建设规模与建设时序的安排，并进行了投资额的预测。通过对重点项目库的整体实施，来推进苑艺小镇的建设（表 2.5）。

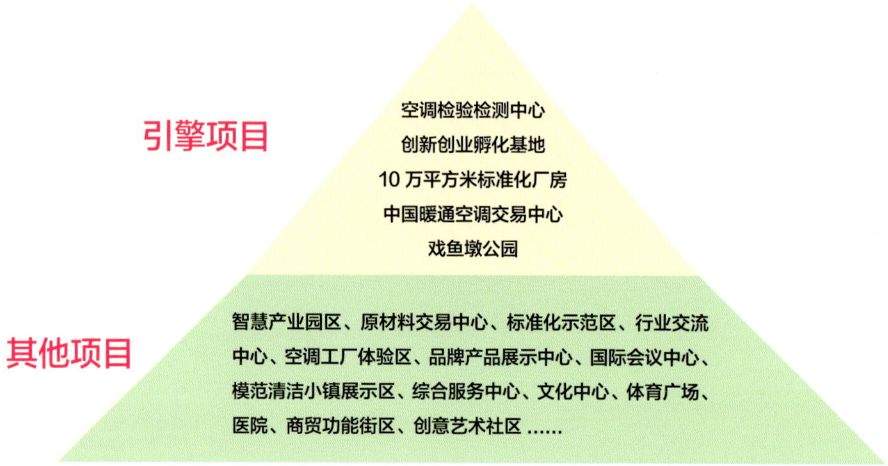

图 2.82　孤山空调小镇“5+N”项目体系

表 2.5　晋江市生祠苑艺小镇重点项目

项目名称	建设规模	进度	投资总额（万元）	预计产业增加值（万元）
马洲兰苑	占地 13.3 公顷	2018 年 5 月底完成规划方案设计，7 月底完成施工图，年底动工建设，2019 年建成	50000	100000
小倩客厅	占地 3.3 公顷，面积约 5000 平方米。建设规模局部三层	2017 年 5 月底完成选址、方案设计，12 月底完成主体工程，2018 年底建成	8000	110000
苑艺众创空间	占地 3.3 公顷，主体建筑 2 层，建筑面积约 5000 平方米	2017 年 6 月底完成选址、规划方案，9 月底完成施工图，年底完成工程招投标，并动工建设，2018 年底建成	6000	50000
苑艺特色街区建设	1900 米长街道两侧绿化、美化、亮化	2017 年 6 月底完成深化设计，9 月份启动核心段改造，2018 年底建成	3000	—
田园展览馆建设、景墙展示中心	占地 3.3 公顷，建筑面积 3000 平方米	2017 年 12 月底基本完成展览馆建设，2018 年底建成	8000	5000
东华景观园	占地 2.7 公顷	2017 年开工建设，2018 年底建成	5000	10000
盆景苗木培育基地	占地 1.3 公顷	2017 年开工建设，2018 年底建成	5000	5000
水云间上人家精品民宿改造示范建设（含庭院及健康步道建设）	首期 6 户改造，面积 1800 平方米	2017 年 6 月底完成改造方案征集，9 月份启动 5 户左右改造试点，2018 年完成建设	1800	—
兰溪路（原申家港）拓宽（新江平路 - 芦大路	拓宽长度 2100 米，道路面积 12600 平方米	2017 年 6 月底完成招投标手续，12 月底完工	600	—
芦东路延伸段	长 600 米，道路面积约 4200 平方米	2017 年 6 月底完成招投标手续，11 月底竣工通车	100	—
苑艺步行街（支路）改造	1300 米道路面积约 4000 平方米	2017 年 7 月底完成招投标手续，12 月底完工	100	—
兰溪路（原申家港）、艺海路（原马尔港）河道两侧绿化（新江平路 - 芦东路）、亮化	绿化面积 30000 平方米，6000 米道路亮化	2017 年 7 月底完成招投标手续，12 月底完工	1500	—
芦东路延伸段河道护坡	长度 600 米，绿化面积 6000 平方米	2017 年 6 月底完成绿化设计方案，9 月底完成招投标，12 月底完工	400	—
小计	—	—	89500	280000

2.6 特色空间塑造方法

2.6.1 特色空间要素的提炼

特色小镇的特色空间营造是基于对特色要素的提炼，特色要素分为多种类型，如历史人文类、自然环境类、经济产业类等，在特色小镇的规划中对特色要素进行分类梳理，总结归纳出具有地方标志性的空间特征，应用在特色小镇的空间设计中。

从空间尺度上看，特色空间要素可以分为微观尺度层面和宏观尺度层面两种类型。微观尺度层面，日本建筑学会编著的《空间要素（世界的建筑·城市设计）》中将建筑空间分为十个基本要素：柱，墙（包括围墙、矮墙），窗，门（包括门扇），屋顶，顶棚，地面，阶梯（包括坡道），柱廊（包括平台），城市的设施，加上建筑设施、临时设施两个要素，共 12 个主要要素。宏观尺度层面上看，主要表现为城市设计方面的城市空间要素和景观构成，大致可以分为 9 个方面：土地使用、建筑形态及组合、开放空间、步行街区、交通与停车、使用活动、保存与改造、城市环境设施和建筑小品、标识。

特色空间要素是特色小镇规划在空间组织设计中的亮点，通过不同尺度的空间塑造，表现特色小镇在文化、环境、公共空间上的独特魅力。

1）微观尺度层面的空间特征

建筑形态及组合、使用活动、保存与改造、城市环境设施和建筑小品、标识属于具体性的空间特征，这类具体性的空间特征类似于建筑微观尺度层面的空间特色，强调的是亲人尺度的建筑形态、环境设计、景观小品，以及人在这些微观尺度空间中的活动。克莱尔·库珀·马库斯在《人性场所》一书中将城市开放空间分为城市广场、邻里公园、小型公园和袖珍公园、大学校园户外空间、老年住宅区户外空间等部分，系统地阐述了城市空间设计的理论与实践，强调美学目标必须与生态需要、文脉目标和使用者三方面取得平衡并相互融合，作者提出的城市开放空间设计导则对亲人尺度的微观空间设计方面具有很强的指导意义，因此特色小镇在具体性的空间特征方面主要可以参考克莱尔·库珀·马库斯的理论指导。

特色小镇具体性的空间特征重点体现自身的地域特色，包括产业（行业）基础、人文特色、生态基底。如靖江市孤山空调小镇规划，重点分析了三大基础特征。一是深厚的产业基础。靖江空调产业起步于 20 世纪 70 年代末，从第一家空调企业——扬州市空调净化设备总厂（现江苏希达空调净化设备总公司）诞生至今，40 多年间，空调产业在孤山镇集聚发展，从无到有，从小到大，成为当地的主要产业之一，形成了完整的空调配件产业带。孤山镇区域内已拥有大大小小的空调产业企业（含个体加工）800 余家，从业人员接近 1 万名，年总产值达到 50 亿元左右。空调产品包括：组合式空调机组、柜式空调机组、风机盘管机组、新风换气机、风机类产品、加湿器类、防火阀、冷凝器、调节阀、空气幕系列、除尘系列等，空调暖通产品门类基本涵盖中央空调制冷方式的全部系列，占据国内暖通空调末端产业的半壁江山。二是极具魅力的人文特色。孤山是一个具有深厚文化底蕴的人文小镇，孤山明代就建有寺庙祠殿，梵林僧阁，孤山拥有“三月三”庙会、泥狗子制作技艺、讲经等非物质文化，以及蹑云坊、摩崖石刻、不孤亭、望江楼等物质文化，使众多文人墨客留下了诗词墨宝，也造就了孤山独特的人文特色。作为靖江的首批“非遗”项目，孤山“三月三”庙会流传至今，已有数百年的历史，每逢农历三月三，商贾云集，百货纷呈。孤山泥狗子制作技艺，已被列入泰州市第五批非物质文化遗产保护名录。戏鱼墩的故事也赋予了这片小镇以神奇的灵性。三是优美的生态基底。孤山位于长江中下游地区，生态环境良好，境内不仅地势平坦、土地肥沃，适宜粮食、蔬菜、水果、油料等各种作物生长；而且河道纵横，池塘星罗棋布，水质肥沃，天然饵料比较充足，属营养性水体，适宜多种水生植物和各种淡水鱼类的生长繁衍，形成了一个水绿交融、网络渗透的生态基底。景观资源方面，孤山拥有孤山景区和十圩港景观带，蹑云坊、摩崖石刻、不孤亭、望江楼等优秀的生态环境与人文景观，这些都为孤山成功建设宜居宜业的空调特色小镇奠定了重要的基础。

孤山镇在三大基础特征的基础上，塑造出了具有地方特色的具体性的空间特征。一是利用老旧厂房进行改造。按照小尺度街区进行设计，增加了街道的开放性，尊重原有建筑风貌，对建筑稍加改造、装饰。吸引艺术家和文化机构进驻，形成集居住、商业和艺术为一身的完整社区，多元化的底层建筑功能使得 SOHO、LOFT 街区真正成为 24 小时活力街区。二是在建筑风貌中融入空调元素。运用解构主义理念将空调元素拆解、叠加、重组，衍化成风、风扇、机箱、风叶等元素。三是在城市家具中渗透与融入空调元素。提炼空调元素，融入景观环境营造之中，可设置具有空调元素的雕塑、景墙等，体现本镇的空调产业文化。设置空调科技展览馆、会展中心等展示本镇的产业特色和科技实力。定期举办空调制造、科技研发等方面的行业交流会、博览会，进一步提升本镇在空调产业方面的影响力，强化本镇的特色产业文化。

2）宏观尺度层面的空间特征

土地使用、开放空间、步行街区和道路交通属于整体性的空间特征，这类整体性的空间特征强调通过一种具有强烈标志性的空间要素（比如水系、山脉、地形、街道、道路、公园或广场等开放空间）串联整体的空间规划设计，成为联动整个规划设计方案的触媒，形成串联整体空间结构的重要线索。外部整体性空间可分为自然生态空间、城市开放空间和道路街道空间等三种类型。

第一种类型：自然生态空间。以山、水等自然生态要素为组织空间的核心要素，围绕自然山水形成整体性的空间结构特征，成为规划设计方案中的重要特色。比如绍兴市越城区的黄酒小镇，以水系作为串联特色小镇整体空间的特色要素，水域在空间上占有较大比例，在规划总面积 4.7 平方千米中含水 1.2 平方千米，水系串联南北两区，东浦片区依托古镇资源，重点发展黄酒文化产业；湖塘片区依托产业基础，重点发展黄酒酿造产业，形成黄酒“产业 + 旅游”的特色业态。水岸生活丰富多彩，水岸串联了学校、居住区、酒店娱乐区、文化艺术区、健康养生区等几大区域，依托活力水岸形成共享开放空间，成为绍兴越城黄酒小镇最大的空间特征。这个案例对其他富有水资源的特色小镇而言具有较强的指导意义，通过水系可以串联特色小镇功能板块，塑造开放、活力、共享的城市生活岸线，营造积极乐活小镇氛围。

第二种类型：城市开放空间。以绿地、广场等城市开放空间为组织空间的核心要素，围绕城市开放空间形成整体性的空间结构特征，成为规划设计方案中的重要特色。比如孤山空调小镇规划的云商科创贸易服务区，它是整个特色小镇的核心区，以开放创新和交流共享为特色，以功能混合、空间共享、活力街区、网络生态和立体交通为设计构思，实现公共 WIFI 和数字化管理全覆盖，推动工业 4.0 进程的创新型智慧港（Innovative Brainport）。在空间组织上，提倡产城互动与有机协同的空间范式。在核心区塑造开放空间体系，以二层连廊联系各重要公共空间，在开放空间的设计中考虑其空间可达性和联系性、公共设施的合理配置、交往活动的安排激发以及舒适环境的营建。沿主要开放空间形成连续性的建筑景观界面，建筑布局注重空间的围合并形成连续的空间界面，形成低强度、高密度、小尺度的宜人街区空间，其核心地区以二层连廊联系各主要功能核心，提升各功能区域的可达性并实现人车分离，减少人流与车流的相互干扰。孤山小镇的城市开放空间是办公人员交流联系的基础，有利于促进智慧创造，提高对新技术的创新与应用水平。

第三种类型：道路街道空间。以道路街道等城市开放空间为组织空间的核心要素，围绕城市道路街道形成整体性的空间结构特征，成为规划设计方案中的重要特色。

2.6.2 特色文化底蕴

因地制宜的特色小镇建筑风貌的营造主要抓住三个核心点：如何继承和延续本土特色建筑形态，如何唤起人们心中的“乡愁”以实现对历史的记忆和传承，如何融入现代元素以实现传统建筑风貌的创新与发展。因此，在特色小镇的建筑风貌营造中，应从本底资源属性，从传统文化、“乡愁”及建筑形态三者之间的相互关系入手，塑造充满文化底蕴的建筑风貌。

1）文化挖掘

每个地域都有属于自己的传统文化，随着时间的沉淀，不同地域的人们形成的各自特有的社会习俗、生活习惯等文化要素体现在建筑元素中，正是这种特定的元素孕育出有本土特色的建筑形态，这些建筑特征反过来也是对当地传统文化的一种传承。

马修·卡莫纳等人在《公共空间与城市空间——城市设计维度》一书中指出，文化和环境之间的关系是一个双向的过程。历史发展中，人们生活的各种选择产生了独特的地方文化，地方文化塑造和强化了他们的环境。规划不仅要尊重和服务于人们的社会文化价值观和喜好，而且要对文化变迁做出反应。通过参与规划过程，规划师参与塑造，而不是决定社会和文化生活的方式及相互作用。

在特色小镇的规划设计中，规划师通过挖掘历史文化内涵，将多种地域文化与城镇建设融为一体，加强古建筑保护和修复，保持街巷传统肌理，细化新建建筑控制性引导，注重原有资源细化活化，营造充满文化底蕴的建筑风貌，来表达对特色小镇的独特地域文化的传承和发扬，从而打造独具地方魅力的特色小镇文化品牌。

2）建筑风貌引导

（1）建筑风格

建筑风格指建筑设计中在内容和外貌方面所反映的特征，主要是在建筑的平面布局、形态构成、艺术处理和手法运用等方面所显示的独创和完美的意境。建筑风格对于建筑本身的意义在于美观与识别。特色小镇的建筑风格应体现当地的文化发展，与当地的环境相融合。

在特色小镇的建筑风格控制引导上，应注意使其表达的意义与特色小镇的主题相符合。建筑风格主要体现在建筑外立面上，如重点与细部处理、立面材质、色彩、空间组合外部环境等。

（2）建筑色彩

建筑色彩是特色小镇景观中的主体部分，因此建筑色彩相应地成为特色小镇色彩的主角，它能否处理得当直接影响特色小镇色彩的美。

对特色小镇的建筑色彩研究，需考虑自然因素、文化因素和现状因素等。建筑色彩搭配须反映当地传统文化，突出地域特色，注重色彩和谐，发掘城市特色，突出城市的个性。

对建筑单体色彩设计时应注意下重上轻、晴艳阴灰、大灰小彩的规则。具体来说，多层、高层住宅中，裙房、建筑主体和顶层往往采用双段式或三段式配色，将较重的色彩和材料运用于底部，较轻的色彩和材料运用于顶部。一般而言，日照充足地区的建筑色彩往往倾向于采用高明度、高彩度等较为艳丽的色彩，而阴雨气象较多的地区建筑色彩往往倾向于采用中低明度、中低彩度等较为朴实的色彩。色调的可使用范围，基本上是由一般规划区到特色规划区逐渐扩大，高艳度色调一般用于重要规划区，如商业街或需要突出的节点建筑上。

例如，余杭艺尚小镇通过建筑立面的多种色彩穿插来表达艺尚小镇传达时尚文化的精髓（图 2.79，图 2.80）。

（3）建筑材质

在建筑材质的选择上，优先选择当地特色材料。建筑表皮的不同材质选择对周围建筑和环境的影响是不同的，有时，对材质的考虑甚至可以大致决定建筑的最终风格。如果能对建筑材质的特性了如指掌、纯熟运用，或积极探索新工艺、新形式，便可以使建筑风格更新颖、更有特色。

3）场景塑造

人们心中的乡愁是通过某些特定场景的刺激所唤起的对所熟知事物的记忆，例如童年时居住过的祖屋、下雨天的屋檐或是秋天飘满落叶的小院等，这些记忆其实就是我们的思乡之情，建筑形态成为我们寄托乡愁的精神场所。

在特色小镇中加入人文景观，有利于突出城市的历史文化内涵，为传统空间加入新的活力点。这些人文景观来源于当地的历史典故或社会风俗，兼顾实用性和趣味性，包

图 2.79　余杭艺尚小镇全景

图 2.80　余杭艺尚小镇时尚文化街区建筑局部

括牌坊、雕塑、文化墙、花坛、喷泉、座椅、标识等，在与历史留存的传统空间的交流中，创造多种多样的宜人活动空间。

4）案例：希腊圣托里尼小城——将传统文化注入建筑风貌的灵魂典范

圣托里尼小城位于距希腊大陆东南部 200 千米处的爱琴海上，是由火山群组成的海岛城市，常住人口约 1.4 万，基本都为希腊本土村民。圣托里尼特有的气候条件及地形地貌决定了建筑形态的唯一性，这里的建筑属于典型的地中海风格，从远处眺望小岛的全景，会发现建筑按地形等高线排列，道路也按照地形趋势而布置（图 2.81）。

图 2.82　希腊圣托里尼小城建筑特色

岛上建筑的屋顶也有两种形式，一种为平屋顶，这种屋顶的形成来源于当地居民传统的生活方式，可以充分利用地形高差作为露台、休憩、娱乐的空间。另一种建筑屋顶为拱顶，多用于教堂建筑，形态来源于当地传统岩穴式的窑洞建筑，由于当地没有天然水源，年降雨量稀少，拱顶可以用来收集水源（图 2.82）。

圣托里尼岛有着独特的穴居文化，由于当地缺乏建筑材料，人们便在比较松软的火山灰层凿洞而居，形成了传统的岩穴式窑洞。随着时代的发展，这种窑洞已经难以满足现代人的生活需求，另外一种地面建筑应运而生，取代了岩穴式窑洞。地面建筑继承了岩穴式窑洞的空间形态，最为典型的就是门和窗的布置，所有建筑只在一面墙设有门和窗，其余墙面依据洞壁形式而建。

人们长期生活在一个区域，对当地传统的材料有着深刻地认知，不仅体现在视觉上，也体现在触觉和嗅觉方面，例如建筑材料特殊的肌理、颜色、气味，等等。圣托里尼岛上的建筑多以火山石材料建造，兼有火山灰、石头、黏土、水泥等当地材料，这种建筑形态看似粗犷，但与周边环境相协调（图 2.83）。

图 2.82　希腊圣托里尼小城不同的屋顶形态

图 2.83　特色建筑材料

5）案例：松溉古镇——根植于地方“乡愁”特色的形态构建

松溉古镇是重庆市首批命名的历史文化名镇，位于永川区南端，距永川城区 40 千米，顺江而下到重庆市区 143 千米。古镇地处丘陵地区，山体较多，西、北、东三面环山，且紧邻长江，水运交通发达，三条溪沟由东至西贯穿古镇。同时，古镇根据当地山势和水形，进行了整体布局，街道蜿蜒曲折、起伏有序，房屋依地形而建，形成错落有致的空间层次。

尊重历史，以建筑空间场所营造延续地方历史文脉。巴渝民众“性轻扬、喜虚称”，还具有简、恬、勤、拙的品质，当地传统建筑具有很强烈的自然原生性。当地丰富的民俗活动，在古镇形成了众多的民族文化场所，如会馆、祠庙、茶铺、戏楼等，其建筑形态特点不拘一格、自由奔放而又不失稳重。

尊重文化，通过建筑空间格局营造保护和弘扬地方传统文化。当地的宗教文化对建筑形态有重要的影响，古镇上的四合院多符合中轴对称原则，由于自然环境、经济水平等多方面因素的限制，建筑形态受到不同程度的影响而产生变形，但整体的建筑形态趋势还是以对称为主。

尊重自然，以建筑小品及设计元素提炼构建山水脉络独特风光。古镇建筑材料来源都来自于当地，多用石材、竹子、木材等天然材料，与周边自然环境相协调，建筑朴实自然，表现出独具巴渝特色的建筑形态，这些特定元素传达的信息其实是记忆深处特别的情感体现，也是唤起乡愁的重要手段。

6）案例：淳安千岛湖文渊狮城

文渊狮城，距离杭州西湖 200 公里，位于淳安县“风情小镇”姜家镇东，沿淳城线东西向布置，占地 14 公顷，建筑面积 80000 平方米。2015 年开发，用传统徽派建筑还原水下千年古狮城，复原了狮城繁华的东大街和北大街，再现 7 座精美的古牌坊，对诸多水下古城遗迹的细节及建筑主题也进行了原比例复原，传承千年新安文明，突显新安文化之魂（图 2.84）。

“狮城”是一座淹没于千岛湖水下的古村镇，有着 1400 多年历史，近年来重获考古学者和旅游爱好者的关注。文渊狮城再现了千年狮城的原生景象，传承文化，以活化打造为主要手法，将传统手工艺、非遗项目、民俗风俗、节庆等文化类产品生活化、场景化。把小镇建设和传统非遗工艺结合起来，一方面在当地村落推动产业化，促进当地居民就业和经济发展；另一方面，通过文化与旅游的结合，振兴、发展和发扬中华民族传统技艺，让非遗文化以旅游体验的形式传承下去。

图 2.84　淳安千岛湖乐水小镇文渊狮城全景

2.6.3 特色人性化尺度

对于城市而言，街道就如同树叶的脉络一样，承载着一片区域的生活，提供给人们便利的出行、愉悦且丰富多彩的日常生活。人性化的街道尺度需要以人机工程学与行为心理学作为理论指导，从人的生理和心理方面研究街道空间尺度。

1) 街道空间界面

（1）建筑物边界控制

特色小镇内的建筑物按照统一的标准沿建筑强制边界贴线，将有助于形成优美、和谐的城市沿街界面，即“街墙”。通过建筑控制线与贴线率管控，形成与街区功能、街道活动需求相适应的街道空间界面。

（2）沿街空间序列的控制

沿街界面有序的空间收放在指引行人的同时，也为行人带来更好的空间视觉感受。

（3）天际线的控制

有节奏的天际线波动带来更好的空间感受。标志性建筑一般位于地块的入口、轴线的起点和主要中心广场的周围，旨在增强城市空间节点的吸引力，加强开放空间的序列感和节奏感。天际线控制原则有三点：一是整体建筑高度控制，二是有节奏的天际线波动，三是在门户节点、中心区域较集中地带布置标志性建筑。

2）道路断面与环境设施

（1）道路断面

在特色小镇的道路断面设计中，应实现对街道的整体塑造，鼓励形成富有特色的景观休闲街道、商业街道、生活性街道和交通性街道等多种道路类型，激发小镇活力。规划时将考虑范围从红线内部拓展到红线以外的沿街空间，将关注对象从单纯的路面拓展到包括两侧界面的街道空间整体，对道路红线内外进行统筹，对管控的范畴和内容进行拓展。

其中，景观休闲街道在规划设计时可适当放宽红线，将人行道与沿线绿带一体化设计，扩大可以使用的休闲活动空间（图 2.85）。沿线种植整齐、连续的高大乔木，配以层次多样化的灌木，形成林荫大道，打造较宽的人行景观活力带（图 2.86）。林荫道内设置休憩、餐饮、运动等相应的活动设施。

图 2.85　景观休闲街道

图 2.86　景观休闲街道林荫道

商业街道在规划设计时应对人行道与退界空间进行一体化设计。除餐饮特色街道外，开放式建筑前区宽度不宜大于 2 米，使行人可以接近商业展示橱柜。餐饮特色街道可设置宽度在 3 ~ 5 米的建筑前区作为室外餐饮区域。商业街道应提供适应较大人流量的步行通行区，设置公共座椅和沿街休憩空间、公共厕所。街道空间较为充足时，可采用非对称断面及较为自由的景观设计，可沿路缘石或在道路中央布置较宽的设施带和活动区（图 2.87）。

生活性街道在规划设计时应集约利用街道空间，保障充足的带有遮阴的慢行空间。提供满足各类居民需求的场所与设施，例如休憩节点、儿童游乐场、健身活动场地等，并为偶然性的会面提供机会。通过在设施带内提供座椅、自行车停放架、信息设施等与日常生活出行密切联系的街道设施，鼓励提供社区交往交流活动。鼓励提供不同类型的座椅，每百米座椅数量在 20 个以上（图 2.88）。

交通性街道在规划设计时应根据步行交通、公共交通、非机动车交通、货运交通、机动车交通和静态交通的需求对空间进行统筹分配，并对优先级较高的交通方式优先保障（图 2.89）。

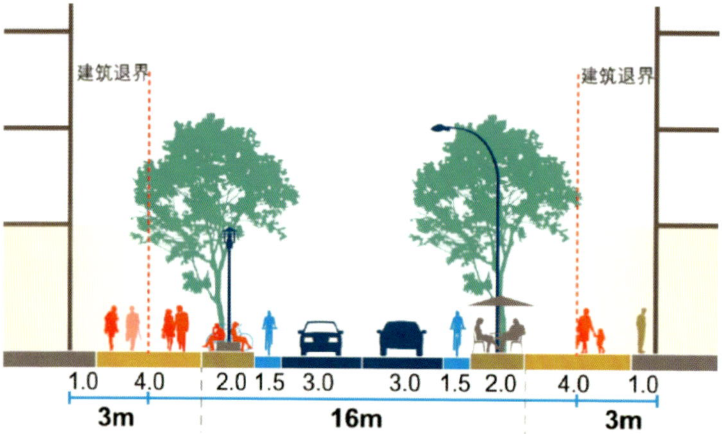

图 2.87　商业街道

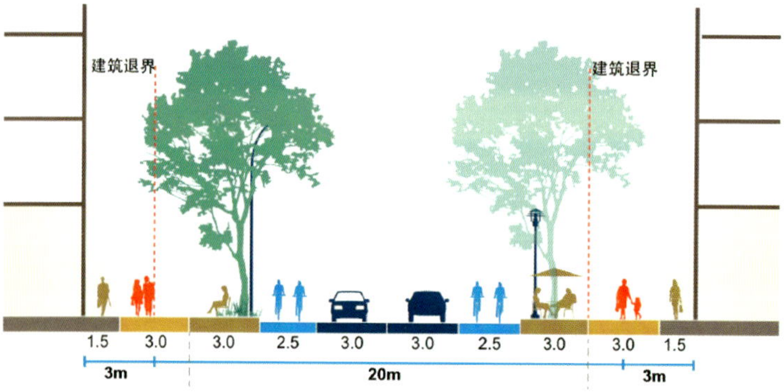

图 2.88　生活性街道

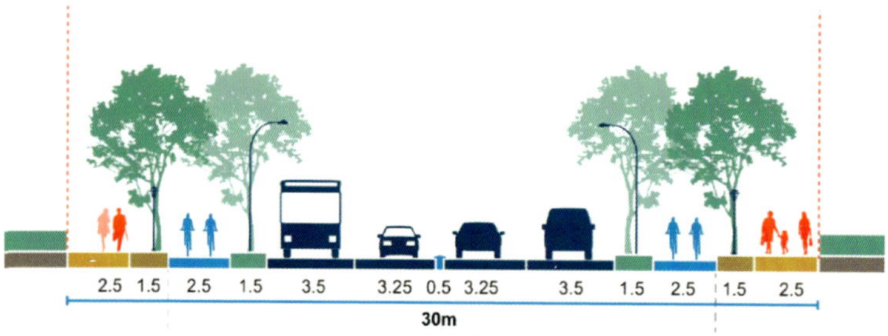

图 2.89　交通性街道

（2）环境设施

突出街道的人文特征，对市政设施、景观环境、沿街建筑、历史风貌等要素进行有机整合（图 2.90）。

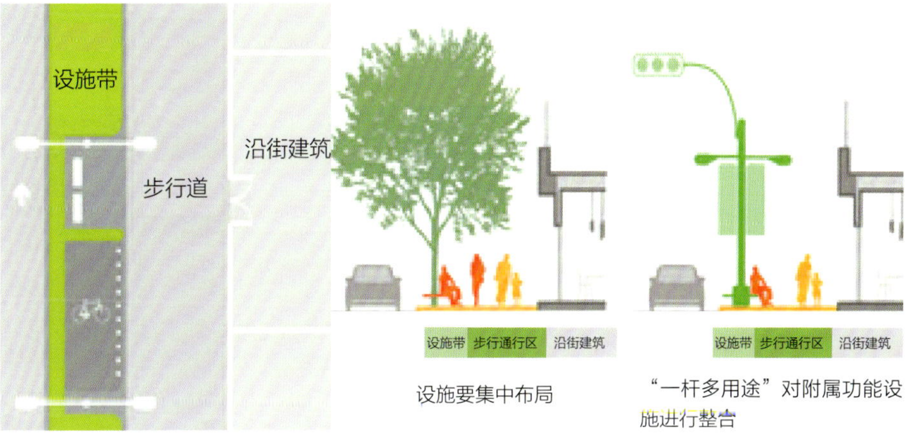

设施要集中布局

“一杆多用途”对附属功能设施进行整合

图 2.90　环境设施

3）街道与人行空间

（1）街区人行通道控制

街道的空间尺度是街道最为明显的特征和要素之一。需要既具有围合性，又不能太过于封闭。

主要街区公共通道控制为 20 米，局部可以放宽到 25 米；次要街区公共通道应控制在 15 米，可根据情况适当缩放。

核心区街道两旁建筑的高度与街道宽度之比以控制在 1:0.5 至 1:2 之间为宜，这样的空间具有相互包容的匀称性。

步行空间净宽度不小于 4 米，鼓励设置绿化及城市家具，设置行道树或雨棚为行人提供舒适的步行环境。建议沿步行道设置等高的檐口以形成连续的步行界面（图 2.91）。

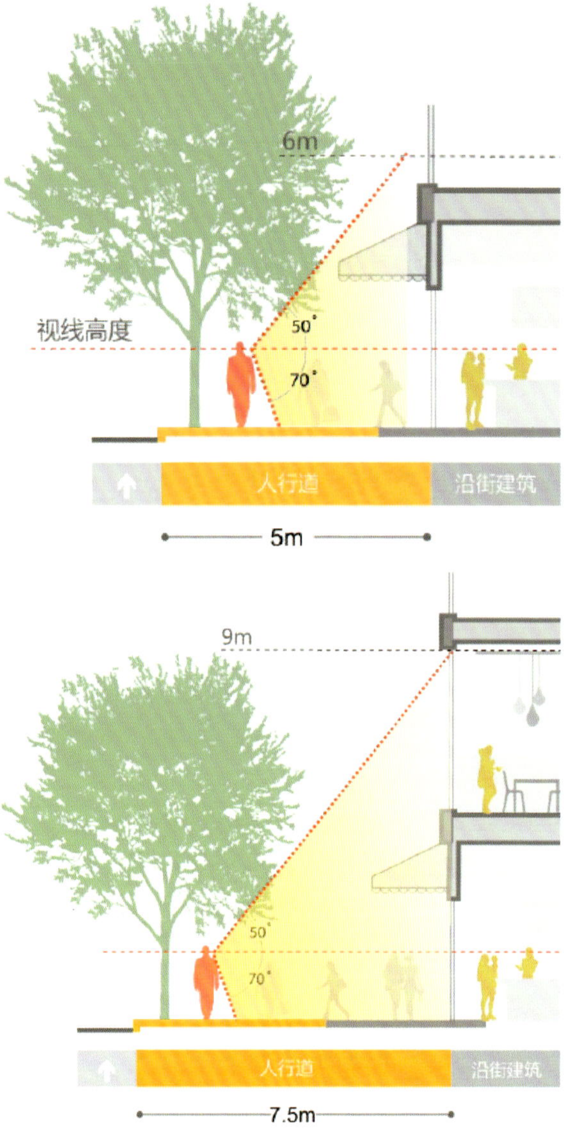

图 2.91　街坊人行通道控制指引

2.6.4　特色公共空间

1）塑造便于交往的公共空间的意义

（1）公共空间的设计有利于体现小镇特色，突显文化内涵

公共空间设计的优劣决定了特色小镇的建造是否具有文化内涵，是否符合人们的审

美需求。好的公共空间营造，可以将小镇无形的产业文化、自然文化及本土文化凝聚到空间之内，从而使其转化为有形的文化资产，使人们能够更好地感知、体验小镇特色，有利于小镇打造自己的文化品牌。如白马湖滨江创意小镇，利用活泼的曲线型建筑营造灵动空间，体现小镇活力创新的动漫文化（图 2.92）。

图 2.92　滨江创意小镇动漫文化空间

（2）增强公共空间的交往性有利于满足特色小镇内特定人群的需求。

由于产业需求，特色小镇往往引入高端技术人才及行业领军人才。这类人群一方面对于工作、居住环境的软、硬件要求较高，另一方面，相较于其他就业人群，更需要多样化的交流空间。因此，高质量、利于交往的公共空间更有利于吸引高素质人才、营造创新活力的生活工作氛围（图 2.93）。

2）公共空间营造要点

（1）建立完整的公共空间系统，有机衔接各功能区域

通过核心空间的引领以及轴线、廊道的串联，统领各公共空间节点，从而形成完整、有机的城市公共空间体系。该空间体系应与特色小镇的功能布局相呼应，联系各功能分区，

形成完整统一的城市整体。如淳安千岛湖乐水小镇，通过传统街巷空间组织轴线，串联核心空间节点，从而建立完整的公共空间体系（图 2.94）。

图 2.93　华数电视小镇营造高品质交往空间

图 2.94　淳安千岛湖乐水小镇建立完整的公共空间体系

（2）发掘小镇特色，引导公共空间营造

立足小镇的自然环境、产业特色和文化传统，提炼其特征及文化符号，用于指导公共空间建筑风格、色彩、装饰及标识，打造能够体现地方特色的公共空间。如建德航空小镇，在公共空间节点处设置飞机模型及航空雕塑，突出当地的航空文化（图 2.95）。

图 2.95　建德航空小镇——航空模型

（3）公共空间结合绿地水系，实现自然环境与人工环境的融合

将公共空间体系与小镇生态系统相衔接，结合重要生态节点重点打造公共空间，充分利用小镇的自然景观资源，体现小镇的生态特色。塑造统领小镇、功能复合、自然与人工环境相互融合的城市开敞空间系统。如西湖龙坞茶镇，结合山体绿地设置观景亭，实现公共空间与自然的有机融合（图 2.96）。

图 2.96　西湖龙坞茶镇——公共空间与自然山体有机融合

（4）注重公共空间的参与性和交流性，营造创新活力的工作和生活氛围

打造多义性的公共开放空间，促进使用者的交流与交往。结合办公、商业等功能场所设置利于交往的咖啡吧、茶室等，打造尺度宜人、便于交往的街道空间，营造创新活力的工作和生活氛围。如湘湖金融小镇，设置利于交往的院落空间，促进人们的交流（图 2.97）。

图 2.97　湘湖金融小镇设置利于交往的半私密院落空间

（5）控制宜居宜游的空间尺度

尺度是指在小镇的建造中，各种要素组合起来所带给人的感受与体验。基于对人的活动所需尺度的推敲，公共空间的建造要尺度宜人、功能适用、气氛温馨，促进人与人的交流。公共空间的建造尺度不宜好大喜功，在设计前应充分考虑居民和游客的心理与行为等各方面的需求。顺应人的各种行为活动的空间才是最佳尺度，而适宜的尺度决定了小镇建成后的舒适、合理与美观。如玉皇山南基金小镇，其注重公共空间尺度控制，形成舒适宜人的交往空间（图 2.98）。

3）案例

（1）云栖小镇：针对不同人群的公共空间营造

①创业者或工作人员。特色小镇将引入高端技术人才、互联网人才、海外人才和行业领军人才。这些人群对于公共空间的要求较高，主要体现在以下两个方面。

图 2.98 玉皇山南基金小镇——控制公共空间尺度

交流的需求：满足行业内和跨行业交流、创业竞赛、室外交流的大小型宴会厅、酒吧、茶吧，拥有大型公用会议中心及小型私用会议室；

环境的需求：绿色、环保、便捷、舒适的创业环境。

②金融基金投资人员。主要指银行、风投、基金等特定行业的从业人员，他们整体素质高、收入高、压力大、时间不够用，同时对生活品质、配套服务的档次和便捷性、舒适性等要求较高，对公共空间的要求主要体现在以下方面。

景观的需求：高品质的户外景观满足高端人才及企业的需求；

休闲的需求：休闲会所、休闲茶座、咖啡吧、金融书吧等高端休闲场所，分为大型公用和小型私用。

③居住者。特色小镇是一个生产、生活、生态相融合的社区。一定的居住用地也是特色小镇区别于一般生产型用地的特点。特色小镇中的居住者主要有两种人群——原住民和与其特色产业相匹配的工作人员。他们对公共空间的需求主要体现在以下几个方面。

活动的需求：高品质的休闲绿地和开放活动空间，加强生态环境建设，突出环境的舒适性，满足居民就近休闲活动的需求（图 2.99）。

图 2.99　云栖小镇开敞空间营造

认同的需求：建筑、景观、标识应有一定的地标性，让小镇居民有归属感和自豪感。

④游客。作为旅游功能载体，游客对于环境建设要求很高，从游客的需求出发打造特色小镇的公共空间，才可能在有限的旅游资源基础上吸引游客。游客的需求主要体现在以下几个方面。

景观的需求：“一镇一风格”，展示地貌、建筑、生态等特色，创建“高颜值”小镇；

文化的需求：将小镇的本土文化承接、挖掘、融合与发展，建造具有鲜明地域特色和风土人情的标识物、雕塑、艺术品、文化长廊等（图 2.100）；

体验的需求：让游客融入到小镇的生产、生活和游憩中，使旅游成为深入人心的体验。

（2）梦想小镇：注重文化挖掘的公共空间营造

梦想小镇的活动空间分为五个功能区：居住区、农田村庄区、创意办公区、教育区和公共中心区，形成诗意居住带、生态景观带、创意办公带和公共中心的“三带围一心”的结构（图 2.101）。

寻梦古镇：保留质量较好的古镇建筑群落，拆除后期搭建及损坏严重的建筑，并增加新的文化建筑，注入新的功能，增加活动场所及服务设施，重新整理古镇的建筑风貌、交通脉络及公共空间系统，使古镇焕发出新的生机与活力（图 2.102）。

图 2.100　云栖小镇文化雕塑

在古镇中增加新的公共空间，如亲水广场、中央景观带、公共空间、主体广场、文化广场、阳光草坪、活动广场、游船码头等，完善古镇的公共空间体系，并策划了粮仓文化、国学会、古镇风情、龙舟会、古镇美食等旅游活动项目。

筑梦工厂：通过对原有水泥场的改造，形成公共中心区，设置梦想舞台、游船码头、土壤修复研究中心、儿童公园、冒险乐园、梦想大道、休憩广场、商业广场、酒吧街、空气净化塔等公共活动空间。

图 2.101　梦想小镇空间结构

图 2.102　梦想小镇街巷空间营造

思梦花园：以休闲旅游为主要目标，设置与家庭活动相关的公共空间，如水幕剧场、阳光草坪、儿童活动广场、亲水广场、健身步道、休憩广场等。

七星田园：以现有乡村肌理为基础，依据北斗七星布置村落，设置能够体现乡村风情的公共活动空间。

绿色办公：以街区为单元设置绿色开放空间及滨水空间，提高环境品质，并促进使用者的交往。并在建筑之间设置连廊，促进人们的交流。

居住区：建筑布局注重景观的渗透，将乡村景观引入居住区。

（3）红河水乡小镇：理水筑城，充分结合自然环境的公共空间营造

水乡依水而兴，水是水乡的血脉。水乡是舟楫文化的重要载体，也是古代人民畔水生活的资本，是“天人合一”哲学思想的集中反映。

水乡的街道元素好比水乡的骨架，道路网络结合水系，撑起了水乡的基本构架，构建了水乡的基本空间感受。

水乡人对桥有着深厚的感情和偏好。桥是路的延伸，是两岸友谊的纽带。水乡的小桥通常各具特色，有不同的韵致和历史。结合桥设置公共空间节点，体现水乡文化。

以滨水两岸为活动载体的生活模式是水乡人从古至今的传统。岸线类型主要分为硬质岸线和软质岸线，其分别根据人流大小来布置，主要人流集散岸线通常以硬质岸线为主（图 2.103）。

水乡绿化布置通常自由错落、雅致清新，以追求自然精神境界为最高目的，从而达到“虽由人作，宛自天开”的审美意趣。此外，规划通过绿岛的设计，集中体现生态理念，丰富水面景观。

图 2.103　红河水乡小镇滨水空间

（4）周窝音乐小镇：突出文化内涵的特色公共空间营造

周窝镇为全国知名的音乐小镇，是以发展乐器加工和音乐文化产业为重点的特色小镇。

周窝音乐小镇的公共空间塑造注重场所的多义性，公共空间适于自发性的公共活动，同一场所可以用于游憩、休闲、交往、即兴演奏等多种活动，强化了公共空间的活力（图 2.104）。

音乐小镇设置了若干节事活动场地，用于大型音乐节等活动的组织，为小镇凝聚了活力，并强化了小镇的音乐文化品牌建设。

另外，小镇的公共场所设置了独具特色的音乐装饰、个性雕塑、艺术涂鸦，强化了场所特色，增加了小镇的音乐文化氛围（图 2.105）。

图 2.104　周窝音乐小镇街道氛围营造

图 2.105　周窝音乐小镇街头音乐雕塑

2.6.5 生态绿色创新规划

1）生态城市规划

（1）生态城市的内涵

符合生态规律的生态城市应该是结构合理、功能高效和生态关系协调的城市生态系统。一个城市无论贫穷或富有，只要能高效利用资源，在系统内部及外部建立和谐的生态关系，拥有充沛的活力，这个城市就处于健康状态，即可称为生态城市。具体表现在下面几个方面。

①自然环境方面。生态城市应具备良好的自然生态系统、较低的环境污染、良好的城市绿化、完善的自然资源可循环利用体系。生态环境是人类赖以生存的自然物质资源和空间，舒适、安全、清洁的环境可为发展创造出许多间接的经济效益，为发展提供支持。

②经济方面。应实现资源的最佳配置，使人类经济，尤其是工业活动对环境的污染降到最小，实现“绿色的经济增长”。通过经济的信息化和知识化、清洁生产、环保产业、资源再生利用产业以及相应的环境经济政策去调整现有的经济运行模式，是实现经济生态化的重要步骤。

③社会方面。倡导生态价值观、生态伦理，提倡节约资源和能源的可持续消费方式；城市居民、企业以及政府机构要有自觉的生态意识（包括资源意识、环境意识、可持续发展意识等）和环境道德观；保护和继承文化遗产并尊重居民的各种文化和生活特性，居民身心健康、生活满意度高，拥有平等、自由、公正的社会环境。

④管理方面。能发挥高效率的管理功能，通过对人口控制、资源利用、社会服务、劳动就业、治安防灾、城乡建设、环境整治等实施高效率的管理，从而保证资源的合理开发利用和人口规模、用地规模的适度增长，最大限度地促进人与自然、人与生态环境的和谐。

可见，生态城市是一种在城市生态环境综合平衡制约下的城市发展模式，涉及经济、社会、环境的可持续性。生态城市不仅包含了塑造城市外在形象的内容，还包含了生态文化在公众中的普及和人与人、人与社会、人与自然关系的调整。

（2）生态城市指标体系

衡量城市的生态化水平必然要确定生态规划的标准，但如此众多且具有不同特征的城市，很难用统一的指标来规定（表 2.6）。因此，一个标准只能针对某个城市或某类性质和特征，与其相近的城市而定。概括来说，可遵循以下原则制定：

①根据现有的环境与社会、经济协调发展的理论，力求将标准值定量化。

②凡已有国家标准的或国际标准的指标应采用规定的标准值。

③参考国际上发达国家对现代化城市的量化指标作为标准值。

④参考国外生态化程度较高的城市现状值作为标准值。

⑤参考国内城市的现状值作趋势外推，确定标准值。

表 2.6 生态城市指标体系

一级指标	二级指标	三级指标
自然生态	城市绿化	森林覆盖率（51.9%）、人均公共绿地（16 立方米）、建成区绿化覆盖率（45%）、自然保护区覆盖率（12%）
	环境质量	环境综合指标（92 分）、大气环境 no2 浓度（0.04 毫克 / 立方米）、大气环境 TSP 浓度（0.08 毫克 / 立方米）、饮用水源水质达标率（100%）、地面水水质达标率（100%）、区域环境噪声平均值（< 50 分贝）、交通干线噪声平均值（< 68 分贝）、环境噪声达标区覆盖率（100%）公众对生态环境的满意度（100%）
	环境治理	环保投资占 GDP 比重（> 3%）、机动车尾气排放达标率（100%）、工业废水排放达标率（100%）、城市生活污水处理率（100%）、工业废气处理率（100%）、工业固废综合利用率（100%）、危险废物处置率（100%）
经济生态	经济水平	人均 GDP（22 万元）
	经济效益	万元 GDP 能耗（0.5 吨标煤）、万元 GDP 物耗（0.2 万元）
	经济结构	三产占 GDP 比重 (60%)、高新技术产品产值占工业总产值比重（35%）、信息产业增加值占 GDP 比重（25%）、科技进步贡献率（> 70%）
社会生态	人口	建成区人口密度（3500 立方米）、人口平均预期寿命（78 岁）、第三产业从业人员比例（70%-80%）、出生婴儿缺陷发生率（< 5‰）、城市化水平（90%）
	资源配置	人均生活用水量（455 升 / 天）、人均生活用电量（3.8-5.5 千瓦时 / 天）、气化率（100%）、万人商业网点数（400-450 个）、恩格尔系数（< 30%）基尼系数（< 0.3）
	基础设施	人均道路面积（16 平方米）、城市居民人均住房面积（22 平方米）、万人病床数（90 床）
	教育科技	研究与发展经费占 GDP 比重（> 5%）、万人在校大学生数（479 人）、科教投入占 GDP 比重（> 2.5%）
	社会保障	失业率（< 4%）、社会保险综合参保率（100%）、甲乙类传染病发病率（1.3%）、刑事案件发生率（0.05%）
	信息化水平	信息化综合指数（100%）、人均信息消费占总消费比重（20%）、因特网上网人数比重（60%）

2）海绵城市中的绿地系统规划

（1）规划原则

①充分发挥绿地雨洪控制利用功能。重视和发挥城市绿地在海绵城市建设中的关键作用，城市绿地系统规划、绿线规划、绿道规划等相关专项规划应结合海绵城市建设，将雨水控制利用作为绿地系统的重要功能进行统筹考虑，在绿地相关规划目标和控制指标、布局和结构、绿地分类规划、树种规划等方面体现海绵城市建设的相关要求。

②结合水生态敏感区规划布局。海绵城市在城市总体规划阶段，应优先保护河流、湖泊、湿地、坑塘、沟渠等水生态敏感区，尽可能结合水生态敏感区、水系蓝线、道路红线预留退让距离等，进行城市绿地系统布局，划定城市绿线，并将城市雨水系统的功能、空间需求，作为城市绿地系统规划和布局的重要依据。已经编制城市总体规划的城市可基于海绵城市雨水系统相关规划成果，在城市总体规划修编中基于现实条件优化城市绿地系统布局。

③合理承担周边客水。城市绿地系统作为城市“海绵”的重要载体，对真正实现海绵城市的功能和目标担负着重要作用。应结合周边地表行泄通道、雨水管网等竖向条件与汇水面积空间需求，合理接纳周边汇水面的雨水径流，并结合地下管渠、水池等灰色雨水基础设施，共同达到海绵城市建设的各项目标要求。

④新旧城区因地制宜。新建城区宜根据海绵城市雨水系统建设要求，结合绿化率、绿地覆盖率等控制指标和绿地系统布局，科学规划竖向关系和地表径流通道，形成覆盖开发地块、市政道路、公园广场、河湖水体的完整的城市绿地系统和绿色与灰色基础设施结合的雨水控制利用系统。旧城改造中宜结合城市有机更新、景观提升等项目机遇，尽可能地增加城市绿地面积、优化布局，提升绿地雨洪渗、滞、蓄等功能，为各类绿色雨水设施的落实提供空间和衔接条件。

⑤多规划统筹与协调。城市绿地系统规划应与排水防涝综合规划或海绵城市雨水控制利用系统专项规划等雨水系统规划统筹衔接，同步优化协调总体规划中的土地利用指标、布局、竖向等。并在控制性详细规划与修建性详细规划阶段，基于雨水系统规划要求，明确详细控制指标，并协同道路与交通规划、水系规划统筹衔接红线内外城市绿地空间。

（2）规划目标：实现水生态、水环境、水资源、水安全综合规划目标城市绿地系统是实现海绵城市水生态、水资源、水环境、水安全的综合目标的重要组成部分，应与城市灰色排水系统相衔接，共同实现海绵城市建设目标。这些目标互相关联，应发挥绿地的综合功能，通过整合，而不是分离的方式来实现。

水生态目标主要指恢复城市的良性水文循环。一方面，总体规划层面即应考虑海绵城市绿地系统的布局，兼顾城市水系、湿地、洼地、湖泊、自然沟渠等水敏感区的保护与禁限开发，保护水生态，并为生态修复提供空间条件。另一方面，海绵城市绿地系统应统筹周边汇水区域，衔接灰色排水系统，共同实现区域水生态的修复，满足年径流总量控制率、透水地表面积比例、生态岸线比例、地下水位保持率等指标的要求。

水环境主要指通过绿地土壤（介质）的渗滤作用和植物的净化能力，达到径流污染控制目标，保障绿地内及下游连通水体的水环境质量。考虑到雨水水质的复杂性和随机性，并根据一些主要污染物指标间的相关性，一般简化为以 SS（悬浮物）控制率作为控制指标，应基于年径流总量控制率与设施去除效率核算，详见《海绵城市建设技术指南——低影响开发雨水系统构建》。

水资源主要指雨水的综合控制利用目标，包括水源涵养、自然渗透、自然调蓄以及雨水资源化利用。海绵城市绿地很重要的功能是自然渗透以及调蓄自身及周边场地的中小降雨径流。雨水资源化利用应按需定供，并综合考虑经济效益、维护管理等因素，合理选择将雨水回用于绿化浇灌、园路浇洒、景观水体供水等方面，可采用雨水回用率作为控制指标。合理的雨水回用规模一般不超过年径流总量控制率上限。

水安全主要指海绵城市绿地系统，应兼顾城市排水防涝、防洪目标的实现。城市绿地系统应作为城市排水防涝系统的重要补充，与排水管渠、行泄通道等城市灰色排水系统相衔接，共同实现排水、防涝、防洪目标。

（3）规划要点

①建筑与小区附属绿地

新建建筑与小区的绿地规划应与雨水系统进行统筹考虑，绿地率、绿化覆盖率等规划指标应兼顾雨水系统专项规划对雨水设施的空间需求。

已建改造建筑与小区，应结合城市更新与改造、景观提升、总体规划、详细规划修编等，衔接雨水系统专项规划要求，提高开发地块内的绿化率，为雨水设施预留空间。

因绿化率、建筑排水方式等条件局限，无法独立满足径流控制要求的建筑与小区，可结合周边公园绿地等集中绿地接纳其雨水径流，并在绿地系统专项规划中的公园绿地控制指标中明确汇水范围及雨水系统控制指标等。

②城市道路附属绿地

道路周边附属绿地应统筹道路红线内、外绿地空间，一方面满足道路自身雨水径流的污染控制与排放要求，另一方面也应尽可能地兼顾道路周边地块汇水区域雨水径流的污染控制与排放要求。

新建城市道路周边应根据道路等级、横纵坡度、周边地块汇水分区等，在道路红线内或红线外预留道路附属绿地。衔接道路与交通专项规划与雨水系统专项规划，提出道路绿带面积率、绿带宽度等城市绿地控制指标。

周边有附属绿地空间的已建城市道路，宜参考新建城市道路附属绿地，纳入相关指标与要求。对于几乎没有绿地空间的已建城市道路，宜结合道路更新、维护等机遇，增加道路绿带或局部增加城市绿地，或结合灰色排水系统的截污滞留设施等，共同达到雨水控制目标。

③公园绿地

有条件的公园绿地应尽可能承担周边汇水区域径流，协同周边汇水区域共同达到雨水系统控制总量与内涝控制要求。

新建城市公园绿地的布局、面积、竖向要求，应结合雨水系统专项规划中对行泄通道、末端调蓄设施规模与位置的要求综合确定。具有重要调蓄功能的公园绿地，可进一步结合调蓄容积要求，在城市绿地专项规划中对竖向、公园内水体水位、水面率等控制指标系统优化并提出控制指标。

已建城市公园绿地宜基于周边汇水区内涝、污染情况，结合既有管线竖向、统筹雨水系统专项规划，在提升改造中逐步增强绿地的雨洪调蓄功能，有条件的地块可将公园绿地改造为多功能调蓄绿地。

④其他绿地

在城市新建河道周边，宜统筹城市河湖排水能力、行洪能力、水土保护要求、水动力要求、径流污染控制等综合需求，合理规划滨水绿地范围、制定滨水绿地雨水相关控制指标，使区域整体达到径流污染控制、排水防涝等综合控制要求，并在滨水绿地内预留作为末端雨水径流控制设施的用地。

在城市已建河道周边，应结合城市规划修编、有机更新、河道专项整治及景观提升项目，衔接和落实雨水系统专项规划的控制要求，充实滨河绿地的综合功能，使之成为雨水径流进入河湖水体之前的缓冲与屏障。

3）案例：靖江孤山空调小镇规划海绵城市建设

（1）绿色基础建设

遵循生态优先等原则，将自然途径与人工措施相结合，实现雨水在小镇区域内的积存、渗透和净化，促进雨水资源的利用和生态环境保护。

（2）雨水生态利用

采用“渗、滞、蓄、净、用、排”等措施，形成可持续的雨水生态利用系统（图2.106）。

图2.106　雨水生态利用系统示意

（3）形成庭院——道路——滨河景观多种空间的海绵城市绿色基础设置建设

①庭院雨水系统：生态屋顶、透水铺装、雨水花园、雨水收集设施（图 2.107）。

②景观雨水系统：人工湿地、植物群落种植（图 2.108）。

③道路雨水系统：透水铺装、下洼绿地、生态草沟（图 2.109）。

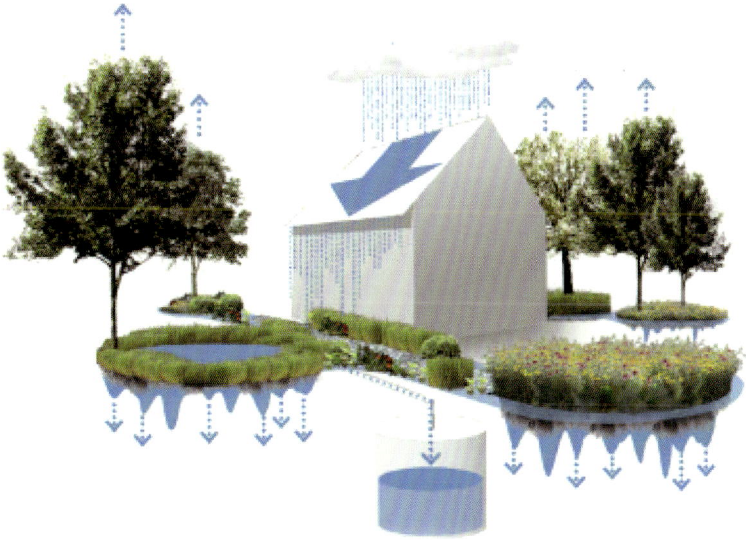

图 2.107 庭院雨水系统

图 2.108 景观雨水系统

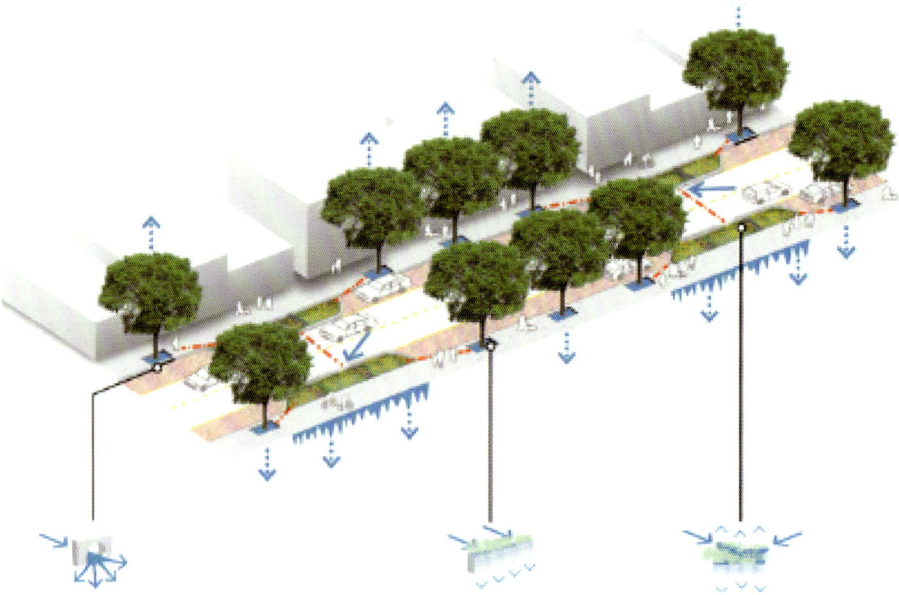

图 2.109　道路雨水系统

3

运营篇

3.1 特色小镇开发运营过程简述

特色小镇的开发和运营，基于系统的规划和合理的策划，须在整个项目开始前就提前策划好整个开发过程，预估可能发生的一切情况，并且对资金预算的使用也需要提前做系统合理的规划。

特色小镇项目的开发，最核心的先决条件是土地，然后才是特色产业的导入，按近年开发的特色小镇项目的经验来看，土地规划规模通常在 2 ~ 5 平方千米，开发商如何获得土地指标，将直接关系到整个项目的运作。

2 ~ 5 平方千米的土地如果一次性全额收购，短期内的资金需求量将过于庞大，对于绝大多数的开发商来说风险过大，容易造成资金链的断裂，从而导致整个项目的崩盘。建议开发商可与当地政府协商合作，与政府签订项目整体开发的框架协议（协议核心内容包括整体项目合作内容、土地指标、土地转让价格、土地租赁价格、相关的优惠政策等），在项目规划范围内，以相对低于市场的价格先购买一部分土地作为项目第一期开发，面积可根据自有资金量而定，通常为整体规划面积的 10% ~ 15%，余下土地则与政府签订长期使用权的租赁协议，期限视整个项目的开发周期而定，至少为 10 年。租赁土地中，必须预先锁定部分土地（约占规划总面积的 30% ~ 50%），预付长期租金用于项目后期的持续开发，同时要明确，如果项目开发成功，那么在后续的约定租赁土地范围中，开发商可以优先行使约定价格的购买权。这样在前期投入上，不会给开发商造成过大的资金压力，可大大降低投资风险。

在与政府签订项目开发框架协议的同时，需明确当地政府负责整个特色小镇的基础设施建设，包括城镇旧改工程以及城镇道路、绿化、水电气、网络等基建配套，视具体项目情况，也可与政府协商以 PPP 模式（政府与社会资本合作的一种公共基础设施建设中的项目运作模式）合作建设开发。

拿到第一期开发所需土地后，即可引入第一个战略合作伙伴联合开发，以其中的部分土地与房地产商联合开发具备销售条件的房地产项目。合作模式可以是土地股权转让，也可以是联合开发分成，这样可快速获得后期项目开发所需资金，而且在后期产业成熟的情况下，会产生大量的输入型产业人口，从而产生对住房的刚需。同时，剩下的土地可自主开发商业地产，主要以商铺、酒店、办公类地产为主，不仅短期内即可产生一定的租金等经济效益，而且还可大量解决当地原住居民的就业岗位。

二期项目的开发，主要以相关特色产业和产业配套设施的建设开发为主。此时可引入第二个战略合作伙伴，以土地租赁的合作模式联合开发运营，运营所得收益双方以一定比例分成。其中的一些产业、生活的配套设施，如医院、学校、保障房（用于当地居民的优先回迁）、产业园区等，也可与政府协商以 PPP 或 BOT 的模式进行开发，这里所谓的 BOT 模式，是英文“Build - Operate - Transfer”（建设 - 经营 - 转让）的缩写，简单来说就是基础设施投资、建设和经营的一种风险共担模式，以政府和企业之间达成协议为前提，由政府向企业颁布特许，允许其在一定时期内筹集资金建设某一基础设施，并管理和经营该设施及其相应的产品与服务，期满后再将整体设施全部移交给政府部门。

中后期的项目开发，以相关产业链开发或文旅休闲产业为主，同样地，可引入相关的合作伙伴联合开发，采用合作运营、按比例分成的合作模式。待后期产生稳定的门票、租金等现金流收益后，再利用这些收益进行债券发行或成立信托，进一步回笼资金。

综上所述，整个特色小镇项目的开发是一个烦琐且系统的运作流程，简单来说就是通过与政府的通力合作、项目资金的灵活运用、战略合作伙伴的引入以及合理的股权分配，从而达到用最小的投入换取利益最大化的目的。

3.2 特色小镇的两大产业形态

3.2.1 输入型产业特色小镇

①以文旅、休闲、医养、农业等产业为主题的新型城镇化模式。

②以泛旅游项目的运营、商业配套及地产开发等输入型收益为盈利核心的模式。

3.2.2 导出型产业特色小镇

①以环保、创新科技、金融贸易、高端制造等产业的升级、集群一体化为主的新型综合城镇化模式。

②以政府资源为主要依托，特色产业链的开发、运营、税收落地、IP 导出等收益为盈利核心的模式。

3.3 特色小镇的业态定位和开发

3.3.1 产业定位及产业链开发

1）产业定位

不同的产业模式，决定不同的业态定位；不同的业态定位，决定不同的开发模式。以输入型产业为主的模式，注重的是利用文旅类景点的开发吸引大量输入型客流，配套的商业、酒店、度假、休闲设施皆以吸引游客量、增加游客的消费量和过夜率为主要目的。而以导出型产业链为主的模式，注重的则是吸引相关产业人才、企业的入驻、税收落地，主要以完善的产业配套和生活配套设施来吸引外来企业和人才，如产业园区、厂房、物流设施、医院、学校、住房、金融机构等；有了大规模的相关产业链的企业和人口不断涌入，才能最终实现产城一体化全面发展的区域型生态圈的格局。

2）输入型产业链开发

输入型产业小镇，主要是指依托具有开发价值的文旅、休闲、医养等产业，提供相关产品，以休闲产业、旅游业等为主，拥有较大比例输入型消费人口的小城镇，是一种集特色景区、休闲区、城镇建设区三区合一的综合城镇结构。可包括旅游服务业、旅游管理业、酒店度假业、餐饮业、旅游商业、文娱休闲业、新兴农业、田园综合体、高端医养业、会展会务、旅游产品开发、地产开发等相关产业链。

3）导出型产业链开发

导出型产业小镇，主要是指依托当地特色产业的培育孵化，以环保、创新科技、金融贸易、高端制造业等产业链的集群为核心，以产业生态圈的 IP 导出、运营、税收落地为核心利益，构建以“产业本身 + 产业应用 + 产业服务”结构为中心的产城一体化城镇模式，根据自身产业特色可开发或引入科研、设计、生产制造、工业、物流、金融、贸易、娱乐、客户服务、会展会务、教育培训、交易服务、旅游休闲、产业博物馆、文化产业、主题园区、地产开发等产业链。

3.3.2 一级土地开发和基础设施建设

特色小镇项目在开发之前，面对大量尚未规划和整理的国有、乡村集体土地，需要明确不同的土地开发结构和开发方式将直接决定今后的土地运营和盈利模式。在整个规划范围内，开发商前期可与政府协商，通过转让或授权等合作方式，获得土地一级开发权，由政府牵头，对合作指定区域范围内的城市国有土地、乡村集体土地进行统一的征地、拆迁、安置、补偿，并进行适当的市政配套设施建设，如城镇道路建设、水电气基础工程建设及电信网络等设施建设，使该区域范围内的土地达到“三通一平”“五通一平”或“七通一平”的建设条件（“熟地”），通过“熟地”的有偿出让或转让，享受土地升值或政府补贴带来的直接受益。

3.3.3 产业地产开发

无论是输入型还是导出型的特色小镇，都需要进行大量的产业地产开发，但并不是所有小镇的产业结构都是千篇一律的，我们应基于小镇自身的业态定位和市场需求进行合理规划，对应开发不同业态结构组合的产业地产。产业地产的分类总结有以下几种：

1）产业配套

根据小镇自身产业定位，需紧扣“产业本身＋产业应用＋产业服务”的核心结构，开发相应产业地产，如产业园区、厂房、仓储、物流中心、办公设施、培训中心、产业博物馆、会务会展中心、员工宿舍等，作为产业链的配套地产开发。

2）商铺

特色小镇的规划发展，离不开商业地产的开发，其中商铺类地产的开发可对当地原有商业文化进行整理和升级，丰富城镇商业市场，解决原住居民的部分就业，还可吸引输入型消费，所产生的税收、租金也是小镇盈利的重要来源。在开发商铺的过程中，应提前做好市场分析，合理地分配餐饮、零售、休闲、文旅产品的业态比例。

3）酒店、客栈

特色小镇中，商业酒店、客栈的开发建设必不可少，无论是旅游特色还是产业一体化特色的小镇，都需要满足游客的住宿需求。输入型客流的过夜率增长，将大幅增加小镇的整体商业利益，也是小镇主要的收益模式之一。其中，酒店开发着重于引进大品牌星级酒店联合运营，优化整个小镇的品牌效应，更利于今后向全国范围的推广；客栈则更倾向于民宿类私营模式，使当地部分居民在改善民生的同时融入并参与到小镇的经营中。

4）度假公寓

以文旅、休闲、度假为特色的特色小镇，可开发一定数量的度假型公寓，以满足周边大城市游客周末或假期对度假居所的需求。度假公寓与客栈最大的区别就是可自主运营租赁，一定条件下，也可单独出售产权或使用权给个人业主，同时和业主协商出售闲时的代理租赁业务，租金收益与业主按比例分成，可作为开发商快速回笼资金的手段之一。

5）夜游项目

在以文旅特色为主的特色小镇中，增加夜游项目的建设，是吸引大量游客及大幅增加游客消费和过夜率的极为重要手段。无数成功案例告诉我们，当下的旅游消费模式，已从单一的走马观花式的景区游览模式转变为更立体、更全面的休闲度假旅游模式。因此，在景区建设夜间游览项目，如灯光商业街、庙会、夜间巡游、景观灯光秀、水幕灯光秀、夜间舞台演艺，等等，更能吸引大量游客的驻足，也势必能大幅增加当地商业、住宿业的运营收益。

6）养老地产

特色小镇可依据自身优势，寻找实力雄厚的人寿保险公司作为战略合作伙伴，联合开发打造高端养老社区，配以高端医养配套设施、田园综合体模式，既可满足大城市或本地居民的养老需求，也可增加自身盈利。

7）保障型住宅

特色小镇的改造建设，首先是城镇的统一规划和旧城的改造，同时，城镇旧改也势必会带来原小镇居民的回迁和农民城镇化居住的问题，因此需要联合政府和房产开发商开发一定数量的保障型住宅项目。保障型住宅的出租和销售，既可解决当地原住居民的民生问题，也可以在一定程度上缓解资金压力。

8）商品住宅

特色小镇的产城一体化模式的发展过程中，会增加大量的相关产业人口，意味着人们对住宅的需求量将同步增长。因此，联合大型知名房地产企业进行商品住宅的开发建设，是城镇综合发展的大势所趋，同时也是特色小镇最核心的盈利模式及降低资产负债率的重要手段。

3.3.4 生活配套设施建设

前面提到，根据不同的产业模式定位，需要配以不同的生活配套设施。在导出型的特色小镇中，为了吸引外来企业和人才，当地需建设更加完善的生活配套。首先是公共交通、医院，以解决外来人才的出行、就医问题。其次是学校的建设。政府可联名当地知名企业以 BOT 模式合作建设学校，在知名企业的影响力下，更能吸引外来人才的关注，也更能令居民放心未来他们子女的入学教育问题，同时不但提升了企业的知名度，也适当减轻了政府开发建设的资金压力。再次是住宅，要解决大量外来人才的刚需住房需求。最后是城镇的智能化管理和智能化服务设施，更便捷舒适的工作生活环境当然能吸引更多的优秀企业和人才踊跃加入小镇的整体产业链，最终形成产城一体化模式的特色小镇。

3.4 特色小镇运营模式

特色小镇的运营，通常会遇到“资金投入大、运营时间长、投资回报慢、资源整合难”这几大问题，如何合理地规避或缓解这些问题给投资方带来的压力，是小镇项目运营的关键。根据我们以往的经验，可以总结为以下几点。

3.4.1 政府扶持

1）城镇定位、规划

特色小镇的开发前提，在于当地政府对城镇用地的准确定位和合理规划，如土地区域的重新划分，土地性质的合理变更，旧城的改建、原住居民的安置措施等。这个大前提，是吸引民营资金的投入的基础，最终促成特色小镇项目的合作和开发的顺利发展。

2）产业的培育和升级

政府需利用当地现有的特色产业，在整体规划的同时，结合对当下市场需求的理性分析，将自身的特色产业进行有效的培育和升级，在此基础上吸引投资者的目光。

3）基础设施建设

在与政府的合作开发框架协议中，应明确由当地政府负责小镇的基础设施建设；如政府财政无力独立负担，则应积极寻求 PPP、BOT、ROT[1] 等合作开发运营模式，力求实现与投资方的双赢。

4）相关优惠政策落地

毫无疑问，政府对项目建设开发所提供的优惠政策，是吸引开发商投资的重要的因素之一，如低于市价的土地转让价格，优惠的土地租赁价格，PPP 资金的补贴，产业的

[1]：ROT 模式为英文“Retrofit-Operate-Transfer”的缩写，即“重构 - 运营 - 移交”，是一种风险共担模式。民营机构负责已有设施一定期限内的运营管理，项目扩、改建所需资金的筹措、建设，期满将全部设施无偿移交给政府部门。

引导和孵化基金、税收方面的优惠，以及招商引资的便利政策，都是开发商关注的焦点，这些优惠政策的落地及政策的持续性也将直接影响到整个项目的开发。

3.4.2 引进战略合作伙伴

由投资方自身进行整体区域的综合运营管理，同时逐步引入若干战略合作伙伴，通过股权的变更、稀释、联合运营分成等合作模式进行分区域的合作运营。不同的业态区域可引入相应的专业领域合作伙伴介入，如此可更合理有效地运营整个特色小镇项目，也可大大降低各投资伙伴的压力和风险。

3.4.3 IP 资源运用

1）整合资源形成自身品牌效应

在当下的市场环境下，IP 的合理运用在项目运营中至关重要，特色小镇如果没有理念内容（IP）的植入，难有“特色”，只是钢筋水泥的混合体而已，也无法避免同质化竞争的厄运。在今后一段时间里，中国的特色小镇项目都将顺应大势，进行 IP 上的角力与竞争。因此，在项目的策划运营过程中，须不断整合相关有利资源，同时做好充分的市场推广，加大宣传力度，如主流媒体的广告、优秀 IP 的冠名、明星代言、新兴媒体的大力宣传等。从而建立自身品牌，树立品牌形象，强化自身 IP 品牌效应，形成市场影响力。

2）输出自身 IP 吸引市场资源

通过自身 IP 优势，吸引市场各相关专业领域的有利资源，如设计、策划、建造、工程、管理、服务、营销、投融资等，并加以有效的整合、利用，形成全产业链的合理化方案，实施全过程持续跟进服务，加速项目的最终落地。

3）导入与合理运用优质 IP 资源

特色小镇的运营过程中，优质 IP 资源的导入至关重要，如大品牌的运营商、供应商、生产商、服务商、星级酒店等，它们既是支持小镇健康发展的重要元素，也是存量资产灵活运用的润滑剂。通过对市场各种 IP 的有效梳理、合理导入、充分利用，形成新的合作模式和产业体系，最终形成特色小镇的产业联合发展、共同壮大的发展结构。

4）IP 资源运用经典案例

日本熊本县的“网红大使”熊本熊，就是一个通过创建自有 IP 而推动增量资源开发的典型案例。相比京都、奈良等文化重镇，熊本这个农业县在日本并没有什么知名度，旅游资源更是缺乏。2011 年新干线将贯通整个九州，于是熊本县政府便抓住了这个千载难逢的机会。为了吸引更多的人在熊本下车旅行，熊本县在 2010 年创作了酷萌的熊本熊作为本地区的标志。通过 2010 年“熊本熊失踪事件”、2013 年“熊本熊丢了红脸蛋”、2014 年“熊本熊亮相红白歌会”以及在脸书和推特上与关注它的人积极互动等一系列营销推广活动，熊本熊成了熊本县的代言。

为了更好地推广和宣传熊本县的形象，熊本县政府从熊本熊创立之初便实施“免收版权费”政策，只需向熊本县政府提出使用申请，得到批准后即可免费使用熊本熊形象。第一年吸引了超过 3600 家企业申请合作，第二年又增加了 5400 家，产品涉及衣、食、住、行、游、购、娱等整个产业链，仅在 2013 年，就有 1.6393 万件商品使用了它的形象。

仅在熊本熊这个“超级 IP”横空出世的 5 年内，熊本县旅游发展的经络就被打通了，旅游人数增长了近 20%，并且势头持续向好。

3.4.4 项目转型

由于市场需求不断在变化，特色小镇的产业模式和业态结构在运营若干年后可能会遇到市场瓶颈，这时候项目的整体转型就势在必行，不然就是故步自封、坐以待毙。应根据市场的需求和变化趋势，结合自身资源和优势，在原来的产业模式和业态结构基础上，开发出新的特色项目或业态，使小镇自身形成一个良性循环机制，以最大限度地跟紧政策形势和市场需求，才能使特色小镇可持续地健康经营下去。

乌镇——一个拥有一千多年历史的江南古镇，自东栅景区 2003 年对外开放游览起，至今已走过十多个年头，根据 2016 年游客接待数据统计显示，2016 年乌镇景区全年游客接待量高达 692.4 万人次，同比增长 21.7%，赚取门票收入 4.8 亿元，同比增长 28%。正是不断的项目转型，才使得乌镇的热度经久不衰。

十多年的转型探索，乌镇始终坚持在保护的前提下开发，不断完善基础设施，多方面拓展产业链。每次转型都不是完全推翻原有模式，而是在原有模式上继续更新加强，从最初的“乌镇模式”到乌镇戏剧节，再到如今的世界互联网大会，乌镇的每一次转型都走在同行业的前列，所有的努力最终都转化为自己的品牌优势。

3.5 投融资和股权结构设计

3.5.1 多元化的投资平台和多渠道的融资模式

1）建立多元化投资平台

特色小镇项目的开发中，资金的投入是一个长期且系统的过程，应依托原有的特色和基础，逐步稳妥地拓展。先围绕原有产业及相关产业拓展，再逐步传递到其他产业，从而建立一个多元化的投资平台，吸引不同领域、不同产业、不同行业的多元化投资，如城投投资、旅游投资、交通投资、文化投资、农业投资、医疗投资、养老投资、环保投资、商贸投资等。多元化的投资经营可增加自身项目的收益机会，也可有效分摊投资风险，是项目开发或企业经营的未来发展趋势之一。

2）自有资金投入

在特色小镇项目的前期规划阶段，应初步预估整个项目开发所需的资金总体预算，由主体项目开发公司投入首期资金，为整体预算的 15% ~ 20% 为妥。首期资金主要用于购买核心产业及运营用地（项目总占地面积的 10% ~ 15%）、项目立项、方案策划、方案送审等所需资金。

3）政府补贴资金

特色小镇的开发，不可完全由政府投资，但要依靠并联合政府开发 PPP 项目，以获得政府在资金及政策方面的扶持和补贴，如税收优惠政策、政府财政拨款、产业促进孵化基金、城镇统一规划、土地划拨、城镇旧改、周边道路建设、水电气及网络等基础设施建设。

4）商业银行贷款

通过前期的自主资金投入所获得的土地产权抵押，以及项目公司的股权质押，由项目公司向商业银行进行抵押贷款，用于项目的实际建设和开发以及购入二期土地的产权所需资金。

5）战略合作伙伴的引进

项目正式启动开发后，通过自身 IP 的输出，吸引战略合作伙伴加入，合作形式多种多样，如建设和运营同步、约定分成、资本金的引入、合理的股权分配或转让、注册资本金的增加、利用自己的土地资源联合地产开发商开发新的地产项目等，从而在扩大自身规模的同时一定程度地降低自身的资产负债。

6）债券、信托

项目开发到中后期，在部分项目可运营并有稳定的运营收入后（如景点门票、商铺租金、产业经营收益等），可利用未来 3 ~ 5 年的运营收入发行债券或信托类产品进行进一步融资。

7）境内外上市

在整个特色小镇项目开发完成、顺利运营并达到一定规模的前提下，开发商也可考虑将整个项目，包括所有的合作公司、运营商、子公司等打包上市。

3.5.2 小结

综上所述，概括来说，特色小镇的运营开发，就是以自身特色产业资源或环境资源为基础，以产城一体化和泛旅游的综合开发模式为手段，在当地政府一系列持续有利政策的扶持下，通过多元化的投融资方式、合理的股权结构建设及高效专业的运营，最终达到以特色产业链的开发运营和房地产开发为盈利核心的系统开发过程。

4

管理篇

4.1 智慧的城市发展背景

4.1.1 城市发展面临的挑战

2007 年，有 33 亿人生活在城市中，世界首次进入了城市人口占多数的时代，预计到 2050 年，城市居民将达到 64 亿人，将占全球人口的 70%。未来十年，亚洲的城市人口增长速度将超过每天 10 万人，人口增长远远超过基础设施投资的增长。在北美和欧洲，城市将继续经历负增长，许多国家（包括德国、意大利、俄罗斯的大部分州）的城市在 2050 年将会变得更小。在拉丁美洲，城市正在分散化，大城市合并了附近的乡镇，其结果是，大城市地区发展出了一些卫星城，它们重复着中心城的功能；很多大城市正在和其周边郊区争夺人力、收入和就业机会。在非洲，贫困将继续加剧，大量人口逃离农村，人口向城市迁移的趋势加速，将加剧提供完善的基础设施、卫生和医疗服务以及食品的困难。

在这些合并和整合的智慧城市当中，不断涌现出在不同的领域有着独特的业务或文化特色的区域或小镇，这些特色小镇往往都聚集了某些特色领域的中小企业、文化中心或旅游中心，在整个区域里起着非常重要的作用。

特色小镇最初从国外兴起，指某一类特色元素集聚的小镇，包括娱乐休闲、历史文化、民俗风情等休闲旅游型小镇，如法国芒通，也包括高校和创新资源支撑的科技创业型小镇，如美国硅谷。

我国近期热议的特色小镇最初由浙江省提出具体定义并实践，是浙江省在经济发展新常态下发展模式的有益探索，得到了中央财政办公室的认可。浙江省根据特色小镇的成功建设案例，系统阐释了特色小镇的定义："相对独立于市区，具有明确产业定位、文化内涵、旅游和一定社区功能的发展空间平台。"

让小镇更具特色和魅力，更好地结合传统和文化特色，再导入移动互联网、大数据、云计算、人工智能、虚拟现实等现代化手段，让人与自然、建设、科技、体验更好地融为一体，天人合一。

在特色小镇的智慧城市管理中，所有的公共场所都提供免费无线网络，小学阶段的孩子就开始学习编程，人们网购的商品几小时内就能送到家中；路灯有需要才会亮起，智能传感器不仅会提示市中心的停车指示，也知道何时收取垃圾；智能算法能协调市民的就医需求，城市相关的所有数据免费对所有市民开放。

4.1.2 智慧城市的内涵

智慧型城市拥有高度的感知、互联、智能，是一个能够平衡城市各方面需求、优化配置城市各类资源的高效生态系统。智慧型城市能够实现对城市建筑、交通、能源和公用事业、医疗、行政服务、教育等信息进行分析优化，使得市民和城市商业产业能够更加有效率地利用城市资源（图 4.1）。

• 智慧型城市的特征一：智慧型城市是感知的，在智慧型城市中，城市各系统中的重要管理对象状态都能够得到正确的感知和度量。

• 智慧型城市的特征二：智慧型城市是互联的，在智慧型城市中，长期以来分散的城市系统和城市产业之间建立起高效的沟通与交互，互联成网，互通信息，构成高效的城市社会结构。

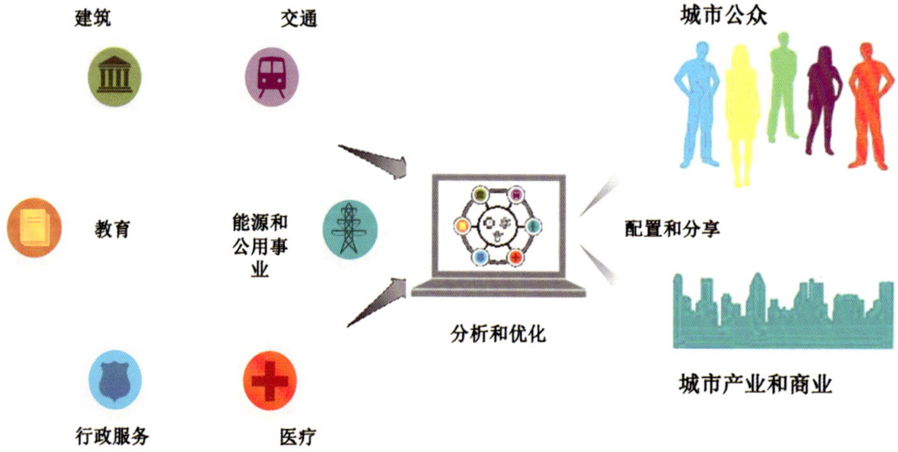

图 4.1 智慧型城市的内涵

• 智慧型城市的特征三：智慧型城市是智能的，在智慧型城市中，通过协同来自各个源头的信息，开展多方面、多维度的分析、预测和优化，实现政府机构、企业、事业等城市主要实体组织的智能决策。

不同的城市和特色小镇，依据其不同特点，具有差异化的发展愿景。一座特色小镇的智慧切入点，应该围绕其自身的愿景来布局，通过智慧型城市支撑和引领城市发展目标的实现。特色小镇的定位有：旅游之城，具有优秀的旅游交通、食宿和景点联动的文化旅游之城；宜居之城，具体为卓越的规划和设计之城、健康平安之城或者可持续发展之城；宜商之城，具体为文化会展之城、数字创新之城或者商务中枢之城。在智慧城市的各个领域，世界各地都已经涌现出了很多先进的实践案例。例如伦敦用交通拥堵收费和排放收费叠加模式“减堵”和“减排”，新加坡利用商业智能进行交通优化。智慧型特色小镇建设思路与当地实际情况相关，不能照搬照抄国际和国内的经验。国内的智慧型特色小镇建设起步较晚，有非常大的空间，拥有高起点的后发优势，智慧型城市特色小镇的建设总是可以取得立竿见影的效果，投资得以快速收回。智慧型特色小镇的建设需要相应的配套政策与管理的支撑。

4.2 智慧城市特色小镇

4.2.1 智慧城市特色小镇定义

1）什么是智慧特色小镇

城市和人密不可分，城市的智慧是为了实现人的梦想，通过智慧的手段，发掘城市的能力，最终实现人的梦想。

理解城市的个性，保持城市的美好，主动感知城市的发展和变化，让城市与人和谐相处，让人成为城市真正的主人。

以数据驱动，让城市具有自我学习和预知未来的能力，实现可自我进化的智慧城市。

2）智慧城市特色小镇有哪些特征

①和谐生活：生活在城市的居民、游客和商人等，在衣食住行、健康和工作等方面都能够，实现便利出行和办事。

②绿色生态：特色小镇有绿色环保、节能减排、健康舒适、社区机能完善、社区意识强等特征，人与自然和谐统一。

③开放共享：通过信息技术促进各类资源合理配置，让空闲资源得以开放、共享和供人使用。

④创新发展：改善产业结构、发掘新的经济增长点，从而提升整个城市的竞争力和市场力；创造吸引创新人才、资金的整体经济环境。

⑤预知未来：强化学习，对自身体系不断进行自我优化；可以预知未来可能发生的变化。

⑥政策因素：围绕国家的政策和发展方向，支持产业的创新创业发展，如响应国家的“一带一路”、供给侧改革、中国制造 2025、旅游与文化融合发展等。

⑦外部因素：城市化进程、共享经济、“互联网 +”、产业互联网、跨界电商、

支付创新、共享自行车、共享雨伞等。

⑧科技发展因素：认知计算、区块链、AR/VR、物联网、人工智能等。

⑨特色小镇人的诉求：舒适的生活环境、高效的工作环境、独具特色的文化、便利的出行、轻松的资源获取、特色产业的集聚等。

4.2.2 智慧城市特色小镇的城市目标

智慧城市特色小镇作为未来区域城市发展的重要组成部分，作为经济和文化的聚焦结合体，已经成为或将会快速推动特色小镇成为未来的区域卫星城市，也会成为区域发展的核心动力。城市的快速发展离不开特色小镇的快速建设和发展，智慧城市特色小镇发展主要有以下目标：

①引领城市的特色和经济以及文化的发展；

②服务于城市和小镇的用户，建设和谐特色小镇；

③预知城市的未来，找到城市发展的核心推动力。

4.2.3 智慧城市特色小镇的城市规划

1）我国智慧城市的发展趋势

打造智慧型城市、提升城市产业结构、运营管理水平、营商生活环境，正在成为我国城市发展的焦点之一，多个主要城市基于自身定位，已经或正在推进智慧城市的建设举措。例如北京市已将物联产业纳入发展规划，正在制定“感知北京”示范工程建设方案，计划在公共安全、城市交通、生态环境、流通供应链、社区综合服务综合管理等领域开展一批示范工程。上海市根据云计算技术的发展趋势，陆续启动在数字医疗、智能交通、电子政务领域的云计算应用项目，力争在两年内实现在基础设施、平台系统、方案解决、应用示范和服务模式等方面达到全国领先地位。南京正在打造“智慧之都”“绿色之都”“枢纽之都”“博爱之都”，建设智慧的基础设施、产业、政府、人文。

近一年多来，我国多个城市对于如何构建智慧城市进行了分析思考，提出了发展思路。对于智慧城市的定位，或聚焦于技术应用，或侧重于产业发展，兼顾民生，智慧建设的当前成效体现在局部领域，距离城市总体智慧化还有较大距离。

2）智慧城市特色小镇的发展愿景

智慧城市的特色小镇可以从小镇的历史出发，找到不同时期、不同领域蕴含着智慧化的闪光点。如南越国创建者、正定人赵佗，他重视引入中原汉文化和先进生产技术，并将之融入越地社会，振兴了岭南的生产发展，使人民安居乐业，创下历史伟业。赵州桥是世界公认的大型敞肩式石拱桥的鼻祖。正定城内现存的四座古塔是古代精湛的建筑技艺的典型代表。

石家庄市锁定了正定新区“低碳、生态、智慧”的城市发展定位（图 4.2）。低碳方面，营创低碳生态城市，建设低碳经济、循环经济的示范区。促进资源的循环利用，引导低碳的生产生活方式。生态方面，形成区域协调的开放式生态空间系统，建立节约型发展模式，营造环境友好型社会。着力推进节能减排任务、完善环境保护基础设施建设，加大环境保护技术和管理投入，高标准建设生态环境健康的生态新城。智慧方面，实现城市运行、管理、发展过程的智慧化，使城市大众充分享有智慧创造的收益。其中，“智慧”将成为正定新区城市发展目标和“低碳”“生态”的关键驱动力量。使先进的智慧手段成为城市发展目标和低碳、生态城市发展定位的关键驱动力量。推进以现代服务业和高新技术产业为主体的产业结构。

3）智慧城市特色小镇的战略意义

智慧的特色小镇建设，具有多项重要的战略意义：打造智慧的特色区域，有利于支

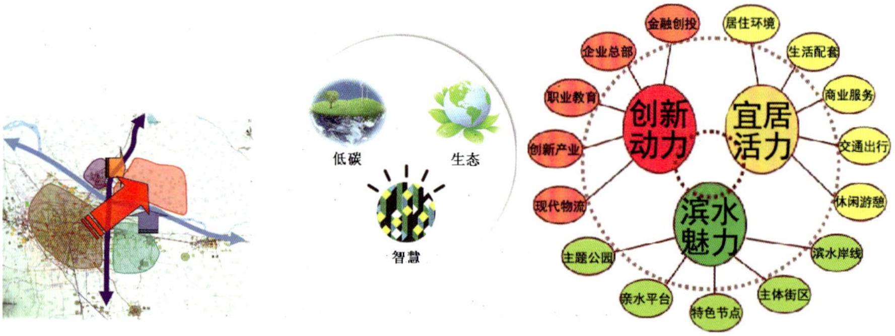

图 4.2　智慧正定新区城市发展定位

持地区的低碳和生态建设、培育新区竞争优势、带动区域所在整体城市发展、创造一流示范标杆。

①支持特色小镇生态和低碳建设：特色小镇的低碳和生态定位，需要以先进智慧的手段支撑。特色小镇的智慧建设内容，是实现新区低碳和生态定位与目标的直接推进力量。

②培育特色小镇竞争优势：通过打造智慧特色鲜明的特色小镇，培育一流的创新、宜商、宜居环境，以智慧特色小镇建设项目拉动社会投资注入和相关产业发展，通过智慧特色小镇，实现凝神聚气、优势培育、助推发展的作用。

③创造一流示范标杆：通过特色小镇的智慧建设，在国内领先建成具有世界水平、大众可以充分体验的智慧城市。以智慧特色小镇为契机，使小镇所在区域成为国内乃至国际其他城市的示范和经验源泉，促进共同发展。

④带动城市整体转型：以智慧特色小镇为抓手，在特色小镇先行先试智慧城市的先进技术、建设方法、运营管理模式，取得建设成效进而向区域城市整体辐射，实现智慧城市，助推城市所在区域快速发展的整体目标。

4.2.4 智慧城市特色小镇的发展原则

为了在较短时间内展现智慧特色小镇的面貌，并最终达到国内一流、世界水准，特色小镇的发展应遵循以下五点基本原则。

- 挖掘特色，找准定位；
- 快速突破，大胆创新；
- 优化结构，重视收益；
- 加强合作，引资建设；
- 迭代推进，持续优化。

4.2.5 智慧城市特色小镇的发展架构

智慧城市特色小镇的发展架构需要从三方面来推进智慧城市的发展框架，分别为智慧城市管理、智慧产业发展和智慧基础支持管理。

1）智慧城市管理发展框架

智慧城市的管理主要围绕服务于在所在城市生活的群体，让城市的居民和外来人员在居住、出行、就医、教育等方面，更加安心和舒服。智慧城市管理包括以下内容（图4.3）。

①智慧城市服务：服务于城市的居民和外来人员，让城市生活更舒心、便捷与和谐，主要提供的服务包括城市的公共服务平台、统一的城市市民卡、便民服务体系等。

②智慧城建：让城市的基础建设更加强大，主要提供的服务包括数字楼宇、数字城管、智慧环保、智慧水务等。

③智慧医疗：为城市的居民提供一个健康的服务氛围，让居民就医更加安全和谐，主要服务包括区域医疗服务平台、社区医疗服务平台、电子健康档案等。

④智慧安防：为城市提供一个安全的生活环境，主要服务包括城市安防监控、社区安全管理、应急指挥中心等。

⑤智慧交通：为城市居民的出行提供一个平安畅通的道路环境，主要包括交通应急指挥、智慧交通引导、精准交通大数据等。

⑥智慧教育：为城市的教育和服务提供一个特色小镇学习提升的空间，主要包括智慧校园管理、教育公共服务平台和数字化教育共享服务等。

图4.3　智慧城市管理

2）智慧城市产业发展框架

智慧城市的产业发展主要是为了推动特色小镇和城市的产业发展，使城市具有可持续发展和自循环的能力，主要包括智慧城市产业、两化融合产业和高科技服务业等的发展（图 4.4）。

①智能城市产业：对城市运行管理的智慧化手段和方式，让生活的环境更加舒适和美好，包括维护城市居民健康的智慧医疗、协助游客游乐的智慧旅游、方便游客出行的智慧交通、保障城市安全的智慧安防、维护城市生活的智慧水务等。

②两化融合产业：让城市的产业与信息化融合，协助城市的产业升级，为特色小镇和城市居民提供良好的工作环境。特色小镇产业可以包括如眼镜特色产业、汽车零部件产业、新能源产业、高科技芯片产业、光伏发电产业等具有小镇自身特色的产业融合环境。

③高科技服务业：让科技帮助城市整体转型和升级，让城市具备高科技元素。特色小镇的高科技可以包括信息服务业、大数据、人工智能等。

3）智慧城市支持框架

智慧城市和特色小镇的高效运转还需要有自身能够完善和发展的推动能力，这些

图 4.4　智慧城市产业发展

能力也是在形成特色小镇所具有的魅力，让小镇可以持续不断创新和完善，始终保持一种活力（图 4.5）。

特色小镇需要具备品牌和传播特色小镇的理念的能力，让小镇的品牌能够在周围的城市、区域将形成的特色很好地传播出去，从而让特色小镇更具品牌影响力。如提到丹阳，大家都知道“眼镜”来自于丹阳；提到眼镜，大家首先想到的也是“丹阳”，眼镜已经成为丹阳品牌价值的参照物。

智慧产业应用示范和推广服务：通过对特色小镇特色智慧产业的特色如何推广出去进行研究，让特色小镇内的产业与特色服务都具有快速和可复制的推广价值。

科技、产业交流和培训：为科技和产业提供一个快速提升和对接服务的基地、窗口，让内外的资源可以很好对接起来。

人才和专家的引进与培训机制：特色小镇需要什么样的人才和专家；特色小镇如何能够很好地吸引所需要的人才和专家；人才和专家来到小镇后如何更好地服务于小镇的产业、运营和服务，人尽其才。

智慧双创扶持政策支持和扶持基金服务：特色小镇的企业在小镇可以更好地得到政策和资金等方面的支持，让政策和资金成为特色小镇快速发展的推动力。

通过以上手段和方法，让特色小镇建设成为小镇快速发展的产业载体。

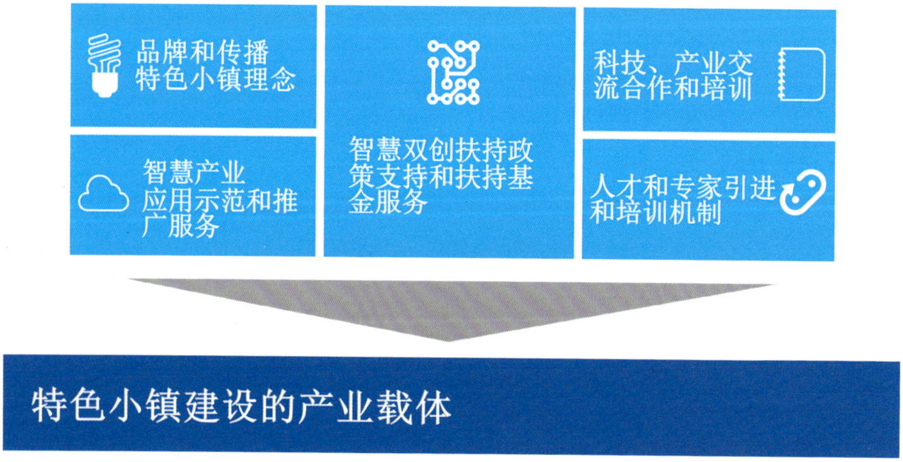

图 4.5　智慧城市特色小镇产业支持

4.3 智慧特色小镇大数据

4.3.1 什么是大数据

对于大数据，研究机构高德纳（Gartner）公司给出了这样的定义：大数据是需要新处理模式才能具有更强的决策力、洞察发现力和流程优化能力的海量、高增长率和多样化的信息资产。

在维克托·迈尔－舍恩伯格及肯尼斯·库克耶编写的《大数据时代》中，大数据指不用随机分析法（抽样调查）这样的捷径，而采用所有数据进行分析处理。大数据具有“4V”特点：Volume（大量）、Velocity（高速）、Variety（多样）、Value（价值）。

麦肯锡全球研究所给出的定义是：一种规模大到在获取、存储、管理、分析方面大大超出了传统数据库软件工具能力范围的数据集合，具有海量的数据规模、快速的数据流转、多样的数据类型和低价值密度四大特征。

大数据技术的战略意义不在于掌握庞大的数据信息，而在于对这些含有意义的数据进行专业化处理。换言之，如果把大数据比作一种产业，那么这种产业实现盈利的关键，在于提高对数据的“加工能力”，通过“加工”实现数据的“增值”。

随着云时代的来临，大数据也吸引了越来越多的关注。大数据通常用来形容一个公司创造的大量非结构化数据和半结构化数据，这些数据在下载到关系型数据库用于分析时会花费过多时间和金钱。大数据分析常和云计算联系在一起，因为实时的大型数据集分析需要像映射化简（MapReduce）一样的框架来向数十、数百甚至数千的电脑分配工作。

大数据包括结构化、半结构化和非结构化数据，非结构化数据越来越成为数据的主要部分。据互联网数据中心（IDC）的调查报告显示：企业中 80% 的数据都是非结构化数据，这些数据每年都按指数增长 60%。这些原本看起来很难收集和使用的数据开始容易被利用起来了，通过各行各业的不断创新，大数据会逐步为人类创造更多的价值。

1）大数据三层面

想要系统的认知大数据，必须要全面而细致的分解它，着手从三个层面来展开：

第一层面是理论，理论是认知的必经途径，也是被广泛认同和传播的基线。在这里从大数据的特征定义理解行业对大数据的整体描绘和定性；从对大数据价值的探讨来深入解析大数据的珍贵所在；洞悉大数据的发展趋势；从大数据隐私这个特别而重要的视角审视人和数据之间的长久博弈。

第二层面是技术，技术是大数据价值体现的手段和前进的基石。在这里分别从云计算、分布式处理技术、存储技术和感知技术的发展来说明大数据从采集、处理、存储到形成结果的整个过程。

第三层面是实践，实践是大数据的最终价值体现。在这里分别从互联网的大数据、政府的大数据、企业的大数据和个人的大数据四个方面来描绘大数据已经展现的美好景象及即将实现的蓝图。

2）大数据案例

• 洛杉矶警察局和加利福尼亚大学合作利用大数据预测犯罪的发生。

•Google 流感趋势 (Google Flu Trends) 利用搜索关键词预测禽流感的散布。

• 统计学家内特 · 西尔弗 (Nate Silver) 利用大数据预测 2012 年美国选举结果。

• 麻省理工学院利用手机定位数据和交通数据进行城市规划。

• 梅西百货的实时定价机制。根据需求和库存的情况，该公司基于统计分析系统对多达 7300 万种货品进行实时调价。

• 医疗行业早就遇到了海量数据和非结构化数据的挑战，而近年来很多国家都在积极推进医疗信息化发展，这使得很多医疗机构有资金来做大数据分析。

3）大数据发展趋势

（1）趋势一：数据的资源化

何为资源化，是指大数据成为企业和社会关注的重要战略资源，并已成为大家争相抢夺的新焦点。因而，企业必须提前制订大数据营销战略计划，抢占市场先机。

（2）趋势二：与云计算的深度结合

大数据离不开云处理，云处理为大数据提供了弹性可拓展的基础设备，是产生大数据的平台之一。大数据技术已开始和云计算技术紧密结合，未来两者关系预计将更为密切。除此之外，物联网、移动互联网等新兴计算形态，也将一起助力大数据革命，让大数据营销发挥出更大的影响力。

（3）趋势三：科学理论的突破

随着大数据的快速发展，同计算机和互联网一样，大数据将很有可能成为新一轮的技术革命。随之兴起的数据挖掘、机器学习和人工智能等相关技术，可能会改变数据世界里的很多算法和基础理论，实现科学技术上的突破。

（4）趋势四：数据科学和数据联盟的成立

未来，数据科学将成为一门专门的学科，被越来越多的人所认知。各大高校将设立专门的数据科学类专业，也会催生一批与之相关的新的就业岗位。与此同时，基于数据这个基础平台，也将建立起跨领域的数据共享平台，之后，数据共享将扩展到企业层面，并且成为未来产业的核心一环。

（5）趋势五：数据泄露泛滥

未来几年数据泄露事件的增长率也许会达到 100%，除非数据在其源头就能够得到安全保障。可以说，未来每个财富 500 强企业都会面临数据攻击，无论它们是否已经做好安全防范。在财富 500 强企业中，预计超过 50% 将会设置首席信息安全官这一职位。所有企业，无论规模大小，都需要重新审视今天的安全定义。企业需要从新的角度来确保自身以及客户数据的安全，所有数据在创建之初，而非在数据保存的最后一个环节，便需要获得安全保障，仅仅加强后者的安全措施已被证明于事无补。

（6）趋势六：数据管理成为核心竞争力

数据管理成为核心竞争力，直接影响财务表现。当“数据资产是企业核心资产”的概念深入人心之后，企业对于数据管理便有了更清晰的界定。将数据管理作为企业核心竞争力，持续发展，战略性规划与运用数据资产，成为企业数据管理的核心。数据资产管理效率与主营业务收入增长率、销售收入增长率显著正相关；此外，对于具有互联网思维的企业而言，数据资产竞争力所占比重为 36.8%，数据资产的管理效果将直接影响企业的财务表现。

（7）趋势七：数据质量是商业智能成功的关键

采用自助式商业智能工具进行大数据处理的企业将会脱颖而出。其中要面临的一个挑战是，很多数据源会带来大量低质量数据。想要成功，企业需要理解原始数据与数据分析之间的差距，从而消除低质量数据，并通过商务智能（BI）获得更佳决策。

（8）趋势八：数据生态系统复合化程度加强

大数据的世界不只是一个单一的、巨大的计算机网络，还是一个由大量活动构件与多元参与者元素所构成的生态系统，是终端设备提供商、基础设施提供商、网络服务提供商、网络接入服务提供商、数据服务使能者、数据服务提供商、触点服务、数据服务零售商等一系列的参与者共同构建的生态系统。如今，这样一套数据生态系统的基本雏形已然形成，接下来的发展将趋向于系统内部角色的细分，也就是市场的细分；系统机制的调整，也就是商业模式的创新；系统结构的调整，也就是竞争环境的调整等，从而使得数据生态系统复合化程度逐渐增强。

大数据对销售和市场的精准分析可以帮助企业认清市场地位和需求，在未来企业战略发展中提供更有效思维，避免企业在布局中由于对当地的市场风险评估不够严格、市场分析不够细致等而产生很多潜在问题。未来，大数据是企业快速发展的重要驱动力，任何企业在发展时都能够借助大数据的思维和相关技术，针对不同特征的行业、不同的客户设计出不同的产品，并进行有针对性的营销和销售方案。

数据信息化：数据信息大多是存在于企业内部系统的数据，包括企业生产数据、制造数据、采购数据、消费数据、医疗数据、财务数据、人事数据等数据资源。把握数据资源的企业或行业通过大数据分析工具和大数据分析方法，帮助企业进行大数据业务价值挖掘。

移动互联网入口：随着移动互联网的快速发展，移动互联网的相关工具会成为重要的数据入口。移动社交网络、电子商务、内容平台以及各类应用 APP 等各种业务收集汇集成为整个企业的大数据。

物联网入口：物联网能够逐步实现“万物互联”，实现连接一切的功能和能力，包括人与物、物与物互联的一切连接，所有事物产生的信息都是大数据。

大数据在产品创新和优化等方面同样发挥着重要作用，能够帮助企业实现对产品问题和产品创新的快速定位，分析原因并明确优化方案，实现产品全生命周期的闭环管理。通过对产品销售、售后跟踪服务的分析，从而进一步优化和提升客户的认知和对产品的满意度。

加大推动基于大数据在各产业中的发展核心，目的是帮助各产业的转型升级和业务创新，从而真正帮助我们去挖掘大数据真正的价值，服务于企业业务的变革和转型。

4.3.2 大数据分析模型

智慧的特色小镇要良好地发展，大数据分析模型非常重要，这需要真正洞察特色小镇的人、企业、运营管理等转型背后的因素和因果，通过大数据分析模式来推动城市的快速发展，自动找到产业转型过程当中的规律。

机器学习算法，这是一类从数据中自动分析获得规律，并利用规律对未知数据进行预测的算法。例如我们有 500 人购买汽车的数据，依照他们购买汽车的类别、颜色、材质、配件、地域，等等，通过统计算法进行分组。同一组里的人应该有相似的行为，例如 A 某天在海南买了遮阳板，计算机得到购买遮阳板当天的信息有：地域海南、气温 35 摄氏度、汽车品牌福特、遮阳板品牌。在庞大的数据库中，发现这个组里的人有与之相似的自然环境及汽车品牌，于是计算机会给这群人自动推送遮阳板信息，他们购买的可能性也会增大。

因果推断，是从数据中判断谁是原因，谁是结果，目前是工业界与学术界最为关心的话题之一。例如，2016 年冬天，北京市很多人购买了 A 型号车，如果我们知道这个行为背后的原因，例如北京雾霾严重、A 车有良好的密封性，那么我们就可以在别的车上也加强密封性，甚至装载空气净化系统。

时间序列（或称动态数列）指将同一统计指标的数值按其发生的时间先后顺序排列而成的数列。时间序列分析的主要目的是根据已有的历史数据对未来进行预测。例如我们有了过去十年上海市购买日系车的数据，并整合出数学模型，于是预测 2018 年上海市对日系车的需求在 100 万台左右，那么就会根据这个数据对市场进行整合与投资。

4.3.3 智慧城市大数据

互联网思维和技术引发产业发展方式的变革，成为产业升级转型源的动力，带有互联网思维、技术和工具的互联网与产业的产品创新，企业模式和产业模式创新相结合，以此来切入实体经济当中的刚性需求，从而实现智慧式升级和结构性的增长。基于大数据的产业模式（图 4.6）。

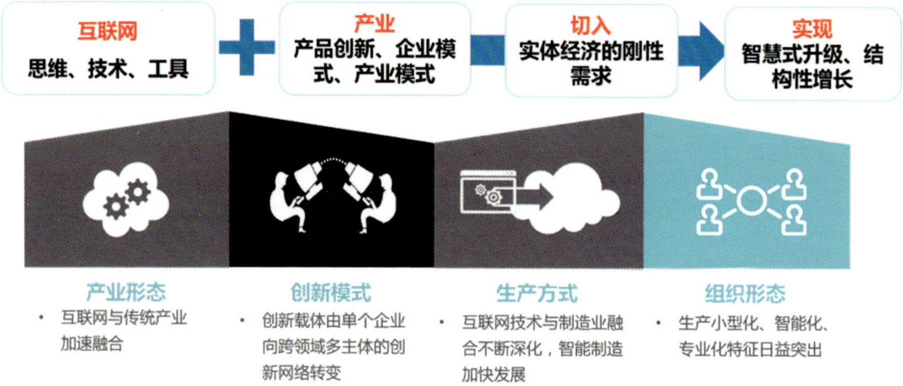

图 4.6　基于大数据的产业模式

通过大数据的整合，可以提升和完善如下结构。

①产业形态：互联网与传统产业通过大数据实施加速整合，使两个不同的方向完成整个产业形态的转变和升级。

②创新模式：创新载体由单个企业向跨领域多主题的创新模式转变，形成以多个主题为基础的创新业务形态，如共享物流、统一支付、供应链金融等，通过资源整合和模式创新，使各个主题的资源和能力价值放大。

③生产方式：互联网技术与制造业融合不断深化，生产和服务的方式也在快速地发生变化，使细分领域的业务得以产业化，生产和服务方式也在快速转变。

④组织协调：企业的组织形态随着整合的发展，也在发生变化，具体体现为生产小型化、智能化、专业特征日益变得突出。

1）特色小镇大数据平台

构建起特色小镇统一的区域大数据平台，可以更好地挖掘互联网外部数据的经济价值，形成行业情报指导，以此服务于特色小镇内的企业，为企业提供行业经济和分析报告。

（1）特色小镇区域大数据平台

互联网大数据的来源可以包括新闻和门户网站、论坛、贴吧、电商、社区等信息，利用互联网大数据工具采集全量数据，进行数据的处理和分析后，进行相应数据的挖掘，过滤出有价值的数据、信息和知识，同时贴上相应的标签。通过分析和展现工具，提供行业分析、业务洞察、竞品分析、文案策划等，以此服务于特色小镇的业务。

挖掘互联网外部数据的经济价值，形成产业情报指导，服务于区域企业，如通过对构建起的区域的大数据平台，针对企业所在的行业进行互联网大数据的行业数据抓取、清洗和分析，同时为特色小镇内的企业提供全面的企业大数据分析、行业洞察分析、行业竞品数据、行业文案策划和推进、辅助招商引资、企业增值服务等，让特色小镇内的企业得到更大的价值体现（图 4.7）。

（2）企业大数据案例分析

以武夷山特色旅游的区域大数据为例，通过对互联网大数据的收集、分类和管理，洞察行业的趋势和变化，以期找到其核心业务和规律，从而助力其推广品牌、增加客户收入。以下是数据来源和分析维度。

①数据来源：携程网、微博、百度指数、当地消费指数。

②分析维度：a. 景区交通情况。

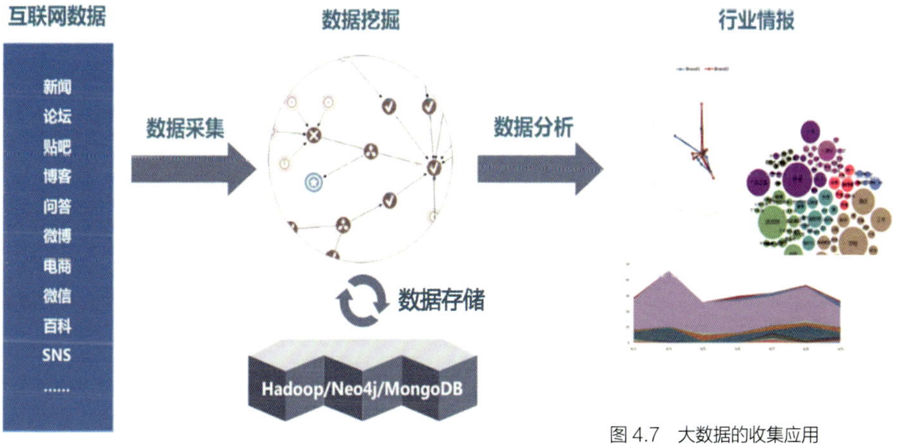

图 4.7　大数据的收集应用

（a）飞机（基于携程网的航班数据分析）。

•统计每个景区直飞的航班总数；

•统计不同城市（一、二、三线）飞往景区的航班数量。

（b）火车（基于携程网的火车数据分析）

•统计每个景区不同类型的火车班次数量（高铁，动车，特快，快车）；

•统计每个景区高铁和动车短途、中途、长途（按始发站到景区的运行时间划分）班次的数量；

•统计每个景区高铁和动车联通的不同城市（一、二、三线）的数量；

•统计每个景区高铁和动车在不同“小时圈”可以到达的城市。

b. 景区住宿情况，以每个景区最热门的景点坐标和酒店的坐标计算出酒店至景区的距离。只统计距离在 15 千米以内的酒店。

•统计不同范围圈（1 千米、3 千米、5 千米）的酒店数量和总房间数；

•统计景区内获得不同评分的酒店的分布；

•统计景区内不同级别的酒店的分布；

•统计景区内酒店开始时间的分布。

c. 景区景点情况，基于百度指数、微指数、携程网景点页面数据分析。

（a）景点的统计（携程）。

•统计景区内景点的总数；

•统计景区内不同类型的景点的分布；

•统计景区内景点得分的分布；

•统计景区内每个景点的热度（留言、想去、去过）。

（b）用户留言的统计（携程）。

•统计整个景区的评论数量随时间变化的趋势；

•统计单个景点的评论数量随时间变化的趋势；

• 统计单个景点用户留言中出现的高频词。

d. 游客画像，基于微博数据分析。

（a）根据微博发言包含景区关键词的用户，统计不同维度的用户信息：性别、地区、职业。

（b）根据发言内容中的关键词，统计不同维度的信息。

• 出行时间（春节、端午、清明、小长假、周末……）；

• 交通方式（飞机、动车、高铁、汽车、自驾……）；

• 出行伴侣（家人、父母、子女、男 / 女朋友、同学、同事……）；

• 提及景点（九曲漂流、天游峰、大红袍……）；

• 价格感受（门票贵、门票便宜……）。

2）大数据推动城市高效运营

大数据在推动城市高效运营方面，也需要有更加高效的运营管理能力。如基于大数据的城市和特色小镇的生态承载模型，城市实时仿真的状态，城市交通流量预测、城市诱导或城市疏导，平安城市的安全指数，城市的水、电、气和生态预测等方面的能力，借助于智慧城市和特色小镇的大数据分析能力，使城市和小镇的运营更加高效。

（1）构建智慧生态模型——生态力承载模型预测

• 随着人口、机动车辆、建筑工程和企业等的增多，分析预测城市生态的最大承载力。

• 大气环境承载力：人口、机动车对大气质量的影响

• 水环境承载力：人口、机动车对水环境的影响

• 旅游环境承载力：旅游资源供需情况，接待规模的影响

（2）基于大数据的智慧小镇大数据运营中心

• 基于空天地一体化大数据进行分析，预测交通意外、极端天气灾害、公共场所安全 等事件发生的概率；

• 对于高概率情况进行提示，并匹配合适的应对预案，变被动应对为主动管理，提

前介入，避免非正常情况的发生；

•在事件真正发生时，基于预案和实际事件的参数输入，迅速生成行动方案，自动执 行部分步骤，并指导对应的人员执行其他相应步骤；

•在执行过程中全程监控并采集数据；

•将事件全过程数据输入空天地一体化大数据平台，并进行分析，优化、指导下一次类似事件的处置预案（图 4.8）。

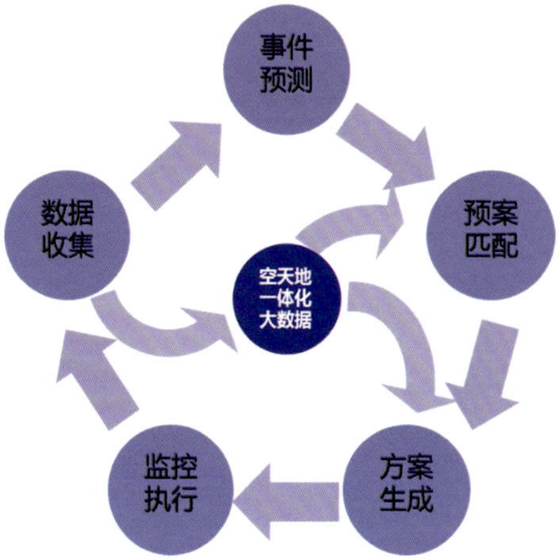

图 4.8　全过程数据输入空天地一体化大数据处置预案

3）大数据推动城市运营和发展

（1）特色小镇的征信服务

特色小镇对人的关怀是最为重要的，需要弄清如何了解和把握人的信用和诚信体系，通过大数据洞察特色小镇的人、公司等信用状况，让信用成为小镇的名片（图 4.9）。

①企业征信的核心功能：

•建立企业的信用评价和评分体系；

•开放企业的征信服务，为企业、金融机构、政务等提供信用服务。

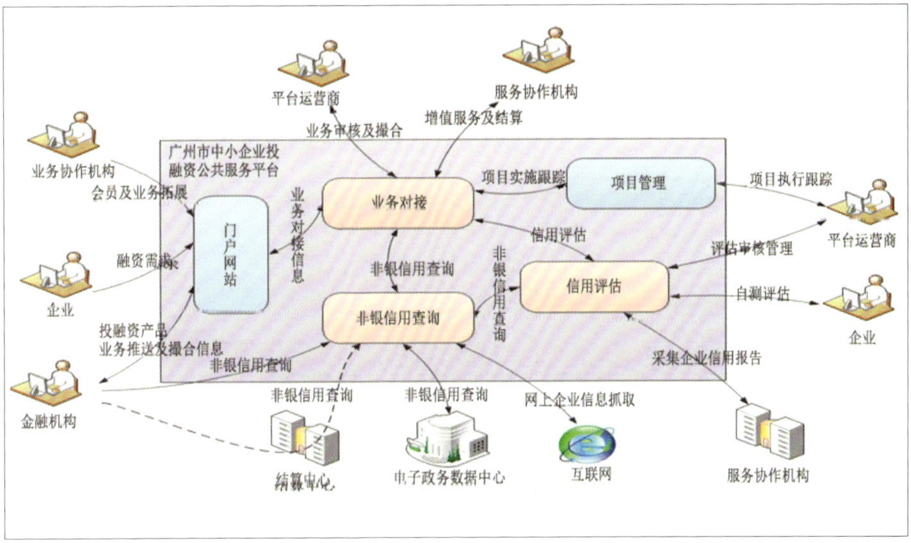

图 4.9　大数据征信服务

②企业征信的价值：

• 企业的身份和信用；

• 服务于企业发展的名片和业务交易的助攻手；

• 推动企业交易、融资和上市等企业获得的关键因素。

③人的诉求：

• 方便快捷的支付、融资、交易、借贷、担保……

• 个人和企业的身份和价值在征信体系中得到准确度量。

④城市能力：

• 基于行为数据分析的征信体系；

• 征信应用的多维度分级应用体系。

⑤独特价值：

• 城市级别的信用社会示范区；

• 成为基于信用数据的商业运营公司。

（2）特色小镇的企业服务

大数据可以服务于特色小镇的企业，把特色小镇的特色、产品和服务传递出去，同时和互联网上其他同类型企业的做对比，以找到企业的产品、品牌和服务的差距。通过差距对比来提升产品的品牌意识，建立用户画像以及认知，以便特色小镇的企业能够进一步提升服务水平，提高产品的价值和影响力，使特色小镇的特色真正被客户了解，增强小镇的知名度。

平台提供了品牌表现管理、品牌文案和传播管理、竞争对手管理、消费者需求管理和品牌形象管理等，通过全面的行业关注度、区域数据对比、来自客户的想法和声音、行业动态等分析，让数据尽在掌握，为园区特色企业提供全面的服务（图 4.10）。

图 4.10　大数据企业服务

在具体行业中，提供包括家电、服装、手机、日化、地产等行业数据分析，数据来源包括微信、微博、论坛、门户网站、贴吧、视频等各种类型。整个数据平台通过建立特色小镇的云服务平台来统一管理和展现，让小镇里面的企业拥有自己真正的特色。针对每个行业，可以提供完整的行业大数据分析报告，如表 4.1 所示。

4.3.4　大数据推动特色小镇发展得更加美好

大数据通过其精准的数据分析，可以更容易地找到城市的发展规律，可以更好地挖掘特色小镇的本质和特色，让特色小镇的特色更加具体，让特色小镇的品牌和影响力得到更好的推广。

表4.1 行业大数据分析

业务部门	应用场景	能力匹配
市场部	市场营销活动策划	① 竞争对手营销活动监测 ② 目标人群分析 ③ KOL 筛选（理论上可行，具体有待验证） ④ 市场活动礼品选择（根据“其他提及”进行筛选）
	营销活动监测	活动效果监测，辅助策略调整，维度如下： - 声量 - 口碑 - 互动情况（微博转发量、评论量、点赞量；微信的阅读量、点赞量；论坛点击量、评论量；资讯相似数据量） -KOL 效果监测（DPT 数据监测、KOL 热点） - 媒体影响力排名 - 传播路径
	舆情	含企业、高管、产品、品牌等舆情
	品牌监测	① 声量（本品 VS 竞品） ② 口碑（本品 VS 竞品）细分维度如：品牌形象、功能、服务、性价比等 ③ 品牌情感 ④ 热点事件（本品 VS 竞品） ⑤ 负面传播媒体
	市场调研	① 消费者购买场景 ② 消费者购买关注因素 ③ 购买地点 ④ 购买时关注的其他品类 ⑤ 品牌认知情况 ⑥ 消费者画像
产品部	产品升级 / 新产品研发	① 新概念与新技术搜集 ② 竞品监测（新品发布监测、产品口碑监测）
	已有产品监测	① 声量（本品牌 VS 竞争品牌） ② 口碑（本品牌 VS 竞争品牌）细分维度如：质量、功能、性价比等 ③ 产品特点消费者认知情况（本品牌 VS 竞争品牌） ④ 电商渠道产品分析（价格、销量、口碑）
售后部门	客户服务	① 咨询类信息搜集 ② 投诉类信息搜集

通过特色小镇的大数据分析挖掘特色小镇的“点”“线”“面”，并把它们串联起来，找出其特色及其与周边产业的关系，以推动特色快速发展。

1）抓住特色小镇的“点”——特色小镇独具的“特色”

特色小镇的“点”就是这个小镇的具体特色，包括某个独特的文化、产业、人的经营等，包括对人、文化、产业的需求洞察、运营和持续创新，是特色小镇独特的“点”，也是真正的特色，特色充分拓展的基础。

具体的点需要有其特殊的标志性。

通过文化标志，打造成特色的文化产业。如无锡电影城，可以发展成电影产业，以此来发展电影特色小镇；如江苏齐梁文化，可以发展旅游产业，以此来发展成齐梁文化旅游小镇等。

通过产业标志，打造特色的制造产业，如丹阳依托火车站丹阳眼镜城的多年发展历史，以城市客厅的理念，打造眼镜风尚特色小镇；界牌汽车灯具，可以发展成汽车灯具产业，以此发展汽车灯具特色小镇。

2）连接特色小镇的“线”——特色小镇如何进行可持续发展

特色小镇的“线”是什么？在时间上拉出一条长线，通过这条线把一个产业真正带动起来，如眼镜产业相关的上下游包括研发、生产、物流、销售等，把各种特色整合起来，形成整个眼镜特色的产业链，形成眼镜整体产业的“线”。

以“线”为基础，阻碍可持续发展的三大因素有：

第一，特色小镇的战略不够明晰或摇摆不定；

第二，特色小镇的管理方面不够规范；

第三，特色小镇的信息化支撑较落后。

为了解决以上三大阻碍因素，由不可持续发展变成可持续发展，特色小镇需要提炼出一套完整的机制来保证特色小镇中的“特色”定位明确、配套机制健全、支撑体系全面、监管和执行到位。

3）构建特色小镇的“面”——特色小镇带动的改革发展

特色小镇的面是以特色小镇带动小镇、城市和区域的整体改革和全面发展，与区域的产业转型调整、文化特色、消费升级拉动、城市的新型治理、政府公共服务的全面提升、产城和产融相结合，推动整个区域经济的全面转型和发展，推动区域城市的文化和物质水平全面提升，推动区域城市的和谐发展。

4）丹阳眼镜风尚小镇基本特色面案例介绍

（1）基本情况

丹阳被誉为“中国眼镜之都”，年产眼镜架1亿多副，占全国总量的1/3；光学玻璃及树脂镜片3.2亿副，占全国总量的75%、世界总量的50%，是世界最大镜片生产基地、亚洲最大眼镜产品集散地和中国眼镜生产基地。

丹阳眼镜市场形成于1986年，目前，丹阳眼镜城拥有中国城和国际城两个现代化眼镜市场，总占地面积6.1公顷，共有商户1000余家，其规模、档次、功能为全国之最。市场内汇聚了眼镜行业众多知名品牌和商户，如中国驰名商标海昌、万新、明月、鸿晨、舒曼、卡帕斯，中华老字号有南京吴良材、南京四明、杭州毛源昌、北京大明、重庆精益，国际一线品牌有蔡司、依视路、凯迪拉克、万宝龙、席琳迪翁、花花公子等。国际城内设有当今国内品种最多、设施最全、展示最广的中国眼镜博物馆。

截至2016年1月1日，整个眼镜行业全年销售额超130亿元，外贸直接出口2.85亿美元。其中丹阳眼镜城市场交易额近60亿元，全年旅游、商务客源达120万人次。

（2）规划愿景

在经济转型升级进程中，特色小镇因其形态各异、特色鲜明，被视为供给侧结构性改革的有益探索，也是贯彻落实国家新型城镇化和产城融合发展战略重要举措。围绕国家推进特色小镇的政策和建设现代化工贸名城的目标，结合眼镜城产业优势，在已创成3A级工业旅游景区的基础上蓄势谋划一个“特而精、聚而合、小而美、活而新”的眼镜特色小镇。

眼镜小镇规划范围北至北二环路，南至九曲河，西至京杭大运河，东至玉泉路，规划用地面积约3.27平方千米。总体定位以“商贸流通、研发设计、全域旅游”为主题，深入挖掘眼镜产业价值、文化内涵、时尚元素，使眼镜城逐步成为全周期体验、全域化旅游、全方位升级的国家级眼镜双创基地和城市品质提升的新地标。眼镜产业转型升级重点做好研发设计、定制、贸易、体验、眼视康、主题会展等工作；全域旅游突出工业旅游、商贸旅游等；创业居住突出双创空间等；城市文化休闲突出亲水休闲、时尚消费等。

（3）小镇发布

丹阳眼镜城开始构建眼镜行业的大数据平台，发布中国丹阳眼镜指数，这标志着眼镜行业的大数据时代即将到来。眼镜指数的目的在于成为行业发展的风向标、行业风控的晴雨表。这一权威数据的构建和形成，当仁不让地抢占先机，推动丹阳眼镜进入数字时代，并以此带动丹阳眼镜的品牌设计、研发创意、文化旅游等的发展。打造丹阳眼镜风尚小镇，更离不开眼镜数据的强有力支撑。眼镜指数的声音从丹阳发出，将为生产企业指明方向，为眼镜市场巩固优势，为政府决策提供依据，为行业发展引领方向。

（4）特色小镇成果

从行业发展上将逐渐引进眼镜研发、设计、贸易骨干企业和科技型中小企业，提高眼镜行业技术水准，构建丹阳眼镜产业全产业链，带动眼镜产业发展，进而整体提升丹阳眼镜产业竞争力；同时以眼镜特色小镇为平台，通过定期举办眼镜文化旅游节，将整体提升丹阳眼镜、丹阳市在全国的影响力。最终形成以眼镜产业转型升级拉动全域旅游、创业居住、城市文化休闲等多业协同发展的全“面”发展特色小镇的新格局和新生态。

4.4 如何让特色小镇更具特色

4.4.1 特色小镇需要有哪些特色

特色小镇若要能够发挥其他特色，则必须具备其独特的能力，或进一步挖掘其未来潜在的能力。特色小镇需要有以下特色：

1）服务化

特色小镇的中心转变为客户和入驻企业为中心产能模式；管理机构的服务化动态围绕引入具有小镇特色的文化、企业、技术、人才和服务等；让特色小镇具备可以自循环的服务化体系。

2）专业化

把特色的企业做得更加特色，引入更加专业和跨领域的资源，如汽车零部件产业在引入汽车零部件研发和创新资源外，还可以引入新能源、大数据、人工智能，来加强和补充其专业能力，使其专业可以更加深入和专业化。

3）扁平化

特色小镇管理层级要求越来越高效、精简，更快速地反映消费者诉求。

4）平台化

构筑特色小镇的行业利益共同体平台，如大数据平台，云服务平台，共享物流、租赁平台等，让相关中小企业在平台中找到自己的位置，参与、分享，形成共赢的生态圈；

5）数据化

数据驱动是推进“互联网 +”的核心引擎。将企业一切业务过程进行记录，并形成数据的闭环，充分提升闭环的实效性和效率，分析、预测未来，助力企业转型。

4.4.2 如何发挥特色小镇的特色

如何提升特色小镇真正的特色，让小镇能够成为自循环的体系，让特色小镇有自我优化、自我完善的能力。

1）对城市的作用及行政管理系统进行评估

特色小镇提供了一个独特的机会，促使城市重新思考自身该提供何种服务、在多大范围内提供这些服务。“城市即服务”模式通常是正确的，如：“我们会在您的护照需要更新时与您联系，您不需要主动联系我们。”

2）使市民和其他利益相关者参与进来

必须了解特色小镇目标群体的需求。关键一点是，在战略制定伊始就使公民社会、非政府组织、商界中的市民和其他利益相关者参与进来，从而保证智慧城市概念为最终用户提供附加值。

3）鼓励创新措施、自持续业务模式以及社会企业的其他贡献

城市公共部门并不需要解决所有问题——许多智慧城市解决方案，如停车指导和信息 (PGI) 系统，可以由私企进行投资。

4）创建全面的数据战略和数据平台特色小镇的定位

深入了解现有数据，通过创建数据平台将现有的数据结构相互联系起来。实施开放数据的政策，积极创造公共信息，为控制中心和基于数据的创新应用奠定基础。

5）建立创新实验室以培养双创体系

通过提供“创造者空间”“创新实验室”或“企业孵化器”等设施，为创新和创业培养生态系统。重要的是要确保这些设施具备必要的政策支持，同时尽可能提供技术和财务支持。

6）建立统一的数字平台和数据机制

建立服务于特色小镇的统一大数据服务平台，服务整个特色小镇的运营、产业和消费服务。同时，互联数字系统对数据安全性的需求越来越高，智慧城市战略必须包括网络安全的相关概念。

7）获得政策支持，整合公众反馈

获得政策支持在智慧城市战略成形之后非常重要。同样重要的是邀请市民和其他利益相关者参与专注于战略的结构化对话，以确保与目标和行动保持一致。

8）建立协调主体和专门的规划

设置一个集中的核心机构来协调整个城市的各种特色小镇智慧方案，计划、监督、支持和评估各个举措的效果，并避免分散化。清晰且现实的目标、时间框架和预算至关重要。

4.4.3　特色小镇的部分案例

1）无锡鸿山物联网小镇

2016 年 11 月 1 日，在世界物联网博览会期间，江苏无锡正式发布了鸿山物联网特色小镇建设规划。鸿山街道位于无锡市东南角，隶属无锡市新吴区。规划提出，鸿山物联网小镇将以“创新、协调、绿色、开放、共享”为发展理念，计划打造出“物联网创新产业集聚区、物联网技术发展先行区、物联网应用示范先导区”。用无锡市新吴区区长封晓春的话说，将把鸿山物联网小镇打造成“365 天永不闭幕的物联网博览会”（图 4.11）。

2017 年 8 月 1 日，阿里云与无锡市高新区签订战略合作协议，同时举行无锡鸿山物联网基础平台（飞凤平台）项目签约仪式，宣布阿里云将与无锡市共同打造世界级物联网示范项目与物联网特色小镇，预示着鸿山物联网小镇的建设正式开始。

鸿山物联网特色小镇所依托的，正是无锡近五年来大力推动的物联网产业。支持无

图4.11　无锡鸿山物联网小镇规划

锡建设首个“国家传感网创新示范区”。而鸿山所在的无锡市高新区（现新吴区），目前已成为无锡国家传感网创新示范区的核心区和主阵地。在物联网这个新兴产业上，无锡可谓“先拔头筹”。

2）滨江物联网小镇

2015 年 12 月 2 日，杭州召开特色小镇规划建设新闻发布会，公布了首批 32 个市级特色小镇创建名单，滨江物联网小镇赫然在列。

滨江物联网小镇位于高新区（滨江）的东部，规划面积 3.66 平方千米，核心区 1.5 平方千米，产业用地 79.3 公顷。滨江物联网小镇的目标是依托高新区（滨江）现有的网络信息技术产业基础，打造浙江省物联网产业核心区、长三角物联网产业中心区、中国物联网产业示范区（图 4.12）。

据了解杭州（滨江）的产业优势和特色主要集中在互联网高新技术产业方面。有了这些基础，小镇在明确主攻物联网产业的时候，这些优势对大力发展相关联的云计算、移动互联网、信息安全及先进传感设备、核心元器件制造等物联网基础性支撑产业时有一定的帮助。

图4.12　杭州滨江物联网小镇

3）大圩物联网农业小镇

2016 年 8 月 2 日，正值第十四届大圩葡萄文化旅游节开幕之际，由朗坤物联网主导构想、安徽省合肥市包河区大圩镇政府协同共建的大圩物联网农业小镇正式揭牌（图 4.13）。

大圩物联网农业小镇包括智慧景区、智慧交通、智慧三农、智慧电商、智慧文创五个方面的规划设计，小镇智慧景区将建设智能感知系统、景区智能导览系统、多维全景展示系统和五个物联网村落；小镇智慧交通将规划景区交通线路，设计节假日交通缓解方案，建立智慧交通系统和智能景区公交系统；智慧电商将建立同城电商系统、建立质量追溯体系和诚信管理系统，人们可以通过该系统多维了解食品的种植、生长直至面世的各个环节；智慧文创将建设合肥市都市现代农业核心示范区，建立全媒体音视频户外直播间、建立 VR 互动体验区和乒超俱乐部训练基地，使人们切身体验现代智慧农业的优势和魅力所在。将大圩打造成健康、有文化、平安、畅行的智慧小镇。

图 4.13　合肥市大圩物联网农业小镇

4）杨巷物联网小镇

2016 年 11 月 17 日，杨巷镇政府与中国电信宜兴分公司进行战略合作签约，双方将开展深度合作，致力于将杨巷打造成宜兴第一个具有特色的物联网小镇（图 4.14）。

杨巷特色物联网小镇建设将聚焦物联产业和物联乡镇管理两个方面，依托大数据、云计算等物联网技术，从传统食品产销物联化、乡镇街道管理物联化、种养产业发展物联化和旅游产业发展物联化四个方面，打造完整的物联网产业链。重点建设一批现代高效的农业项目，建设现代化城镇管理中心，实现全区域内的实时、动态监控管理，提升城镇建设、防汛抗灾等各项管理工作的效率，把杨巷打造成产业、文化、科技融合发展的智慧城镇。

图 4.14　杭州滨江物联网小镇

4.4.4 国家发布的智慧城市指标

表 4.2 国家智慧城市（区、镇）试点指标体系（试行）

中华人民共和国住房和城乡建设部 2012 年发布

一级指标	二级指标	三级指标	指标说明
保障体系与基础设施	保障体系	智慧城市发展规划纲要及实施方案	指智慧城市发展规划纲要及实施方案的完整性和可行性
		组织机构	指成立专门的领导组织体系和执行机构，负责智慧城市创建工作
		政策法规	指保障智慧城市建设和运行的政策法规
		经费规划和持续保障	指智慧城市建设的经费规划和保障措施
		运行管理	指明确智慧城市的运营主体并建立运行监督体系
	网络基础设施	无线网络	指无线网络的覆盖面、速度等方面的基础条件
		宽带网络	指包括光纤在内的固定宽带接入覆盖面、接入速度等方面的基础条件
		下一代广播电视网	指下一代广播电视网络建设和使用情况
	公共平台与数据库	城市公共基础数据库	指建设城市基础空间数据库、人口基础数据库、法人基础数据库、宏观经济数据库、建筑物基础数据库等公共基础数据库
		城市公共信息平台	指建设能对城市的各类公共信息进行统一管理、交换的信息平台，满足城市各类业务和行业发展对公共信息交换和服务的需求
		信息安全	指智慧城市信息安全的保障措施和有效性
智慧建设与宜居	城市建设管理	城乡规划	指编制完整合理的城乡规划，并根据城市发展的需要，制定道路交通规划、历史文化保护规划、城市景观风貌规划等具体的专项规划，以综合指导城市建设
		数字化城市管理	指建有城市地理空间框架，并建成基于国家相关标准的数字化城市管理系统，建立完善的考核和激励机制，实现区域网络化管理
		建筑市场管理	指通过制定建筑市场管理的法律法规，并利用信息化手段促进政府在建筑勘察、设计、施工、监理等环节的监督和管理能力提升
		房产管理	指通过制定和落实房产管理的有效政策，并利用信息技术手段进行房产管理，促进政府提升在住房规划、房产销售、中介服务、房产测绘等多个领域的综合管理服务能力

续表 4.2

一级指标	二级指标	三级指标	指标说明
智慧建设与宜居	城市建设管理	园林绿化	指通过遥感等先进技术手段的应用，提升园林绿化的监测和管理水平，提升城市园林绿化水平
		历史文化保护	指通过信息技术手段的应用，促进城市历史文化的保护水平
		建筑节能	指通过信息技术手段的应用，提升城市在建筑节能监督、评价、控制和管理等方面的工作水平
		绿色建筑	指通过制定有效的政策，并结合信息技术手段的应用，提升城市在绿色建筑的建设、管理和评价等方面的水平
	城市功能提升	供水系统	指利用信息技术手段对从水源地监测到龙头水管理的整个供水过程实现实时监测管理，制定合理的信息公示制度，保障居民用水安全
		排水系统	指生活、工业污水排放，城市雨水收集、疏导等方面的排水系统设施建设情况，以及利用现代信息技术手段提升其整体功能的发展状况
		节水应用	指城市节水器具的使用和水资源的循环利用情况，以及利用现代信息技术手段提升其整体水平的发展状况
		燃气系统	指城市清洁燃气使用的普及状况，以及利用现代信息技术手段提升其安全运行水平的发展状况
		垃圾分类与处理	指社区垃圾分类的普及情况及垃圾无害化处理能力，以及利用现代信息技术手段提升其整体水平的发展状况
		供热系统	指北方城市冬季供暖设施的建设情况，以及利用现代信息技术手段提升其整体水平的发展状况
		照明系统	指城市各类照明设施的覆盖面和节能自动化应用程度
		地下管线与空间综合管理	指实现城市地下管网数字化综合管理、监控，并利用三维可视化等技术手段提升管理水平
智慧管理与服务	政务服务	决策支持	指建立支撑政府决策的信息化手段和制度
		信息公开	指通过政府网站等途径，主动、及时、准确公开财政预算决算、重大建设项目批准和实施、社会公益事业建设等领域的政府信息
		网上办事	指完善政务门户网站的功能，扩大网上办事的范围，提升网上办事的效率
		政务服务体系	指各级各类政务服务平台的连接与融合，建立上下联动、层级清晰、覆盖城乡的政务服务体系

续表 4.2

一级指标	二级指标	三级指标	指标说明
	基本公共服务	基本公共教育	指通过制定合理的教育发展规划，并利用信息技术手段提升目标人群获得基本公共教育服务的便捷度，并促进教育资源的覆盖和共享
		劳动就业服务	指通过法规和制度的不断完善，结合现代信息技术手段的应用，提升城市就业服务的管理水平，通过建立就业信息服务平台等措施提升就业信息的发布能力，加大免费就业培训的保障力度，保护劳动者合法权益
		社会保险	指通过信息技术手段的应用，在提升覆盖率的基础上，通过信息服务终端建设，提高目标人群享受基本养老保险，基本医疗保险，失业、工伤和生育保险服务的便捷程度，提升社会保险服务的质量监督水平，提高居民生活保障水平
		社会服务	指通过信息技术手段的应用，在提升覆盖率的基础上，通过信息服务终端建设，提高目标人群享受社会救助、社会福利、基本养老服务和优抚安置等服务的便捷程度，提升服务的质量监督水平，提高服务的透明度，保障社会公平
		医疗卫生	指通过信息技术手段应用，提升基本公共卫生服务的水平。通过信息化管理系统建设和终端服务，保障儿童、妇女、老人等各类人群获得满意的服务；通过建立食品药品的溯源系统等措施，保障食品药品安全供应，并促进社会舆论监督，提高服务质量监督的透明度
		公共文化体育	指通过信息技术手段应用，促进公益性文化服务的服务面，提高广播影视接入的普及率，通过信息应用终端的普及，提升各类人群获得文化内容的便捷度；提升体育设施服务的覆盖度和使用率
		残疾人服务	指在提高服务覆盖率的基础上，通过信息化、个性化应用开发，提升残疾人社会保障、基本服务的水平，提供健全的文、体、卫服务设施和丰富的服务内容
		基本住房保障	指通过信息技术手段应用，提升廉租房、公租房、棚户区改造等方面的服务水平，增强服务的便利性、提升服务的透明度

续表 4.2

一级指标	二级指标	三级指标	指标说明
智慧管理与服务	专项应用	智能交通	指城市整体交通智慧化的建设及运行情况，包含公共交通建设、交通事故处理、电子地图应用、城市道路传感器建设和交通诱导信息应用等方面的情况。
		智慧能源	指城市能源智慧化管理及利用的建设情况，包含智能表具安装、能源管理与利用、路灯智能化管理等方面的建设
		智慧环保	指城市环境、生态智慧化管理与服务的建设情况，包含空气质量监测与服务、地表水环境质量监测与服务、环境噪声监测与服务、污染源监控、城市饮用水环境等方面的建设
		智慧国土	指城市国土资源管理和服务的智慧化建设情况，包含土地利用规划实施、土地资源监测、土地利用变化监测、地籍管理等方面的建设
		智慧应急	指城市智慧应急的建设情况，包含应急救援物资建设、应急反应机制、应急响应体系、灾害预警能力、防灾减灾能力、应急指挥系统等方面的建设
		智慧安全	指城市公共安全体系智慧化建设，包含城市食品安全、药品安全、平安城市建设等建设情况
		智慧物流	指物流智慧化管理和服务的建设水平，包含物流公共服务平台、智能仓储服务、物流呼叫中心、物流溯源体系等方面的建设
		智慧社区	指社区管理和服务的数字化、便捷化、智慧化水平，包含社区服务信息推送、信息服务系统覆盖、社区传感器安装、社区运行保障等方面的建设
		智能家居	指家居安全性、便利性、舒适性、艺术性和环保节能的建设状况，包含家居智能控制，如智能家电控制、灯光控制、防盗控制和门禁控制等，家居数字化服务内容，家居设施安装等方面的建设
		智慧支付	指包含一卡通、手机支付、市民卡等智慧化支付的新方式，支付终端卡设备、顾客支付服务便捷性、安全性和商家支付便捷性、安全性等方面的建设
		智能金融	指城市金融体系智慧化建设与服务，包含诚信监管体系、投融资体系、金融安全体系等方面的建设

续表 4.2

一级指标	二级指标	三级指标	指标说明
智慧产业与经济	产业规划	产业规划	指城市产业规划制定及完成情况，围绕城市产业发展、产业转型与升级、新兴产业发展的战略性产业规划编制、规划公示及实施的情况
		创新投入	指城市创新产业投入情况，包括产业转型与升级的创新费用投入、新兴产业发展的创新投入等方面
	产业升级	产业要素聚集	指城市为产业发展、产业转型与升级而实现的产业要素聚集情况、增长情况
		传统产业改造	指在实现城市产业升级过程中，实现对传统产业的改造情况
	新兴产业发展	高新技术产业	指城市高新技术产业的服务与发展，包含支撑高新技术产业的人才环境、科研环境、金融环境及管理服务状况，高新技术产业的发展状况及在城市整体产业中的水平状况
		现代服务业	指城市现代服务业发展状况，包含现代服务业发展的政策环境、发展环境、发展水平及投入等方面
		其他新兴产业	反映城市其他新兴产业的发展及提升状况

5

专题案例篇

5.1 研究背景

改革开放以来，随着城市化进程的不断加快，城市的建设风貌趋于一致，“特色危机”成为城市建设中的共性问题。各城市在建设发展中逐渐意识到这个问题，转而寻求能突出城市文化内涵和个性特色的发展方式。

文化作为城市独有的资源，是城市的魅力所在，对于凸显城市主题、塑造城市个性、打造城市特色风貌有着重要作用。因此国内各城市纷纷把城市的建设与文化结合起来，从城市新区的开发、城市的扩展转为对城市文化内涵以及风貌的打造，以此打造城市品牌。

“十二五”规划以来，宁波市奉化区以“两城四地”为战略目标，加快奉化实力城市、品质城市、文化城市的建设发展。“两城”指宁波南郊现代化生态城市、海内外著名旅游城市；“四地”指特色高效生态农业示范基地、特色先进制造业基地、宁波首选旅游度假休闲胜地和宁波最佳休闲人居胜地。近期，奉化围绕“两城四地”和“三大建设”的战略目标，提出了构建奉化以“近代历史文化”为主的别具特色的文化景观风貌，着力提升城市品质。在此背景下，奉化市政府委托同济大学编制《“美丽奉化”——奉化市城市风貌规划研究》项目。规划研究的范围确定为奉化市主城区，即锦屏街道、岳林街道（图 5.1）。

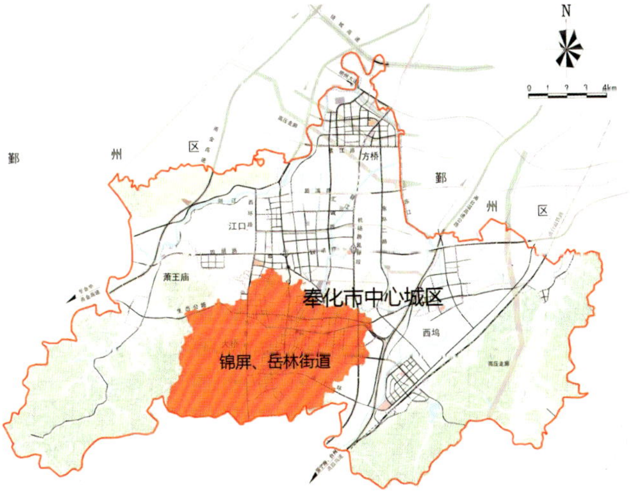

图 5.1　奉化市规划研究范围

5.2 任务解读

项目《规划编制任务书》中提出："挖掘和进一步打造奉化'近代历史文化'载体与产品，明确奉化'近代历史文化'风貌区发展方向、总体定位、重点项目策划，实现文化旅游产业和现代服务业的持续快速增长；根据本区域历史特点、区位条件、现实情况、上层次规划要求等，以及建筑空间特色和城市肌理的特点，合理管控奉化城市整体风貌，营造城市风貌特色。"

基于编制任务，本次规划任务有如下三个重点。

一、本次风貌规划不是传统意义上的风貌控制规划，而是突出特定的景观风貌——近代历史风貌的塑造和再造。因而，本规划可谓"命题作文"。然而奉化主城区历史建筑遗存数量有限、分布分散，历史风貌基础比较薄弱。在此条件下如何体现、凸显文化，打造历史风貌？

二、很多城市都有近代历史文化遗存，具代表性的有武汉、南京、天津等。在奉化区，近代历史文化的承载核心在溪口，主城区与之相比并无优势。结合自身优势，奉化主城区如何定位，如何差异化发展，树立自身特色？

三、奉化文化底蕴深厚，多种文化、风貌融合，呈现出多元化的发展格局。因此本规划需明确近代文化在其文化格局中的位置，并明确多种文化、风貌如何兼容。

四、规划应提炼出奉化当地的近代历史建筑的特色要素，并以此为依据，对主城区的建筑加以引导和控制。

5.3　现状分析

5.3.1　自然山水环境

奉化主城区群山环绕，是典型的山水城市。西面为连绵的山体，从北至南分别为同山、锦屏山、华顶山，形成了连续的景观背景和生态屏障。其中，锦屏山深入主城区内部，形态优美、植被茂盛，山上保留了较多的历史遗存和名胜古迹，是主城区的景观中心。主城区北面为锅盖山、茗山，南面为奉化山。

主城区是典型的江南水乡，水网密布，滨水景观发展基础良好。县江为主要水系，从北至南穿城而过，北溪河、亭下湖、门前河为三条主要河流，东西向汇入县江。

主城区东以沈海高速绿带为界，在城市建设边界和绿带之间，分布着大量的农田。

总体而言，奉化主城区北、西、南部均被自然山体或绿带围绕，形成一个掩映在自然山水中的相对独立的地理单元。山、江、河、田，构成奉化主城区良好的生态基底和山水格局（图 5.2）。

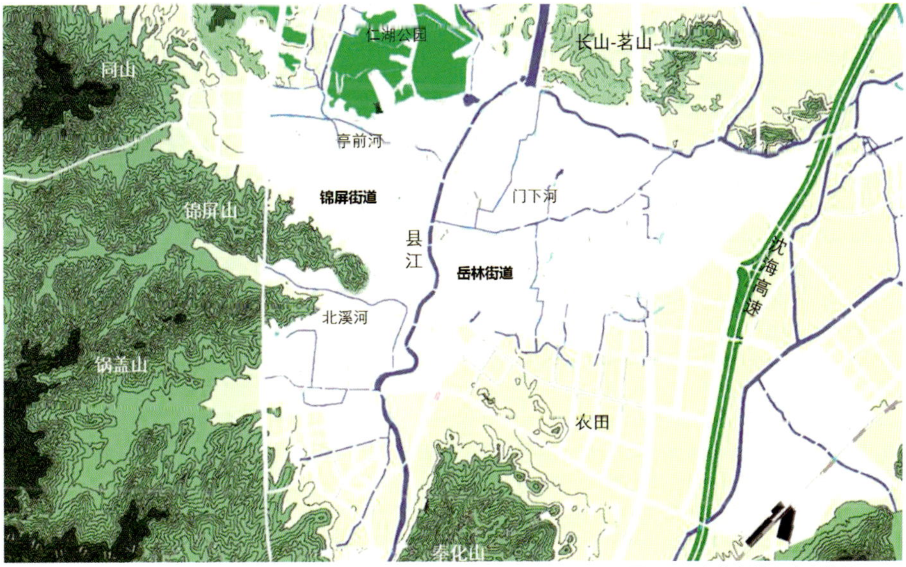

图 5.2　奉化主城区山水格局

5.3.2 城市空间布局

奉化主城区包括锦屏、岳林街道，是奉化的政治、经济和文化中心。

主城区被县江划分为两大区域。县江以西区域的空间上呈现出中间窄南北宽的“蜂腰”结构。其中，位于蜂腰位置的锦屏山、老县城区域，是奉化城的发祥处，也是奉化文化底蕴最为深厚、历史遗存最为丰富的区域。县江以东是城市新区，是奉化近期重点开发区域。

大成路、南山路、中山路、金钟路构成了城区基本的道路骨架。大成路东接高速公路奉化主出入口，向西延伸至溪口镇，是东西向交通性主干道，也是入口门户区域。南山路是主城区核心的南北向道路，也是传统的商业道路。大成路、南山路对于锦屏、岳林街道的风貌格局具有重要的意义。中山路、惠政路是连接县江两岸的重要东西向道路，也是重要的商业走廊。

近几十年来，主城区人工空间不断扩张，其自然风貌特色被逐步蚕食，急需保护和修复。

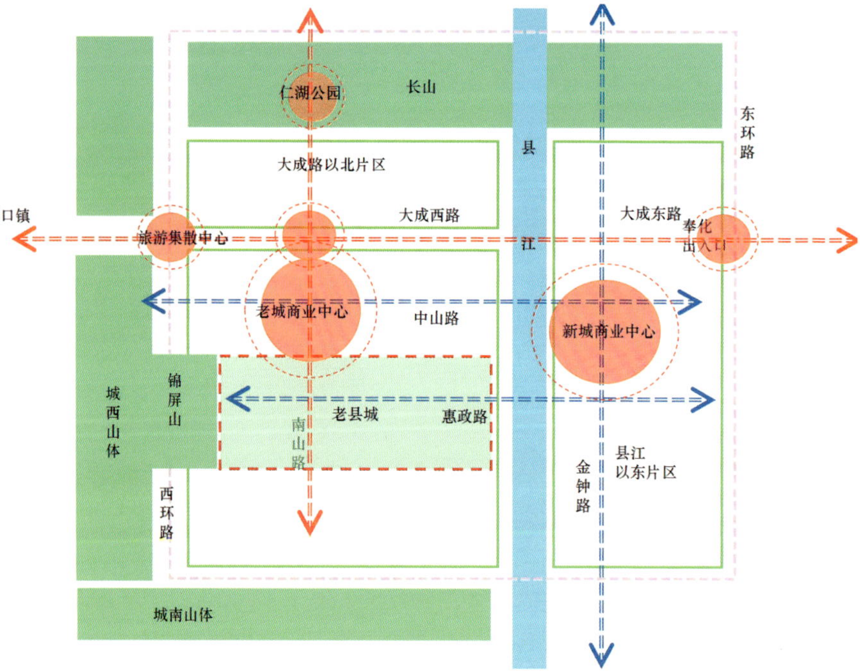

图 5.3 奉化城市空间布局模式

5.3.3 文化与历史遗存

奉化历史悠久，文化底蕴深厚。弥勒文化和近代历史文化最有代表性。

奉化的近代历史建筑遗存主要分布在溪口，奉化主城区保留的近代历史建筑比较少，散布在老县城、锦屏山、北溪河周边将近 1 平方千米的区域内，主要有锦屏山上的总理纪念堂、中正图书馆、辛亥革命志士周淡游纪念塔、普乐宫、雨奇山阁，以及老县城内的爱日庐、鹤庐、芹庐、天主教堂（图 5.4）。其相应的文化氛围也比较薄弱，打造近代历史风貌的基础比较薄弱，需要进一步的发掘、彰显和演绎。

奉化的弥勒文化的主要载体为雪窦山及中塔寺。前者为弥勒道场，位于溪口镇；后者为布袋和尚的肉身埋葬地，位于主城区锦屏山东麓。

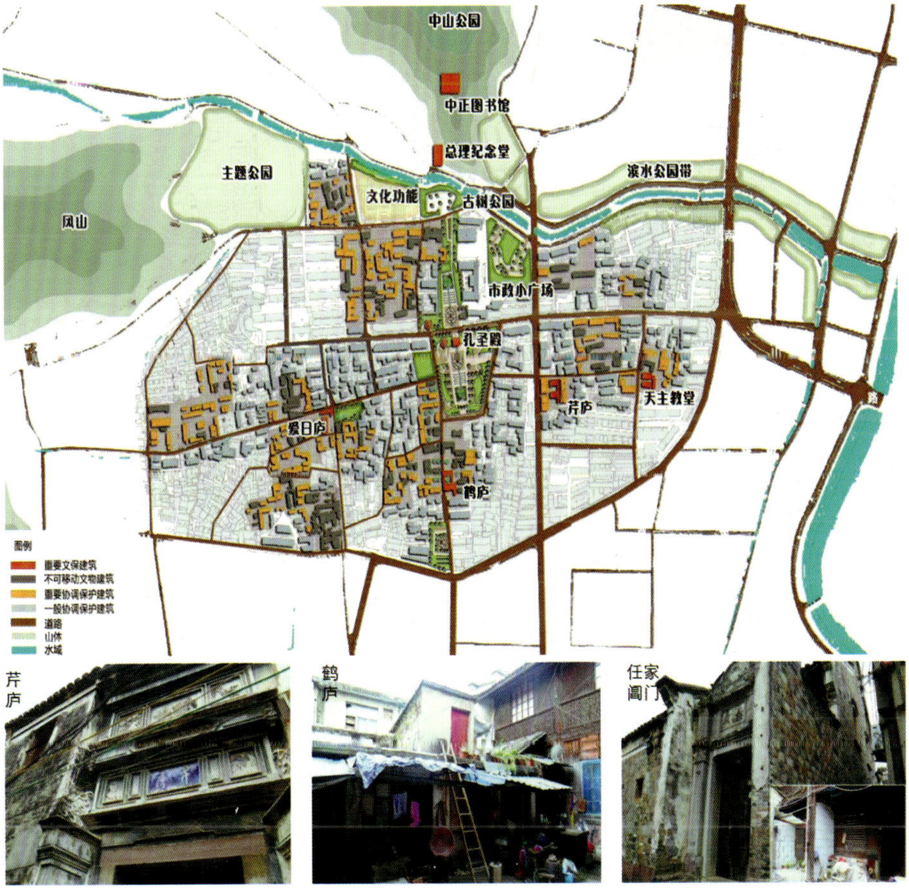

图 5.4 老县城区域历史建筑分布

5.4 定位研究

5.4.1 近代文化风貌

近代是中国逐步开始东西方文化交融的时期，也被称为“西风东渐”，其文化的核心特点是“东西合璧、古今兼容”。建筑东西方结合，孕育出独特的风格；服饰东西方结合，形成以旗袍和中山装为代表的服饰文化。

“城市风貌”中的“风”指风格、格调、文化、精神，一般可理解为对城市非物质形态的概括；“貌”指面貌、外观、景观、形态，是对城市物质形态的统称。城市的近代历史风貌，可以理解为以近代历史城市为蓝本，以文化为“魂”，以物质实体为“壳”，多方面综合显现出的城市外在形象和个性特征。

5.4.2 风貌总体定位

奉化主城区是典型的山水城市，城市规模不大，整体处于山水围合成的闭合环境中，城市环境和山水环境融合渗透。据此，将奉化主城区定位为以山水环境为背景，以多元、丰富多彩的近代历史城市生活、文化的深度体验和活力体验为特色功能，打造一个“掩映在山水里的近代历史小城”。

5.4.3 风貌形象定位

依据此特色，将奉化主城区的近代历史风貌形象定位和口号确定为：

“山水映佳城，锦屏藏历史”

“山水映佳城”：融合独特的、宝贵的自然山水资源，依山傍水、山环水抱，山在城中、城在山中，构成了一个隐藏、掩映在自然山水中的相对独立的地理单元，是名副其实的山水城市。“佳城”暗合奉化市“两城四地”目标中提出的打造“宁波南郊现代化生态城市”“宁波最佳休闲人居胜地”等的要求。

“锦屏藏历史”：锦屏山是奉化主城区最重要的景观山体，这里“锦屏”指代奉化优美的山水风光，“锦屏藏历史”突出了奉化主城区在优美的山水中蕴藏、掩映了近代文化，而近代文化、历史风情如锦屏般在山水中慢慢展开。

5.4.4 风貌发展战略

1）双核驱动，差异发展

奉化的近代历史文化主要由溪口承载，然而溪口作为历史文化名镇、国家级风景名胜区，以保护文化为主，扩展、演绎的空间有限。

与溪口相比，奉化主城区所承载的近代历史文化内涵更广、建筑风格更多样、城市风貌景观更开阔，基础服务水平等也相对较好，但弱点在于缺乏文化体验的旅游项目的策划与引导。因此奉化应将主城区打造为新的近代历史文化核心展示体验区，通过弥勒大道，与溪口联动、差异发展，打造两个近代历史文化体验的核心。

从单核支撑（溪口）到双核引领（溪口、奉化主城区），打造奉化近代历史文化整体品牌（图 5.5、表 5.1）。

图 5.5 “双核驱动”战略

表5.1 奉化溪口镇与主城区历史文化差异发展对比

对比项	溪口	主城区
风貌定位	小桥流水、安宁惬意的历史小镇	掩映在山水中的小城
形象口号	“蒋氏故里、弥勒圣地”	“山水映佳城，锦屏藏历史”
代表人物	蒋氏家族	孙中山、俞济时、朱守梅等
历史建筑风格	以中西结合的折衷主义建筑为主，传统中式建筑为辅	以传统中式建筑为主
发展模式	为历史文化名镇，因此以建筑的保护、修缮以及文化的再现、展示为主	近代历史遗存不多，因而结合旧城改造，以改造为主，新建为辅，植入、培育近代文化
功能特色	乡村风光游览、乡村生活体验，近代文化、弥勒文化体验	近代城市多元、丰富多彩的生活、文化的深度、活力体验
旅游方式	以观光游览、文化展示为主	以休闲、度假、体验为主

2）遴选区域，核心承载

基于现状，在主城区全域体现近代历史风貌不现实，应选近代历史建筑相对集中、改造相对容易的区域着重体现。

老县城、锦屏山、北溪河所在的区域，是奉化主城区自然山水环境最为优越、山水城市特征最显著、文化氛围最为浓郁、历史文化建筑最为集中的区域，因而也是集中打造近代历史风貌最为合适的区域。结合旧城改造，以改造现有街区，再造、新建文化物质载体，以及近代文化植入的方式，将该区域打造为近代历史风貌核心区。

3）多元融合，众星捧月

奉化文化底蕴深厚，多种文化、风貌融合其中，呈现出多元化的发展格局。因而本规划需明确近代文化在其文化格局中的位置及与其他文化的关系。

本次规划明确近代文化作为主城区主打的文化风貌，弥勒文化为辅助文化风貌，其他文化（如奉帮裁缝文化、奉化餐饮文化等）为点缀，并融入近代文化的框架，最终形成多元发展、众星拱月的文化风貌发展格局。

5.5 风貌空间规划

5.5.1 风貌空间结构

奉化主城区的风貌空间结构确定为“山环水抱、双脉穿城、五区聚合、多点点睛”（图 5.6）。

1）山环水抱

“山环水抱”概括了主城区的山水风貌，包含了周边山体形成的外围生态景观环，以及以县江为主体的景观水廊。本次规划提出了“显山亮水、山水相映”的山水风貌强化策略，强化、融合独特、宝贵的自然山水资源，打造“依山傍水、山环水抱”“山在城中、城在山中”的名副其实的山水城市。

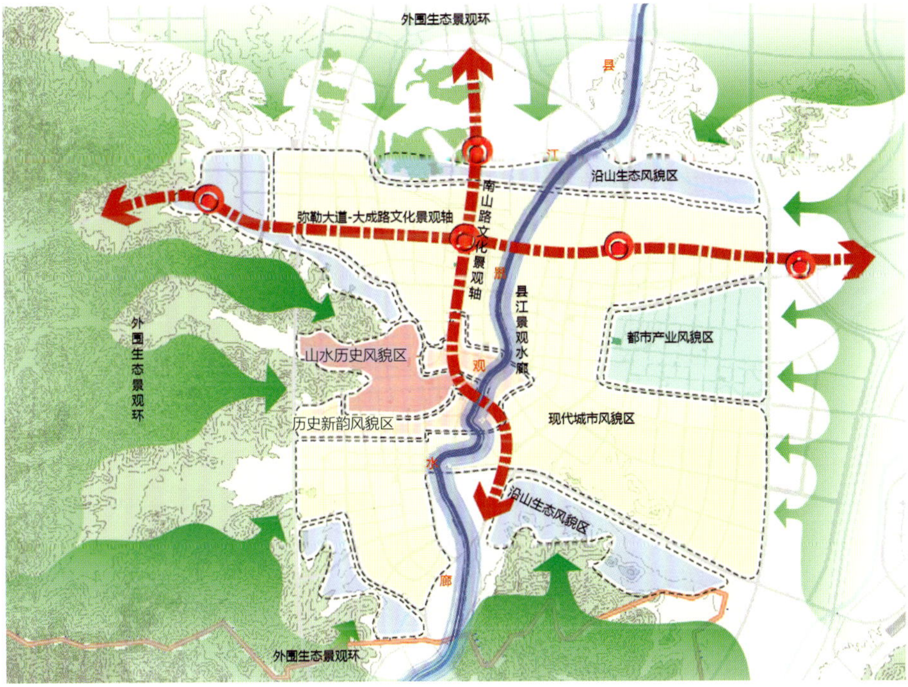

图 5.6 奉化小镇风貌总体结构

（1）显山——“一山一品”

首先保护山体，划定生态红线，恢复植被。在此基础上，各个山体形成自身的主题，形成“一山一品”（图 5.7）。其次完善周边山体的游憩设施，修建登山步道以及观景平台系统，形成串联整个山体的观景序列。最后强化景观中心——锦屏山。通过在其山顶设立标志性景观、控制周边建筑高度、打通视线通廊等方式，进一步凸显、强化景观中心。

（2）亮水——“一水一景”

保护、恢复、连通水体，恢复江南水乡风貌，划定蓝线并设立水质目标。重点对亭下河、门前河、北溪河加以治理。增挖水系，连通北溪河和县江。北溪河、亭下河、门前河差异化发展，形成自身的功能导向，形成“ 水 景”的水系景观格局（图 5.8）。完善亲水游憩设施，修建滨水慢行道以及观景平台系统，县江的部分河段可开辟泛舟区域，开展水上活动。

图 5.7　山体主题化规划

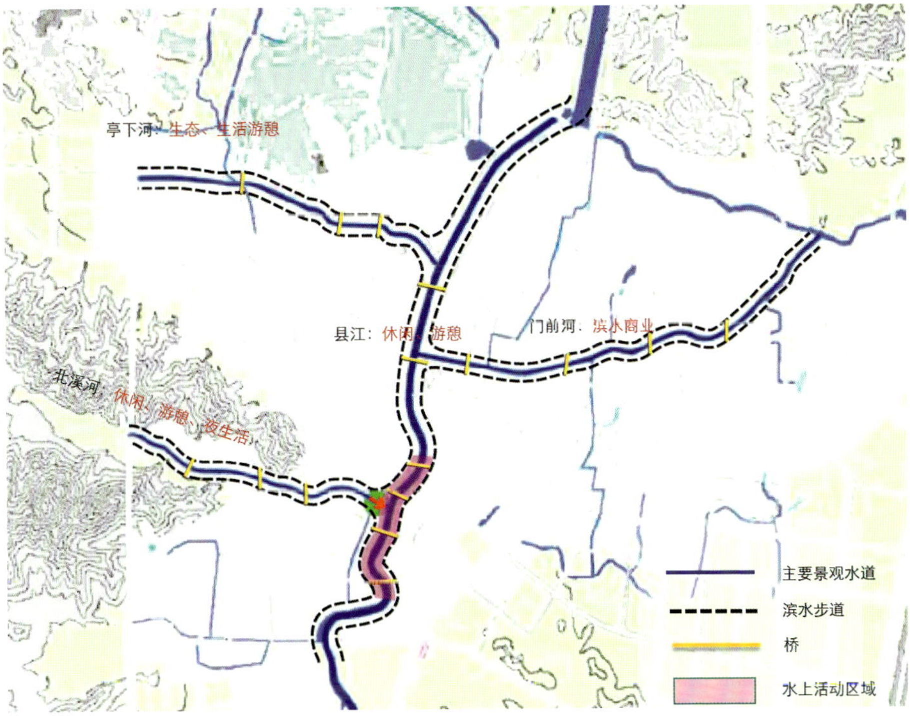

图 5.8 水系主题化规划

（3）山水相映——“水在城中，城在山中，山在园中”

规划在惠政路、中山路、大成路、南山路、北溪河两侧设置一定宽度的带状绿地，将山体绿地契入城市并打通视线通廊，强化县江与西侧山体的联系。使山体、森林公园、道路绿地、公园绿地、水系共同营造出“水在城中，城在山中，山在园中”的山水城市意境。

2）双脉穿城

“双脉穿城”指依托弥勒大道——大成路、南山路，打造一横一纵、十字交叉的两条文化景观轴，构建奉化主城区文化风貌的主要线性展示界面。

（1）弥勒大道——大成路文化景观轴

弥勒大道——大成路东接奉化主城区高速出入口，西至溪口镇。该路的主城区部分被称为大成路，以县江为界，分为大成东路、大城西路；主城区至溪口部分被称为弥勒大道。因而该路是连接主城区和溪口镇的主要通道。规划依托道路两侧慢行空间以及绿地，以站台、景石、雕塑、铺地、标识、互动设施、特色店铺等为载体，将该路分主题打造，形成东西向文化景观主轴（图 5.9）。

弥勒大道的主题为“弥勒应迹”，分为“生于金莲”“皈依佛门”“云游四方”“坐化圆寂”四段，展现布袋和尚的生平事迹。

大成西路以“禅意奉化”为主题，展示奉化包容、好客、自在、自由的城市特质。大成东路是主城区的入口门户区域，通过现代风格的建筑、景观环境，形成丰富有致的现代城市空间形象，展示奉化现代化新都市的风貌。

图 5.9　弥勒大道—大成路文化景观轴分段打造

（2）南山路文化景观轴

南山路是主城区的主要南北向道路。结合道路改造，通过中小尺度的雕塑和街道家具，与绿化景观结合，分段打造南山路近代风貌展示轴。北段（仁湖公园—大成路）突出历史的休闲娱乐文化；中段（大成路—惠政路）是近代风貌展示轴的核心展示段，以近代风格的临街建筑展示为主，突出近代的建筑和商业文化；南段（惠政路—县江）突出近代的市井民俗文化。同时在南山路与金钟路交叉口（仁湖公园）、南山路与大成路交叉口形成两个景观节点。

锅盖山和仁湖公园是主城区北部的入口。通过设置开敞空间重点突出主入口，并设置大尺度单体雕塑烘托门户景观。大成路与南山路交叉口利用景观绿地，通过绿化和雕塑结合体现历史文化。

3）五区聚合

“五区聚合”即五个不同风貌特色但又相互联系的风貌分区。

（1）山水历史风貌区

位于县江以西，包含老县城、锦屏山、北溪河以及北溪谷。占地约 1.15 平方千米。是奉化主城区自然山水环境最为优越、山水城市特征最显著、文化氛围最为浓郁、历史文化建筑最为集中的区域。结合旧城更新，以改造为主、新建为辅，逐渐形成规模化近代风貌街区；同时植入近代文化、特色业态、活动等，营造文化氛围。最终将该区域打造为奉化主城区近代文化和风貌的核心支撑。

山水历史风貌区的功能结构可概括为“一山、一谷、一河、一城”（图 5.10）。

“一山”即锦屏山，是主城区的景观中心。在山顶打造标志性景观塔，并控制周边建筑高度，打通视线通廊，进一步强化景观中心。在妥善保护现有山体格局和建筑的基础上，将锦屏山整体改造为奉化历史文化公园。

同时在山的东麓，依托中塔寺，打造禅林精舍、布袋弥勒文化博物馆，形成弥勒文化体验区。

“一谷”即北溪谷。该地拥有两山夹一溪的优良生态和私密的景观环境。现有建筑坐落在高低错落的地形上，具有山地建筑明显的依山而建、自由而生态的典型特征。规

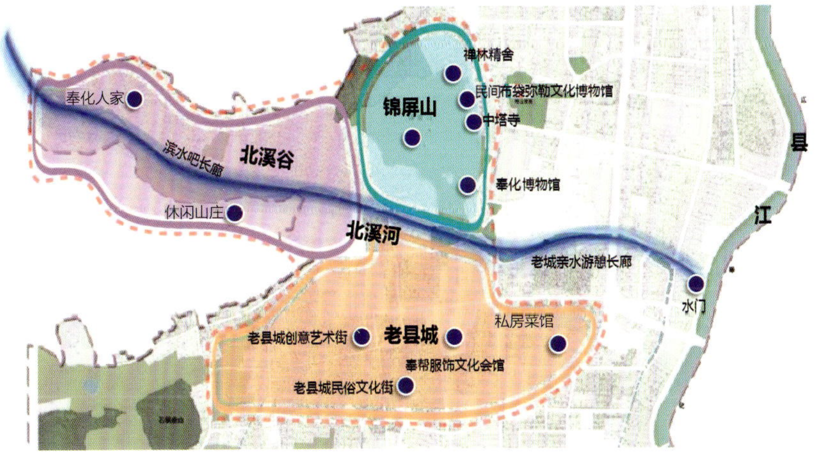

图 5.10　山水历史风貌区空间结构及主要项目分布

划利用良好的生态和私密的环境，现有村庄发展休闲、度假业态，打造具历史文化又富有生活气息的休闲度假胜地。

“一河”即北溪河。增挖水系，连通北溪和县江，并沿北溪两侧设置绿地，以形成连接山体和县江的生态廊道。

奉化为江南水乡，历史上一直水路通达。规划在北溪河和县江的连通处打造水门，并复原已经消失的接官亭，形成水上门户。同时结合对北溪河两岸历史内涵的挖掘，打造活力四射的老城亲水游憩长廊。在北溪河上游，依托北溪谷私密宁静的氛围，形成滨水休闲长廊，打造奉化休闲夜生活、“月光经济”的中心。

“一城”即老县城。老县城内部存在密集的住宅、混杂的工厂、狭窄的小巷、不规则的街坊，也留存了若干老街和历史建筑。

文物保护单位不可将其轻易拆除，原则上应“修旧如故，以存其真”。历史文化街区要保护外观整体风貌，要“原貌保护”；而非文物古迹、非历史地段的区域，可以按“建新如故”为原则重建、构建近代风貌街区。同时，植入有近代文化特色的文创产业、业态、节庆活动等，将老县城打造成集旅游观光、文化体验、创意产业、生活居住为主要功能，充满活力、人气聚集的生活型历史风貌街区。

（2）历史新韵风貌区

该区域位于山水历史风貌区外围，建筑风格以体现近代建筑元素为主，兼有现代风格建筑。是山水历史风貌区的近代建筑风貌与现代城市风貌之间的过渡、协调区域，对奉化整体风貌起重要作用。

该区域可以结合旧城改造，以体现近代建筑元素的现代建筑为主，进行近代文化主题商业开发。规划将该区域定位为以近代文化体验、市民休闲、特色工艺品制售等功能为一体的，充满活力、人气聚集的文化体验街区。

改造惠政路步行街为近代历史风情步行街，业态以中高端品牌购物、休闲餐饮为主，形成具有餐饮、购物、演艺等功能的时尚、休闲文化娱乐中心。将奉化剧院改造为有近代元素与现代风格的大型会堂建筑。

（3）沿山生态风貌区

该区域在景观、风貌上受山地环境影响，建筑坐落在高低错落的基地地形上，依山而建，是锦屏、岳林街道现有风貌中相对统一、特征明显的区域，因此将该区域独立划分为一个风貌区。该风貌区打造的核心在于体现山地环境的绿色生态氛围，在建设布局上应灵活多变，突出其优越的层次感。

（4）现代城市风貌区

该区域在历史新韵区外围，建筑风格以现代风格为主，该区域近代风貌特征几乎消失殆尽，按一般的都市生活区建设，突出优美又具活力的现代城市形象。

（5）都市产业风貌区

该区域是奉化中心城东部新区的重要组成部分，未来将发展成产业创新、宜居乐活的都市经济区。该区域应体现集约、快速、简洁的现代化工业景观风貌。同时，工业建筑周边应设置景观屏障，以屏蔽或降低对周边景观风貌的不利影响。

4）多点点睛

城市景观节点是指在城市重要地段，以地位特殊的建筑物或构筑物为表现形式的区域，是城市的象征，城市景观节点应该设置具有标识意义的景观，是形象展示的重要窗口，本规划遴选了5个主要节点打造景观和风貌（图5.11）。

规划在奉化主出入口、大成路与大滕线交叉口、南山路金钟路交叉口（仁湖公园）设置大面积开敞空间，以重点突出主入口的标志性，并设置大尺度单体雕塑烘托门户景观，在大成东路与金钟路交叉口、南山路与大成路交叉口利用道路交叉口景观绿地，以绿化和雕塑来塑造风貌。

图5.11 景观节点分布

5.6 建筑风貌管控

5.6.1 奉化近代建筑风貌特色提炼

中国近代正是东西文化加强交流的起步阶段，所以当时的文化、服饰、社会精神风貌、建筑风格都具有非常独特的概念。在“西风东渐”的影响下，这段时期的建筑经历了从照搬模仿西洋风格、沿袭传统民族风格到中西建筑观念的碰撞融合，再到现代建筑风格的发展历程，在建筑风貌上呈现出流派纷呈、造型独特的特点，表现为多种风格的融合形式。既保留中国的传统风格，又吸收了一些西洋建筑风格，具有从传统走向现代的过渡阶段的特点。

综合考量当地总理纪念堂（原名中山纪念堂，1928 年为纪念孙中山先生而建）、武岭中学、中正图书馆等典型建筑后，将奉化近代建筑特点归纳如下。

奉化城区近代建筑以坡屋顶为主，包括总理纪念堂、武岭中学及民国时期名人故居都是坡屋顶。以中正图书馆为代表的西方折中主义样式，表现为穹隆顶。建筑主导色彩为黑灰色。建筑在柱式上除西式建筑风格采用希腊柱式，中式建筑中开始融合西方柱式，外观简洁大方，同时以武岭中学为代表的近代建筑中柱廊空间的使用，也是奉化近代建筑的一个特点。城区近代建筑体量不大，以低层和多层为主，在空间布局上为独栋矗立。

5.6.2 建筑风貌控制

建筑风貌控制区域详见图 5.12。

1）近代建筑风格

紧密遵照近代建筑风貌的格局及建设要求，并结合奉化地方特色，新建或改建须采用地方传统式样和近代通用式样，以低层建筑为主。

2）“历史新韵”建筑风格

以现代风格为主体，融入近代建筑元素的建筑风格。是近代风貌与现代建筑风貌之间的过渡，与两个建筑风格都有良好的兼容性。

3）现代生态风格

现代建筑融合先进生态环保技术，符合绿色环保要求，注重建筑与绿化带的结合，强调建筑的景观性。以环保、可持续材料为依托，运用先进建筑技术，造型自然、飘逸洒脱，充分融入自然环境，成为优质环境中的点睛之笔。

4）现代风格

以体现时代特征为主，没有过多装饰，一切从功能出发，讲究造型比例适度、空间结构明确美观，强调外观的明快、简洁。体现了现代崇尚简约和实用，又富有朝气的生活气息。

在展示门户形象的城市重点地段，设置适量的高层簇群建筑作为标识点，采用高技术现代建筑风格，形成丰富有致的现代城市空间形象。彰显先进的建造技术、建筑科技，现代、多元的建筑造型，打造城市现代建筑标杆。

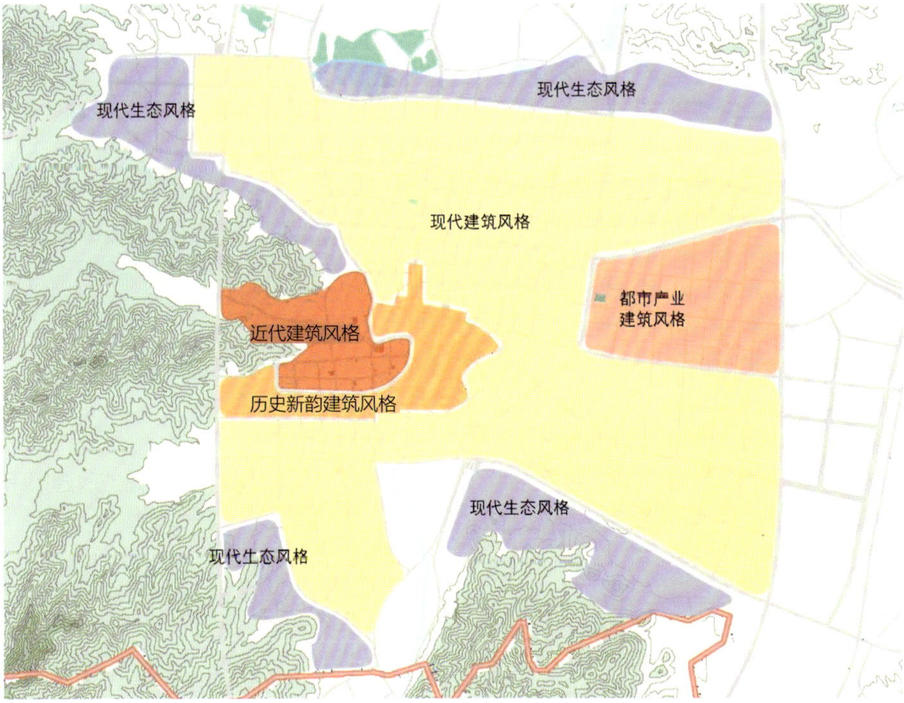

图 5.12　建筑风格分区

5）都市产业建筑风格

以功能性为主导，建筑形式符合使用要求，造型简洁、现代。在物流、工业生产的功能性要求与主要通道的快速特点共同作用下，建筑风格应该以满足功能为首要目的，以形成连续的产业园区氛围为主要主题。

5.6.3 建筑高度控制

奉化市核心城区建筑高度共分为 3 个控制分区，包括严格控制区、引导发展区和城市一般地区。

严格控制区包括山水历史风貌区以及沿山建设发展区域，在建筑高度控制上，除保留建筑外，新建、改造建筑以低层和多层为主。山水历史风貌区部分，老县城以低层为主，新建建筑限高 12 米；沿山部分除保留建筑外，新建建筑不得超过 24 米，严格禁止高层建筑。引导发展区作为老城区与现代建筑风格区之间的协调区，建筑高度以多层、小高层为主，限高 36 米，除部分保留建筑高度保持不变，其余新建建筑均须满足限高要求。城市一般地区的建筑高度不做具体控制，对该片区的建筑根据地块所处的区位优势、交通优势以及城市发展需要，引导其进行相应的开发建设，按照奉化市中心城区控规要求，其中片区中心、景观良好的地块可进行较高强度的开发。

除控制各片区建筑高度外，对奉化市核心城区内重要的 4 条景观廊道（县江景观廊道、南山路景观廊道、惠政路景观廊道、北溪河景观廊道）两侧建筑进行高度控制，其中县江两岸建筑高度随距离变远呈梯级上升，与各区域叠加时以最低控制高度为准（图 5.13）。南山路作为重要景观廊道，规划道路断面为 32 米，其两侧建筑高度限高 36 米，与其他控制区叠加时选最低控制高度。惠政路位于严格控制区范围内，规划道路断面为 21 米，道路两侧建筑高度以区域限高为准。北溪河位于严格控制区范围内，其两侧建筑高度应以低层为主，限高 12 米。

5.6.4 建筑色彩控制

1）建筑屋顶色控制

屋顶色包括两部分——坡屋顶色和平屋顶色。奉化市主城区坡屋顶建筑屋顶主色调为灰色系和红黄色系，平屋顶建筑屋顶色调为与墙面主色统一，禁止坡屋顶造型部分颜色凸显。

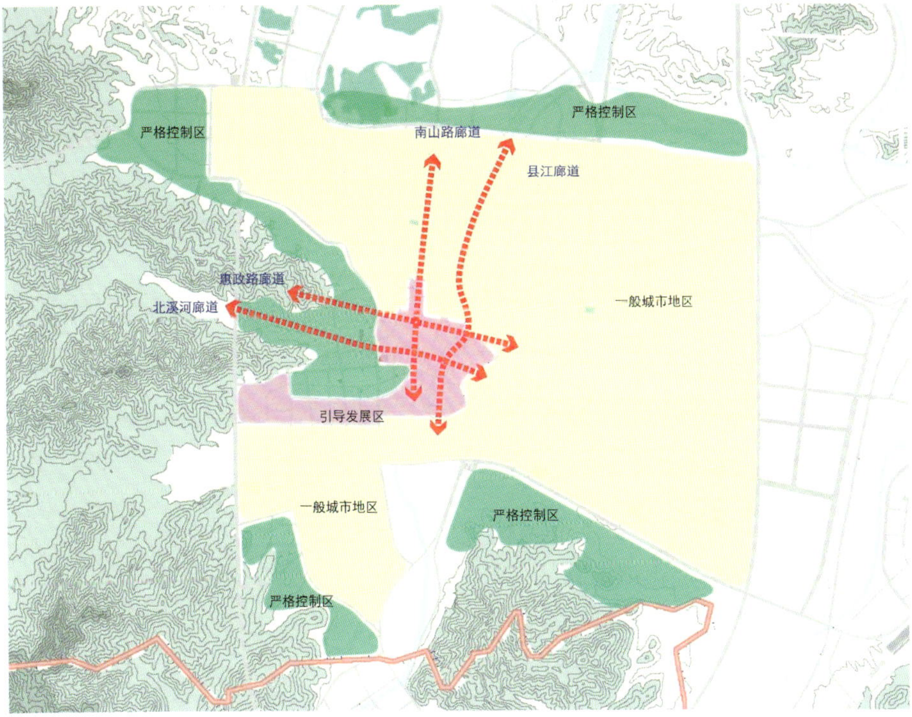

图 5.13　“三区四廊”建筑高度控制

2）建筑墙面色控制

根据不同分区对建筑的墙面色进行控制。建筑墙面色分为主色调和辅色调，搭配百分比为墙面主色 60% ~ 70%，墙面辅色 30% ~ 40%，点缀色不超过 10%。建筑墙面色彩应与周边环境及既有建筑色彩相协调，禁止采用与周边环境及既有建筑有较大色差的色彩，禁止采用大面积高彩度或低明度色彩，禁止采用近似等比例的差补色。辅助色一般用于建筑底部、建筑转角、阳台、柱等部位，点缀色适用于门窗框、梁、柱、阳台等，使用面积小，可灵活使用。

5.6.5　小结

本次研究以近代文化为研究对象，探索城市特色风貌规划的具体途径，其意义不仅在于奉化的城市特色建设，对其他城市的特色风貌塑造也可供借鉴。在当前城市建设发展过程中，只有挖掘出当地特色文化，为该城市的风貌规划设计提供一定依据，才能最终塑造出能传承当地历史文脉的特色城市。